新时代
投资
新趋势

U0274190

通达信
公式编写

基本面、指标、K线形态选股和买卖点

诸葛金融　著

清华大学出版社

北京

内 容 简 介

A 股全面实施注册制后，通达信软件的公式编写是新时代 A 股股民炒股赚钱必须学会、用好的基本技能。本书从公式编写的实战使用场景出发，通过"用中学""学为用"的讲解方式，帮助读者学会通达信公式编写的基本知识、系统架构、底层逻辑，快速掌握通达信实战型公式的编写方法和技巧。

要想真正用好通达信编写公式，需要从实战出发，把正确的市场逻辑和交易逻辑公式化。本书详解了基本面、指标、K 线形态等重要选股公式的编写原理和方法，以及能够及时提示买卖信号的指标公式，力求帮助读者在交易实践中真正使用起来。在使用起来的过程中，读者能够在实战公式包的帮助下，建立个性化的交易系统，成为 A 股市场的投资赢家。

本书适合对通达信公式编写感兴趣的股民、A 股市场相关从业人员阅读，也可以作为通达信公式编写培训机构的教材使用。

图书在版编目（CIP）数据

通达信公式编写：基本面、指标、K 线形态选股和买卖点 / 诸葛金融著. —北京：清华大学出版社，2024.2（2024.6 重印）

（新时代·投资新趋势）

ISBN 978-7-302-65232-8

Ⅰ.①通⋯ Ⅱ.①诸⋯ Ⅲ.①股票交易－基本知识 Ⅳ.①F830.91

中国国家版本馆 CIP 数据核字（2024）第 011758 号

责任编辑：刘　洋
封面设计：徐　超
版式设计：张　姿
责任校对：王凤芝
责任印制：曹婉颖

出版发行：清华大学出版社
　　　　网　　　址：https://www.tup.com.cn，https://www.wqxuetang.com
　　　　地　　　址：北京清华大学学研大厦 A 座　　　邮　　编：100084
　　　　社 总 机：010-83470000　　　　　　　　　邮　　购：010-62786544
　　　　投稿与读者服务：010-62776969, c-service@tup.tsinghua.edu.cn
　　　　质 量 反 馈：010-62772015, zhiliang@tup.tsinghua.edu.cn
印 装 者：北京联兴盛业印刷股份有限公司
经　　销：全国新华书店
开　　本：170mm×240mm　　印　张：20.5　　　　字　数：320 千字
版　　次：2024 年 2 月第 1 版　　　　　　　印　次：2024 年 6 月第 4 次印刷
定　　价：99.00 元

产品编号：102418-01

通达信软件是 A 股所有投资者都在使用的基础软件。无论是机构（基金、保险、私募和游资）还是股民，大都依赖通达信软件提供的行情报价和交易系统进行投资买卖。通达信软件作为一款功能强大的软件系统，从使用的角度可以将其分为基本功能、人工分析和计算机辅助交易三个层级。

基础功能是指通达信软件的行情报价和交易功能，这是所有 A 股股民必须都会的基本操作。

人工分析是指通达信软件的 F10 和画线工具，分别对应特定个股基本面分析和技术分析。投资者能够用 F10 查看特定个股的基本面信息和数据，进行基本面分析和选股；通过画线工具的使用，几乎能够完成所有的技术分析。有一定交易经验的股民能够熟练使用这两种工具，实现对特定个股的人工分析。

计算机辅助交易是指通达信软件的公式编写功能，该功能通过公式编写实现了计算机辅助交易。通达信公式是指在通达信软件中能够运行的小程序，是人工分析的规则化、系统化和程序化，能够自动完成个股的特定技术分析以及高效率实现批量选股功能，并以最直观的形式呈现出来。

众所周知，机构和 A 股成功的投资者都在广泛使用通达信软件的公式编写功能。A 股普通股民掌握了公式编写，就与 A 股市场的成功者站在了同一起跑线上。在学习的过程中，投资者能够逐渐理解专业投资的理念和技巧；在使用的过程中，能够纠正各种错误的交易行为，快速提高自身的交易能力。因此，通达信公式编写是所有 A 股股民必学必会的基本技能，是走向交易成功的必由之路。

很多 A 股股民或多或少都接触过通达信公式编写，并尝试过学习和使用，但是一些人被错误的观念误导，导致半途而废，或是学而无用。学习和使用公式编写有以下三种常见的错误。

首先是畏难，误以为通达信公式编写是复杂的程序语言，只有程序员才能学会。事实上，通达信公式编写易学易用，非常简单，其难度大致等同于办公软件 Microsoft Office "三件套"（Word、Excel 和 PPT）。基本功能和人工分析类似于 Word；公式编写大致等同于 Excel 和 PPT。能够使用 Microsoft Office "三件套" 的人都能够学会并用好通达信的公式编写。

其次是把公式编写误以为程序编写，脱离了公式编写真正的目的是服务交易，忘记了公式算法逻辑的基础是赚钱的交易逻辑。其表现就是华而不实，试图编写各种复杂的公式，或是 "原创" 各种没有交易逻辑支撑的公式。

最重要的错误是忽略了通达信软件自带的系统公式。通达信软件作为专业的行情和交易软件，是大量软件工程师和专业投资人士共同完成的一整套软件系统，必然会帮助使用者更好地实现计算机辅助交易。其自带的系统公式既是公式编写的基础模块工具，也是特定交易逻辑的具体体现。A 股股民在学习公式编写和使用公式辅助交易的过程中，应充分利用这个大宝库。

为帮助读者学好、用好通达信公式编写，本书采用了 "编写公式" 和 "交易逻辑" 相结合的方法，以多数人学习和使用 Microsoft Office "三件套" 的经验为基础，把公式编写分为四个阶段：感性学习阶段、理性学习阶段、实战应用阶段、交易系统建立和优化阶段。

（1）**感性学习阶段**。多数人通过 "上手直接用" 的方式掌握了 Microsoft Office "三件套" 的常见使用方法，这是一种感性学习的方式。通达信公式编写最好的入门方法也是同样的道理。本书第 1 章和第 2 章，采用了 "用中学" 的方式，讲解了使用公式的直观效果、现成公式的导入、公式编写的常用方法，以及实战视角的三种公式类型等内容，以期使读者达到快速入门上手的效果。

（2）**理性学习阶段**。本书第 3 章详细讲解了通达信公式编写的语法、函数和数据。在讲解基础知识的同时，重点从通达信软件工程的视角，阐述了通达信公式系统的数据处理和系统工具使用的底层逻辑，帮助读者打好 "活学活用" 的基础。第 4 章则是从投资者的使用视角出发，细致讲解了投资者从 "我想要一个特定的公式" 为起点，通过合理的数学建模，完成公式编写和调试的全过程。

（3）**实战应用阶段**。第 5 章至第 7 章则是从赚钱的交易逻辑出发，充分利用通达信软件自带的系统公式，活学活用，依据特定的交易逻辑，编写出各种有交易逻辑的实战型指标公式和选股公式。需要注意的是，这三章内容是一个整体，其背后的交易逻辑是"基本面推动中长期趋势—技术面（指标）揭示了中短期趋势—K 线形态定义了精确的买卖点"。读者可以在此基础上，编写出个性化的"公式工具包"。

（4）**交易系统建立和优化阶段**。第 8 章是通达信公式编写的高阶教程，讨论了如何利用公式编写这个工具建立一整套交易系统的过程，以及优化的具体方法。内容涉及了公式编写的测评系统。这块内容适用于有足够经验的投资者。

如同 Microsoft Office "三件套"一样，公式编写不是看会的，而是用会的。笔者在此诚恳地建议：在通读全书的基础上，读者可以采用"抄作业"（参看本书附录 C）的方法，把本书的讲解过程在计算机上"抄写"一遍。这样的笨方法很可能是效率最高的学习方法。

最后，读者无论是炒股养家，还是想要实现财务自由，笔者衷心祝福读者在"公式编写"的加持下，与 A 股成功者站在同一起跑线上，早日顺利实现自己的小目标。

由于作者水平有限，加之时间仓促，书中难免存在不妥之处，望广大读者批评指正。

作者

2023 年 9 月

目 录

附录   303

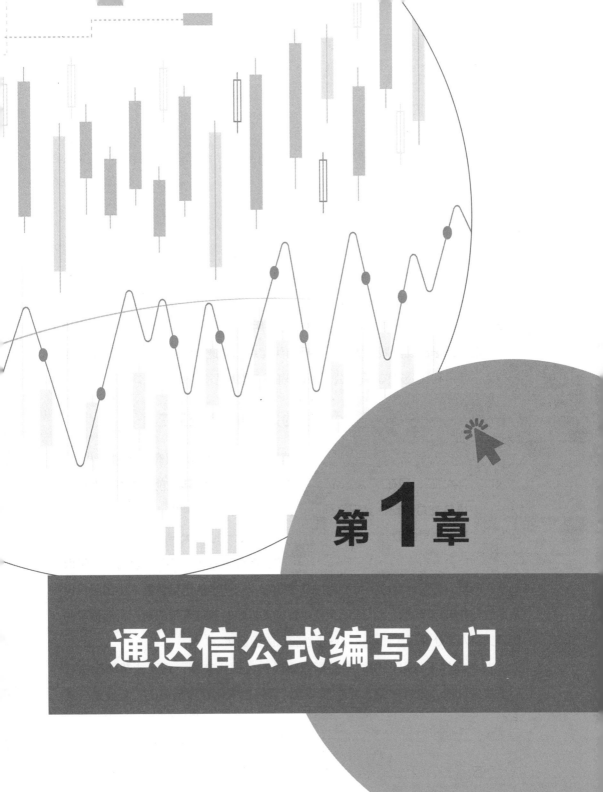

第1章

通达信公式编写入门

1.1 通达信公式编写是什么

通达信系统是 A 股行情软件最常见的系统，也称为通达信行情软件系统。除了可以查看股票的价格变动和下单交易之外，通达信还具备强大的数据采集和分析功能。它是一个开放的平台，投资者利用这个平台简单编写一些公式源代码，就能够筛选出强势股、大牛股，标出买卖点，快速分析决策。这些简单的公式源代码，俗称"公式"。编写公式源代码的过程就是"公式编写"。

1.1.1 通达信公式编写是个性化的计算机辅助交易工具

中国股市在过去 30 多年实现了飞速发展。1990 年，仅有沪市"老八股"和深市"老六股"；现在上市公司已超过 5000 家。2000 年之前，大多为散户在大厅柜台填单交易；现在实现了计算机、手机 App 随时下单。股票交易也在不断发展完善。最早的股票交易是投资者坐在交易大厅盯着大屏幕，手写纸质买卖指令，到柜台委托，券商通过电话传递投资者指令下单，第二天投资者才能领取纸质割单。随着计算机、互联网以及移动互联网技术的迅猛发展，中国股民也从通过计算机下单的时代，跃迁至使用智能手机随时随地下单的时代，而最早的股票交易人工处理时代如今仅存在于老股民的回忆里。

股票软件不仅可以帮助券商高效完成撮合委托交易，它还能帮助投资者完成快速选股、分析决策、智能下单等，其中自主化程度最高的工具便是公式系统。

以通达信系统为例，近年也将 2B 业务拓展至 2C 领域。2B 业务是指通达信主要服务券商，2C 领域则是以投资者为主。因此，通达信的公式编写越来越好用，越来越容易上手，也成为广大投资者的有效分析工具。

资本市场的发展和科技的进步，促使投资者必须与时俱进，掌握公式编写这个关键工具，从几千只股票中快速选股，建立个人股票池，定期更新股票池的几十只股票，量化并优化个人分析策略，不断升级交易系统，打造属于自己的个性化计算机辅助交易工具包，从而更有效率地赚钱。

1.1.2　公式用起来 = 画出来 + 选出来

通达信公式系统分为指标公式和选股公式。指标公式能够在计算机屏幕上直观显示价格运动最重要的信息；选股公式则能够从几千只股票中把正在或是即将走上涨趋势的大牛股快速筛选出来。因此，通达信公式编写的使用就等于画出来（指标公式）加选出来（选股公式）。其中，画出来的指标公式还能够自动标注精确的买卖点。

使用指标公式在屏幕上画出交易策略的重点后，能够大大增加投资者成功的概率。例如，我们使用一个只有 4 行的简单公式：

```
MAS:MA(CLOSE,5),COLORBLUE;
MAM:=MA(CLOSE,20);
IF(MAM>MAS,MAM,DRAWNULL),COLORGREEN,LINETHICK3;
IF(MAM<=MAS,MAM,DRAWNULL),COLORRED,LINETHICK3;
```

计算机屏幕如图 1-1 所示。图 1-1 中的粗线直观呈现了价格运动的趋势：粗线为浅色时是下降趋势；粗线为深色时为上涨趋势。如果以 K 线的底作为鱼头，顶作为鱼尾，粗线部分则完美对应鱼身的部分。投资者按照粗线颜色的指示，在浅色明确变为深色后进场做多，然后一路持股待涨，直到红色明确变为绿色后止盈离场，就完全能够抓住上涨趋势的主要部分，做到了"不吃鱼头和鱼尾，只吃鱼身"的高手境界。

由于我们使用了特定的公式，图 1-1 中的粗线就会与平常的均线不一样，会直白呈现当前的趋势方向。如果投资者在浅色阶段持股，公式的浅色粗线会毫不留情地告诉投资者不要心存幻想，赶紧认错离场。当粗线为深色时，也会毫不含糊地告诉投资者赶紧进场，现在是赚钱的阶段。

如果以深色粗线作为选股标准，把上述指标公式改为选股公式后，就能够快速筛选出正处于上涨趋势的个股，大大提高了投资者的选股效率。

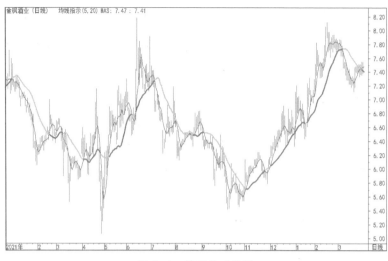

图 1-1　使用公式编写

1.2　打造安全的公式编写环境

通达信系统的行情展示和交易下单是最核心的两大功能，也是日常交易中离不开的基础功能。其他功能包括基本面数据、行情分析和扩展功能。对于投资者来说，扩展功能中的公式编写是最重要的炒股工具。

1.2.1　公式编写要与日常交易软件分开

学习公式编写首先要养成良好的习惯。

第一条规则就是带交易账户的软件系统与公式编写的软件系统分开，这对投资者来说尤其重要。该规则借鉴了程序员开发软件的基本要求，即生产库、测试库、上线（正式软件）三者必须彻底分开。如图 1-2 所示，建议投资者一定将日常交易的股票软件与学习公式编写的股票软件区分开，打造安全的公式编写环境。

这样做有两个好处：一是如果出现暂时无法解决的公式编写问题，可以先暂时搁置，等后期找到答案再来解决，不用担心公式编写存在遗留问题影响自己的日常交易；二是公式编写过程中，经常会变更股票软件的某些设置，导致界面显示凌乱，或者与日常交易的使用界面不一致，而使用两套独立的股票软件彻底分开了交易和学习，可以避免在日常交易习惯界面和公式编写调试界面之间反复变更设置。

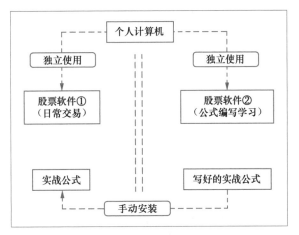

图 1-2　学习公式编写的计算机环境原理图

第二条规则是实战公式编写完成后，手动安装至日常交易软件中。实战公式类似于软件开发上线的正式产品，供无数用户使用，但用户无法修改源代码。

对应地，在公式编写软件上练习编写的各种公式就是软件开发的生产库和测试库，可以随意创建和修改源代码，设计各种场景试验观察结果。这些公式可以是学习过程中的各种测试，也可以对下载的公式进行检验。最终编写出的没有语法错误，并且试验结果满意的公式才能视为实战公式，用于实战交易。

总的来说，公式编写都应在学习公式编写的股票软件上完成。日常交易软件中使用实战公式，就是快速选股、画线、标记等，尽量不要随意修改公式。如有修改，需及时同步至公式编写软件上，必须保证实战公式在两套股票软件上完全一致。

1.2.2　如何在一台计算机上安装两套股票软件

由于同一家券商的股票软件大都不支持在一台计算机上同时运行两个账户，要实现在一台计算机上安装两套股票软件，解决方案是下载不同券商的股票软件用于学习公式编写，也可以前往通达信官网下载普通版 PC 客户端。

学习公式编写遇到软件问题时，可以查阅资料自行解决，或者请教周边朋友。若找不到人解决，建议前往通达信公式用户服务的官方论坛（公式天堂）联系客服答疑。遇到极端情形，股票软件无法恢复到正常工作状态时，可以卸载软件并重新安装，恢复至初始状态。

1.3　如何在股票软件中手动安装现成的公式

"RST 指标线"公式是笔者基于价格行为学的原创公式。该公式只有下面 5 行语句，我们把它安装进股票软件中。

```
ZIG(3,摆动空间),COLORBLACK,LINETHICK2;
支撑位上沿:TROUGH(CLOSE,摆动空间,1),COLORRED,LINETHICK4;
支撑位下沿:TROUGH(LOW,摆动空间,1),COLORRED,LINETHICK2;
阻力位下沿:PEAK(CLOSE,摆动空间,1),COLORBLUE,LINETHICK4;
阻力位上沿:PEAK(HIGH,摆动空间,1),COLORBLUE,LINETHICK2;
```

1. 抄写公式

在计算机打开"记事本"应用，在编辑区抄写这 5 行语句，注意不要使用 Microsoft Word 或者 WPS 软件，如图 1-3 所示。注意汉字、字符和数字都不要抄错，英文都使用大写字母，标点符号也要在英文格式下输入。此时的公式以文本格式临时存放在"记事本"软件里。

图 1-3　抄写公式示意图

2. 打开指标公式编辑器

打开任意一个股票软件（通达信、XX 证券都可以），按快捷键 Ctrl+F，打开"公式管理器"界面，然后在左侧的公式树选中"技术指标公式"，如图 1-4 所示。

图1-4 "公式管理器"界面

单击右侧的"新建"按钮，打开"指标公式编辑器"界面，如图1-5所示。

图1-5 "指标公式编辑器"界面

3. 复制公式

回到"记事本"，按快捷键 Ctrl+A 全选编辑区中的文本，如图1-6所示。

然后按快捷键 Ctrl+C，将选中的文本复制。

图 1-6　选中文本格式的公式

回到"指标公式编辑器"界面，在公式编辑区的中间空白处单击，此时光标在编辑区内闪烁。然后按快捷键 Ctrl+V，将先前复制的记事本中的公式，粘贴至图 1-5 所示的空白编辑区，如图 1-7 所示。

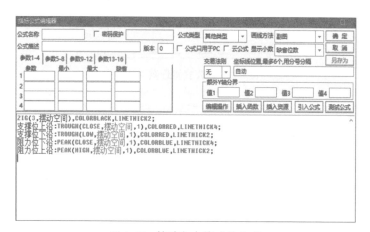

图 1-7　粘贴文本格式的公式

4．填写公式信息

参照图 1-8 所示将公式信息补充完整。分别在"公式名称"输入框中填写"RST 指标线"，在"公式描述"输入框中填写"作辅助线 必须与 K 线特征配合分析"。将"画线方法"从"副图"修改为"主图叠加"。

图 1-8　填写公式信息

5. 填写参数表及自动生成参数精灵

参照图 1-9 所示在公式描述下方的参数表中，填写第一个参数。参数名称为"摆动空间"，最小值为 1，最大值为 200，缺省值为 10。

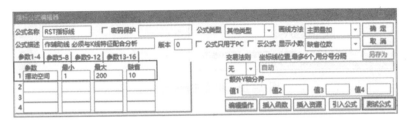

图 1-9 填写参数表

单击图 1-7 界面右下角的"测试公式"按钮，如图 1-10 所示。此时指标公式编辑器左下角的文本框自动显示"测试通过"。

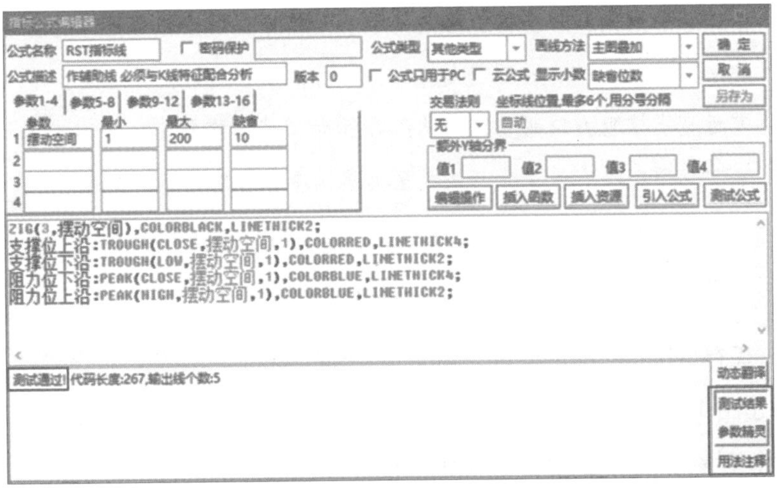

图 1-10 测试结果的示意图

选中图 1-10 所示界面右下角的"参数精灵"，如图 1-11 所示。系统根据参数表的设置，自动填写了参数精灵的文本信息。

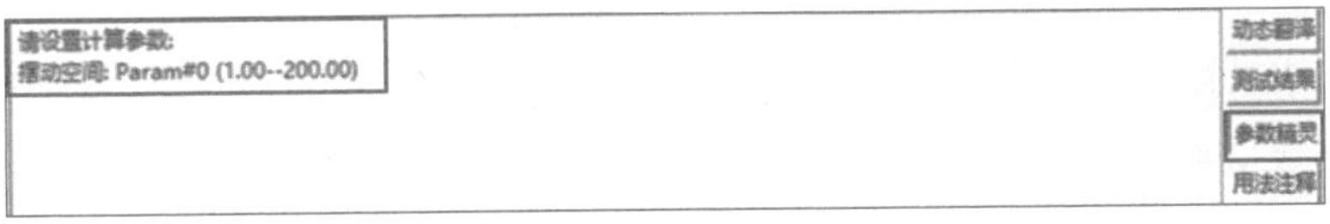

图 1-11 参数精灵的示意图

6. 填写公式说明

选中图 1-10 所示界面右下角的"用法注释"，然后在左侧的输入框中，录入下面的文字，如图 1-12 所示。这段文字是关于 RST 指标的用法说明。

图 1-12　用法注释的示意图

R 代表 Resistance Level，RL 阻力线或阻力位。

S 代表 Support Level，SL 支撑线或支撑位。

T 代表 Trend Direction Line，TDL 趋势方向线。

使用方法：

1．依据辅助线先判断当前价格是处于上升趋势、下降趋势还是横盘整理。

2．使用辅助线难以识别近期支撑阻力位时，不要制订交易计划。

3．若近期支撑阻力位明显，必须配合近期 K 线形态特征，制订交易计划。

4．主观选用突破交易策略，或是区间震荡交易策略。

5．当价格进入目标打击区间，再进行交易，不要着急提早入场。

6．当市场价格与预判的方向不一致时，及时止损离场。

7. 保存公式

单击图 1-10 所示界面右上角的"确定"按钮，保存公式。只需通过这样简单的七个步骤就把公式安装在股票软件中了。

8. 查看公式

下面我们回到股票软件中，任意选择一只股票，进入该股 K 线图的界面，单击图表左上角的小图标，打开主图指标的快捷菜单表，如图 1-13 所示。

选择"选择主图指标"菜单，打开"请选择主图指标"窗口，如图 1-14 所示，找到刚才安装好的"RST 指标"，单击选中它。此时可以看到右侧上方的参数设置与刚才设置的参数精灵一致，右侧下方会显示刚才设置的用法说明。

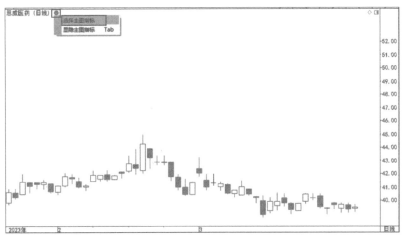

图 1-13　主图指标的快捷菜单表

图 1-14　选择主图指标窗口

保持默认的参数值，最后单击"确定"按钮，回到该股 K 线图的界面，如图 1-15 所示。

图 1-15 中，上面的两根水平线代表动态的阻力线，下面的两根水平线代表动态的支撑线，之间的折线可以视为动态的趋势线，三者均为辅助线。阻力区间由粗一点的阻力线和其上方一条更细的水平线构成，是价格行为学交易法的做多止盈目标位；支撑区间由粗一点的支撑线和其下方一条更细的水平线构成，是价

格行为学交易法的做多进场区间。图中的个股日线图价格靠近支撑区间，投资者可以据此拟定交易计划。

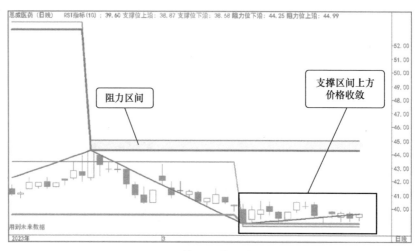

图 1-15　带 RST 指标的 K 线图

关于该指标更详细的讨论，请参见本书第 7 章的相关内容。

1.4　通达信公式系统五大常用界面

任何界面类型的软件系统通常都会有一个使用或是编辑界面，公式系统也不例外。以办公软件 Microsoft Word 为例，假如需要准备一份会议流程发布给参会人员，既可以用 A4 纸打印文件送至他人手中，也可以用 Microsoft Word 软件写好文档，转为 PDF 格式后发送至他人的电子邮箱。在这个场景中，使用 Microsoft Word 软件写作会议流程，就是在 Microsoft Word 软件的编辑界面工作，期间可以任意增加或者删改文字。而他人收到的文件，不论是纸质的还是 PDF 文件，都只能查看，无法修改 Microsoft Word 源文件。

公式系统包含使用界面和编辑界面，最常用的是个股详情页、股票列表页、公式管理器、公式编辑器和插入函数。前两个属于使用界面，后三个属于编辑界面。就像使用 Microsoft Word 软件的编辑界面一样，只要熟悉了常用界面和按钮，就可开始公式编写。

1.4.1　个股详情页界面

个股详情页是用于展示个股交易行情和基础数据的界面，方便投资者跟踪个股行情、分析和交易，如图 1-16 所示。该界面右侧为行情区，除了五档报价、实时交易订单外，还有当日行情信息和最新基本面信息等。左侧主图区和副图区是分析个股的主要界面。

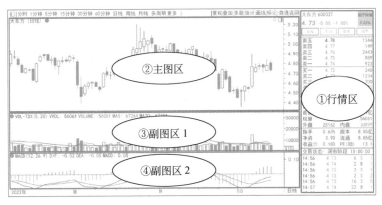

图 1-16　个股详情页示意图

左侧主图区和副图区非常重要，它们是编写技术指标公式、专家系统公式、五彩 K 线公式的结果验证界面。

对比主图区和副图区，主图区无法删除；而副图区作为可选项，其窗口个数可在 0 ~ 11 进行设置。图 1-16 中有两个副图，第一个显示交易量，第二个显示 MACD 指标。"一主二副"是投资者常用的窗口配置，通过同时比对多个指标信号，印证分析结果。

在主图区右击，弹出主图功能菜单，如图 1-17 所示。

在任何一个副图区右击，可以弹出副图功能菜单，如图 1-18 所示。

对比主图和副图两个功能菜单可以发现，其差异不大，主图具备副图的所有功能。通过简单的公式编写，副图也能显示与主图完全一样的 K 线图。

为何系统还要进行主副之分呢？一方面，这样可以帮助投资者建立以价格变动为基础的交易分析框架，预留主图能直观地看到效果；另一方面，图 1-17 中有一组主图额外菜单，是投资者在技术分析时的高级功能。

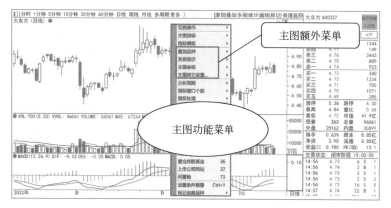

图 1-17　主图功能菜单示意图

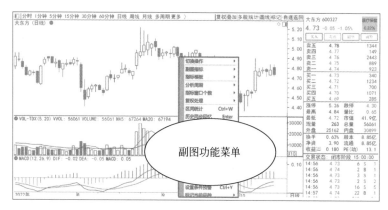

图 1-18　副图功能菜单示意图

最后是主图和副图的指标显示功能，如图 1-19 所示。其横坐标是时间（只有交易日），主图与副图共用；纵坐标根据主图和副图各窗口的指标设置，显示对应的坐标数值。

以日 K 线为例，在主图和副图区内任意处双击，会自动出现十字线，竖线指示对应日期，横线指示对应指标数值。随着鼠标任意滑动，数值也会自动变化。

在主图区任意处双击，还会弹出历史行情数据框。按住鼠标左键，历史行情数据框可以任意拖动。历史行情数据框中的数值跟随十字线的移动而变化。

在副图区任意处双击，选中的副图会自动放大。比如双击第一个副图，系统会自动隐藏第二个副图，第一个副图会占用两个副图的高度。再次双击副图，又会恢复至两个副图。同样的，双击第二个副图，系统会将第二个副图的高度占满所有副图，隐藏第一个副图。

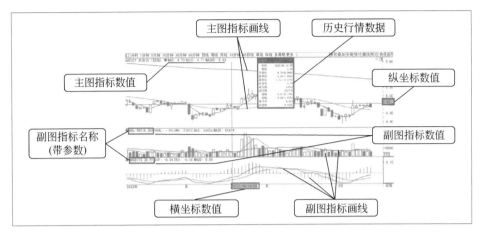

图 1-19 主图和副图的指标显示功能示意图

主图和副图左上角显示基本信息。主图信息包含品种信息、分析周期、主图指标信息（隐藏指标时不显示主图指标信息）；副图仅显示副图指标信息。指标信息包含指标名称、指标参数、指标数值。主图和副图的指标数值都随着鼠标的移动而变化。

在图 1-16 所示的主图上显示均线指标，即图 1-19 所示的主图。有多种入口方式：①按快捷键 Tab；②主图右击，选择"主图指标"—"显隐主图指标"；③单击主图左上角"日线"后面的小图标，选中"选择主图指标"，弹出"选择主图指标"提示框，选中"MA 均线"，单击"确定"按钮。

使用指标进行技术分析，主要功能有以下几种：①指示超买超卖；②指示金叉、死叉；③显示底背离、顶背离；④利用均线多头排列、空头排列指示趋势方向等。

图 1-19 中的第二个副图 MACD 指标展示了两种常用画线效果：一是将数值连成线；二是将数值用彩色柱状表示，围绕 0 轴上下波动。

1.4.2 股票列表页界面

股票列表页是用于展示多只股票信息的界面，便于投资者同时跟踪。图 1-20 所示是最常见的行情报价列表页。它还是选股结果批量检查的界面。完成条件选

股后，系统自动将选股结果放在对应板块中，展示行情报价列表页。

	代码	名称	涨幅%	现价	涨跌	买价	卖价	总量	现量	利润同比%	涨速%	换手%	今开
1	000001	平安银行	-0.98	11.09	-0.11	11.09	11.10	785574	8213	25.62	-0.08	0.40	11.21
2	000002	万 科 A	0.43	16.19	0.07	16.18	16.19	658970	6046	10.64	-0.11	0.68	16.30
3	000006	深振业 A	-0.24	4.09	-0.01	4.09	4.10	77876	464	-42.59	0.00	0.58	4.13
4	000007	全新好	-0.51	7.86	-0.04	7.82	7.86	63023	2869	-337.37	0.77	2.04	7.90
5	000008	神州高铁	3.45	2.40	0.08	2.39	2.40	543451	6699	43.39	0.00	2.02	2.34
6	000009	中国宝安	1.79	12.49	0.22	12.49	12.50	642261	8586	-37.80	0.00	2.52	12.31
7	000010	美丽生态	-1.49	3.30	-0.05	3.29	3.30	74074	667	18.09	0.00	1.42	3.35
8	000011	深物业 A	-0.22	9.15	-0.02	9.14	9.15	16491	172	-62.98	0.11	0.31	9.24
9	000012	南 玻 A	-1.75	6.74	-0.12	6.73	6.74	396986	5839	-25.98	0.15	2.03	6.85
10	000014	沙河股份	0.00	8.17	0.00	8.17	8.18	108083	1146	304.28	-0.11	4.47	8.35
11	000016	深康佳 A	-0.59	5.06	-0.03	5.06	5.07	64309	801	102.25	0.00	0.40	5.08
12	000017	深中华 A	1.94	4.20	0.08	4.18	4.20	75417	4229	-208.63	0.72	2.49	4.12
13	000019	深粮控股	-0.43	6.95	-0.03	6.95	6.96	3525B	351	-2.59	0.00	0.85	6.98
14	000020	深华发 A	1.94	9.45	0.18	9.44	9.45	22813	310	26.00	0.21	1.11	9.36
15	000021	深科技	-1.57	11.26	-0.18	11.26	11.27	99305	558	66.86	0.00	0.64	11.41
16	000023	深天地 A	2.64	10.48	0.27	10.48	10.49	33479	260	-1350.97	-0.18	2.41	10.25
17	000025	特 力 A	-0.87	17.19	-0.15	17.18	17.19	47690	671	-2.39	-0.05	1.21	17.40
18	000026	飞亚达	0.00	9.07	0.00	9.06	9.07	11261	144	-39.76	0.11	0.31	9.08
19	000027	深圳能源	1.21	5.85	0.07	5.84	5.85	116625	2020	-45.23	0.16	0.49	5.80
20	000028	国药一致	-5.15	30.03	-1.63	30.03	30.04	54064	817	-9.07	-0.06	1.47	30.98
21	000029	深深房 A	-0.49	8.16	-0.04	8.16	8.17	32026	515	9.57	-0.11	0.36	8.32
22	000030	富奥股份	-0.68	4.40	-0.03	4.39	4.40	30060	132	-77.35	0.00	0.17	4.43

图 1-20　行情报价列表页

对市场统计分析时，在"报表分析"菜单中还有另一类股票列表页。与公式
编写密切相关的是"历史行情．指标排序"，该功能可以批量使用历史数据计算
指标数值，验证技术指标公式的计算结果，如图 1-21 所示。

图 1-21　历史行情．指标排序列表页

图 1-21 与图 1-20 都是股票列表页，但有两处不同。第一，图 1-21 是指
定日期的数据，可以从历史日期中任选一天；图 1-20 是实时行情数据，收盘后
显示最近的数据。第二，图 1-21 的数据栏目针对技术指标，既可选择系统公式
指标，也可使用自定义指标进行排序；图 1-20 能在系统提供的 100 多项栏目
中选择，包括各种行情数据、基本面数据等。

"历史行情.指标排序"功能可以用于验证指标公式编写是否正确，该功能默认计算 1000 个数据，也可以按个人需要设置数据个数。当设置的数据个数过大时，系统会弹出提示框："使用的数据个数太多的话，计算会卡慢，消耗太多资源，确认要这样设置吗？"此时，用户只需根据实际使用需求，选择"确定"或"取消"即可。

1.4.3　公式管理器界面

公式管理器是公式系统的核心界面，用于管理所有公式。它与公式编辑器、插入函数界面合起来构成常用编辑界面，三者的关系如图 1-22 所示。

（1）在"公式管理器"界面新建公式或修改公式，进入"公式编辑器"界面。

（2）在"公式编辑器"界面单击"插入函数"按钮，进入"插入函数"界面。

【公式】与【函数】的意义大不相同。【公式】是从软件使用者视角，即投资者——"人"的视角，满足"使用者想要的"特定需求；而【函数】是从软件系统——"工具"视角，提供"软件工具能做的"基础功能。

"公式编写"就是灵活使用软件提供的各项基础功能，实现使用者想法的过程。"公式管理器"就是管理"需求"的入口，同时也是学习公式编写的资料库。

如图 1-23 所示为"公式管理器"界面，进入方式为：选择菜单"公式"—"公式管理器"，或按快捷键 Ctrl+F。

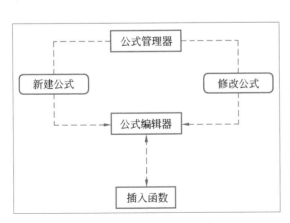

图 1-22　常用编辑界面关系图

图 1-23　公式管理器示意图 1

1.4.4　公式编辑器界面

公式编辑器是编写公式源代码的界面。图 1-23 所示的通达信系统提供了技术指标公式、条件选股公式、专家系统公式和五彩 K 线公式这四类不同功能的公式。每一类公式都有对应的公式编辑器：指标公式编辑器、条件选股公式编辑器、专家系统公式编辑器和五彩 K 线公式编辑器。四类公式编辑器大同小异，最基础的是指标公式编辑器，它的功能最全，其余公式编辑器根据各自的使用场景，增减了部分功能。

通达信系统提供了多种进入公式编辑器的入口，下面以技术指标公式为例介绍两个通用入口。

入口一：在图 1-23 所示的公式树中，选中"技术指标公式"，单击"新建"按钮，打开图 1-5 所示的"指标公式编辑器"界面。它是新建公式界面，所有文本框都是空白待填写状态，下拉框中也是默认选项。

入口二：以修改"MA 均线（系统）"指标为例。在图 1-23 所示的公式树中，单击"技术指标公式"前面的"+"，选中"MA 均线（系统）"，如图 1-24 所示。然后单击"修改"按钮，打开图 1-25 所示的"指标公式编辑器"界面。

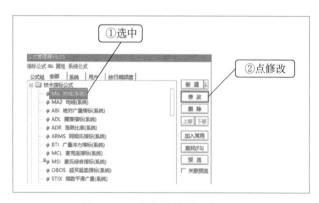

图 1-24　公式管理器示意图 2

"指标公式编辑器"界面的修改公式与图 1-5 不同，系统会将均线公式的所有信息自动填好。通过修改系统公式，可以快速实现个性化公式编写，掌握公式编写的基本语法，还可以参考原创公式的思路。在修改系统公式后，必须修改

"公式名称",单击"另存为"按钮,保存修改后的公式。

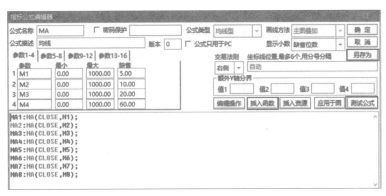

图 1-25 指标公式编辑器(修改公式)

1.4.5 插入函数界面

【函数】是系统提供的"公式片段",能实现特定的基础功能。它分为 19

类,包括序列行情函数、时间函数、引用函数、板块字符函数、逻辑函数、选择函数、数学函数、统计函数、形态函数、指数标的函数、资金流向函数、绘图函数、关联财务函数、专业财务函数、即时行情函数、线形和资源等、操作符、交易信号函数和账户函数。本书将在第 3 章详细介绍公式编写的常用函数以及综合案例。

"插入函数"界面是编写公式最重要的工具之一。进入方式为:在图 1-25 所示界面中,单击"插入函数"按钮,进入图 1-26 所示的"插入函数"界面。

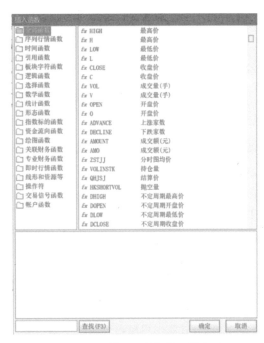

图 1-26 "插入函数"界面示意图

1.5 通达信公式系统的基础概念

股票软件公式系统对投资者开放了管理公式的所有权限。投资者不仅可以使用系统自带的公式，还可以创建、修改和删除自定义公式，以及将一台计算机中的自定义公式安装到其他计算机上，还可以将编写的公式同步到云端，甚至导入专业编程的 DLL 文件。公式系统就像一座汽车制造"工厂"，设计人员既可以在工厂内试验生产商务车、摩托车、电动车，还能制造超跑、概念车等。工厂提供了各类车型需要的机器设备、零部件和组装方案，并展示许多样车以供试驾。这里"工厂的大门"就是图 1-23 所示的"公式管理器"，本节将"拆解工厂的内部构造"。

我们建议投资者先从读懂系统公式入手，利用通达信公式系统的系统公式，熟悉各种类型公式编写思路。例如，对于"金叉死叉""锤子线""价格附近""假突破""价格收敛""顶部""底部""大阳线""阻力位""趋势"等常见技术分析术语，系统公式是如何通过编写公式实现的。

同时还要做好学习记录，便于自己编写公式时能够拿来就用。例如，把系统公式进行个性化修改。从简单的修改参数，到根据个人需求组合使用不同公式。

最后才是独立编写公式，反复调试。编写和调试期间，一定要把中间输出数据显示出来。根据数据的特性，选择放在主图或是放在副图；是用文字、数字、图标，还是画曲线、直线、折线，或者 K 线、柱状线、带状线等。最终编写出满意的公式后，再删除中间数据的显示功能。

1.5.1 公式的类型

公式作为承载使用者想法的主体，代表了"投资者能够实现什么样的想法"。"公式管理器"界面展示了不同维度的公式类型。

1. 按功能分类

依据公式实现投资者想法的不同特征，公式可以分为技术指标公式、条件选股公式、专家系统公式和五彩 K 线公式四大类，如图 1-27 所示。这四类公式在通达信系统中是分别存储的，即使是同样的算法，要从专家系统公式改成技术指标公式，也只能通过创建新的技术指标公式来完成。

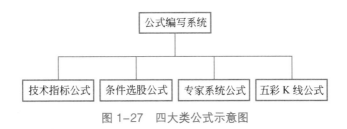

图1-27　四大类公式示意图

　　技术指标公式通过对系统采集到的各种数据进行分析运算，最终将分析结果展示在主图或副图中，即"画线"，目前最多允许100条输出线。这些输出线包括文字、数字、图标、曲线、直线、折线、K线、柱状线、带状线等，为投资者研判行情提供了基本依据。

　　此外，技术指标公式中有一类特殊的公式叫交易公式。交易公式连接交易账户后，可以根据交易信号发出真实的交易指令。因此，投资者必须谨慎！

　　条件选股公式通过对技术指标公式的输出线进行二次逻辑判断，实现投资者检索特定股票形态、技术特征或基本面特征的需求。如果结合预警系统使用，还能在盘中实时提示符合条件的股票。与技术指标公式不同，条件选股公式仅有一个输出，并且是逻辑判断的布尔值。在选定的股票范围内，计算机逐个判断是否满足选股条件，如果满足条件，则为真，即输出1；如果不满足条件，则为假，即输出0。

　　五彩K线公式通过设定目标K线形态，将符合设定的K线形态高亮显示。由于它会分析个股的历史数据，显示所有符合K线形态的结果，因此可以作为验证公式编写思路的工具，便于编写个性化的条件选股公式。与条件选股公式一样，五彩K线公式也仅有一个布尔值输出。

　　专家系统公式通过设定技术指标的买点和卖点，将某个时间符合条件的K线在主图中用深色上箭头或者浅色下箭头图标标记。专家系统公式与五彩K线公式类似，也会判定个股的历史数据，标记出符合买卖点设定的所有K线，因此也能作为验证公式编写思路的工具，便于编写个性化的条件选股公式。另外，专家系统公式具有独特的输出——买点和卖点，做多做空各有一套专用函数，为编写交易型指标公式、构建完整的交易规则体系、建立量化交易系统打好基础。

2. 按来源分类

依据公式产生的来源，公式可以分为系统公式和用户公式两类。

系统公式是安装股票软件时的自带公式，公式名称前有绿色图标（少量为黄色）。股票软件针对投资者最常用的技术分析，提供编写好的公式以满足最基本的分析需求。

系统公式不可删除，系统公式的名称和公式内容也不可修改。如果修改了公式内容，则有些股票软件不会保存，还有些股票软件识别出系统公式被修改后，会提示"当前版本无法登录"，要求重新下载股票软件。遇到这种情形，解决方案是关闭当前股票软件，重新打开即可恢复原状。

用户公式是投资者自行创建或导入的公式，公式名称前有紫色图标。系统允许投资者对用户公式进行任意修改和删除，并要求保存用户公式时没有语法错误。用户公式的名称不能与系统公式相同。

3. 按私密性分类

依据公式的私密性，公式可以分为加密公式和非加密公式两类。

非加密公式是能直接打开公式编辑器查看公式源代码的。"公式源代码"也是借鉴了程序员开发软件时的称呼习惯，开发软件编写的是源文件，执行结果是用户下载安装的应用程序。公式编写的是公式源代码，执行结果是选股、画线、交易系统评测等。

加密公式的公式源代码不能被直接查看。根据能否通过输入密码查看，加密公式又分为两类：可以通过密码查看和无法通过密码查看。

根据实际使用需要，可以将用户公式设置为加密公式或者非加密公式。

4. 按时间分类

依据公式的修改频率，公式分为今日、近 1 周、近 1 月、近 3 月、3 月前修改或导入。该分类主要是为经常编写公式的投资者提供的，由于股票软件中累积了很多用户公式，当想要查找某个公式，但是记不清公式名称，即使按快捷键F3 也查找不到的时候，则可以根据公式大致的修改时间模糊查找。

建议投资者养成规律的公式命名习惯，便于公式管理和修改完善，也要对最终安装到交易股票软件上的实战公式做好记录。

1.5.2 四类公式编辑器共同点

四类公式编辑器的通用入口都在图 1-23 所示的公式管理器界面中。选中公式树中的某个节点，单击"新建"或"修改"按钮，便可以进入相应的公式编辑器。公式编辑器的界面构成大致相同，从上到下分为：公式信息编辑区、公式编写区、系统提示区。以指标公式编辑器为例，如图 1-28 所示。

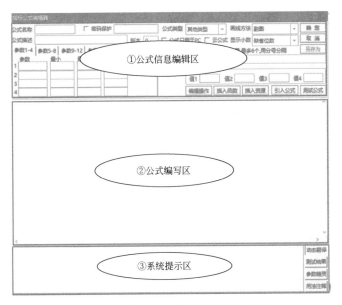

图 1-28　指标公式编辑器分区示意图

四类公式编辑器的"公式信息编辑区"部分功能是一样的。其中，功能相同的输入框包括公式名称、公式描述、是否设置密码、公式版本、存储设置（是否只用于 PC 和是否设为云公式）等。还有五个功能相同的按钮：编辑操作、插入函数、插入资源、引入公式和测试公式。下面介绍两个常用功能。

（1）显示行号。选择"编辑操作"—"显示行号"命令，在公式编写区的最左侧会显示出行号，如图 1-29 所示。

当行号处于显示状态时，选择"编辑操作"—"隐藏行号"命令，可将行号重新隐藏。

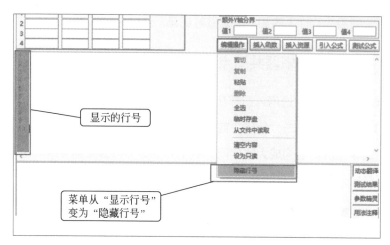

图 1-29　显示行号效果图

　　如果编写的公式只有一两行，则无须开启此功能。但当公式超过 10 行时，建议开启此功能，便于定位公式内容。此功能借鉴了程序员开发软件的使用习惯，开发软件时遇到有几百行或几千行代码的源文件很正常，如果没有行号辅助定位，寻找特定代码可能会耗时不少。

　　（2）引入公式。本书建议投资者前期一定要多学习系统公式的写法，以便于自己需要编写的时候拿来就用。"引入公式"就是拿来就用的入口。新建公式时，单击"引入公式"按钮，弹出提示框，如图 1-30 所示。

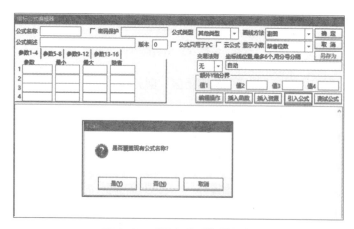

图 1-30　"引入公式"提示框

　　如果当前公式编辑器界面与图 1-5 相同，是一个空的公式编辑器，则可以选择"是"。如果已经填有公式名称，则根据个人需要选择"是"或"否"，如果不想引入公式，则选择"取消"选项。

当选择"是"或"否"之后，系统弹出如图 1-31 所示的"选择指标"提示框。选择任意想要引入的指标后，单击"确定"按钮，系统将选中指标的公式信息自动填充至当前公式编辑器。

此提示框中可以选择的公式包括允许导入的系统指标公式和所有用户指标公式。

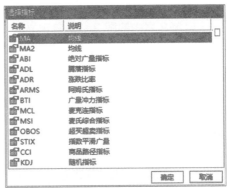

图 1-31 "选择指标"提示框

四类公式编辑器的公式信息编辑区中，以上功能是相同的，此外公式编写区和系统提示区的功能也相同。

公式编写区是进行公式编写的核心区域，用于编写公式源代码的核心内容，类似于 Word 文档编辑器最核心的文字编辑框。

系统提示区是系统基于公式内容以及右侧四个功能按钮，用于提示相应的信息。

1. 动态翻译

系统默认选中"动态翻译"，随着公式编写区的内容变动，即时翻译成有意义的汉字语言，帮助不会编写公式的投资者实时理解编写公式的含义。

2. 测试结果

用于显示语法测试的结果。单击"测试公式"按钮后，自动选中"测试结果"，系统对已经编写的公式源代码进行语法检查。没有语法错误时，显示"测试通过"；若存在语法错误，则需根据提示的信息修改公式。注意，系统不会保存具有语法错误的公式。

3. 参数精灵

选中"参数精灵"时，系统提示区自动显示公式信息编辑区的参数表设置信息，此时可以在系统提示区输入文字，完善参数意义，便于在使用公式的页面显示。

修改参数设置保存公式时，系统自动弹出提示框"参数设置已更改，是否重新生成参数精灵"，用户根据实际需要选择"是"或"否"。

以第2章中的图2-55自定义画均线为例，将图中短期5日均线、中期20日均线和长期200日均线改为可以调整的参数。首先，在参数表设定参数名称、最小值、最大值和缺省值，然后将公式源代码中的具体数值改为参数名称，如将5替换成SHORT，20替换成MIDDLE，200替换成LONG，单击"确定"按钮，弹出对话框，如图1-32所示。

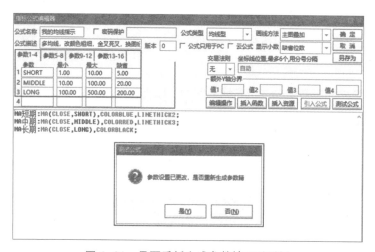

图1-32　是否重新生成参数精灵对话框

4. 用法注释

选中"用法注释"时，也可以在信息提示区输入文字，用于描述当前公式的帮助说明。以系统公式MA均线为例，打开均线公式编辑器，选中"用法注释"，此时输入框显示了系统自带的帮助说明，删除最后的句号，保存公式，如图1-33所示。

图1-33　"用法注释"输入框

随后在主图中选择 MA 均线指标，可以看到帮助说明最后的句号被删除，如图 1-34 所示。本书将系统公式的用法注释也称为公式帮助说明，无须查看公式源代码，即可快速理解系统公式的用法。用法注释是用文字形式记录公式的设计原理、核心算法、参数意义、实战指导等，便于在选择公式界面快速找到想用的公式。当我们编写好实战公式后，一定要在此做好记录。

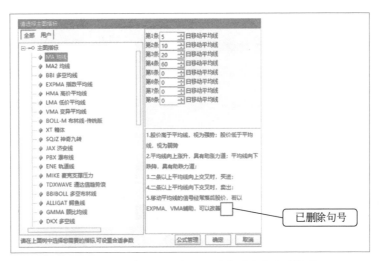

图 1-34　修改"用法注释"后查看公式帮助说明

1.5.3　四类公式编辑器不同点

四类公式编辑器的差异主要体现在右上角的"公式信息编辑区"，下面分别进行介绍。

1. 技术指标公式编辑器

技术指标公式编辑器作为功能最全的指标公式编辑器，由于其具备"画线"功能，并且包含交易型公式，因此其特有功能主要围绕"画线""交易"进行设置，包括公式类型、画线方法、显示小数、交易法则、坐标线位置、额外 Y 轴分界，如图 1-28 所示。

（1）公式类型。依据来源可将公式类型分为系统类型和用户类型。用户类型可以新建、删除和修改名称。在公式管理器界面，有两个新建类型的入口。

入口一：单击位于"新建"按钮右边的"↓"按钮，弹出"新建类型"菜单，如图 1-35（a）所示。

入口二：右击"技术指标公式"，弹出"新建类型"菜单，如图 1-35（b）所示。

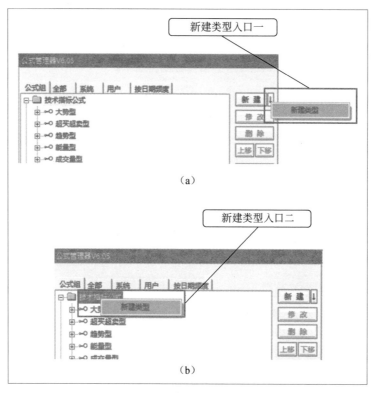

图 1-35　"新建类型"的两个入口
（a）入口一；（b）入口二

选择"新建类型"菜单，弹出提示框，输入类型名称"我的公式类型"，如图 1-36 所示。单击"确定"按钮，保存类型。

在图 1-37 中可以看到新建的公式类型，右击"我的公式类型"，弹出菜单"修改类型名称"和"删除当前类型"。

选择"修改类型名称"，会弹出图 1-36 所示的对话框，修改类型名称，单击"确定"按钮，保存新的类型名称。

选择"删除当前类型"，可以删除新建的用户类型。若被删除的类型下面有用户公式，则删除类型后用户公式自动归入"其他类型"中。

图 1-36 "输入类型名称"提示框

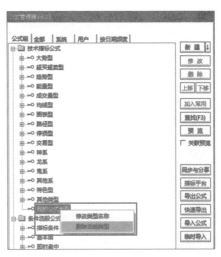

图 1-37 修改类型和删除类型

（2）画线方法。如图 1-38 所示，默认选择"副图"，常用的还有"主图叠加"。若选择"副图（叠加 K 线）"，则可以在副图中叠加 K 线，把副图当作主图用。

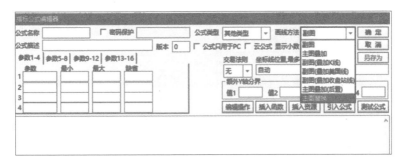

图 1-38 "画线方法"下拉选择框

（3）显示小数。设置图 1-19 所示的主图指标数值和副图指标数值的小数位。

（4）坐标线位置、额外 Y 轴分界。这两个设置是配合指标线关键数值使用的工具，参看图 6-6 和图 6-7 结合 KDJ 指标讲解的相关内容。

2. 条件选股公式编辑器

条件选股公式编辑器的公式信息编辑区如图 1-39 所示。它有两个特有功能：公式类型和是否使用复权。与公式类型相关的操作，如添加和删除用户类型、修改类型名称等与技术指标公式的公式类型相同。

图 1-39 条件选股公式编辑器公式信息编辑区示意图

如何使用条件选股公式编辑器参见图 2-24 ~ 图 2-26 编写条件选股公式、图 2-36 编写三年净利润增长率的选股公式、图 2-63 编写选股公式"我的均线金叉",以及图 2-85 编写选股公式"3 日 PINBAR"的相关内容。

3. 专家系统公式编辑器

专家系统公式编辑器如图 1-40 所示。在公式信息编辑区可以看到它没有特殊设置,但它预留了以下四个独特的输出。

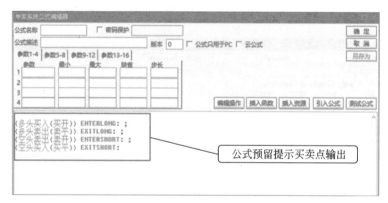

图 1-40 专家系统公式编辑器示意图

ENTERLONG:代表输出交易信号,多头买入,即开仓买入,简称买开。
EXITLONG:代表输出交易信号,多头卖出,即平仓卖出,简称卖平。
ENTERSHORT:代表输出交易信号,空头卖出,即开仓卖出,简称卖开。
EXITSHORT:代表输出交易信号,空头买入,即平仓买入,简称买平。

公式信息编辑区中的"{}"是操作符函数类型下的注释符号,括号内的文字都是灰色的,不会被编译执行,它们只是为了增加公式的可读性,添加的说明性文字。

如何使用专家系统公式编辑器参见图 2-42 修改专家系统公式界面，以及图 2-47 修改 KDJ 专家系统公式的相关内容。

4. 五彩 K 线公式编辑器

五彩 K 线公式编辑器的公式信息编辑区如图 1-41 所示。它只有共同功能，无特有功能。另外，五彩 K 线公式的输出与条件选股公式一样，仅输出一个布尔值。如何使用五彩 K 线公式编辑器参见图 2-74 修改五彩 K 线指示公式的相关内容。

图 1-41　五彩 K 线公式编辑器公式信息编辑区示意图

1.6　公式编写的底层逻辑

从投资者的使用角度，公式分为两种，分别为指标公式和选股公式。一般情况下，指标公式在个股详情页界面使用；选股公式是执行系统选股操作后，以股票列表页界面形式呈现选股结果。

从编写公式的角度，我们可以把特定的指标公式视为一种选股标准。以 MACD 指标的"金叉"为例，在个股详情页界面上，该个股会连续显示快线和慢线，是否"金叉"则不一定。把快线上穿慢线的"金叉"作为选股标准，我们一只一只翻看股票，就是人工选股。如果我们把"金叉"标准编写成为一个选股公式，执行选股操作后，系统就会针对多只个股，执行我们的人工选股过程，并把"金叉"的个股以股票列表页界面形式呈现出来。

因此，通达信公式编写的底层逻辑如下。

（1）时间序列：指标公式主要针对的是连续的时间序列；选股公式主要针对的是特定的时间点或时间段。

（2）特定时间点的特定指标特征：指标公式在个股详情页界面连续显示该指标的所有特征；选股公式则以该指标的特定指标特征作为选股标准，在特定的时间点对多只个股进行标准判断，并把符合选股标准的个股以股票列表页界面的形式呈现。当投资者翻看选股结果列表时，每一只个股在特定的时间点上都有该指标的特定指标特征。

（3）在个股详情页界面，特定的个股可以同时显示多个指标的所有特征。在特定的时间点上，有可能出现一个指标或是多个指标各自的特定指标特征。例如，MACD指标"金叉"和当日K线涨幅超过5%。

（4）如果选股公式的选股标准是特定时间点同时满足多个指标的特定特征，则系统执行选股操作后，就会把同时满足多个选股标准的个股以股票列表页界面的形式呈现。需要注意的是，通达信公式系统中的条件选股，可以设置成输出部分满足选股标准的股票列表。

（5）通达信自带的专家公式和五彩K线，可以视为模块化的指标公式，能够实现技术分析几乎所有量价运动的特定特征，并且可以在个股详情页界面的主图中显示。即使是编写最复杂和最有效的原创公式，都可以参考专家公式和五彩K线。

基于上述的底层逻辑，我们在编写公式的过程中，可以把指标公式视为某种特定的选股条件；而选股公式则是在特定时间点，一个指标的特定指标特征或是多个指标特定指标特征的叠加。公式编写的底层逻辑示意图如图1-42所示。

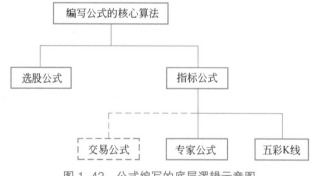

图1-42　公式编写的底层逻辑示意图

实际编写公式，简单的选股公式可以直接编写。但是，当选股逻辑复杂时，就要先编写指标公式，验证算法是否正确。算法无误后，再编写选股公式。指标公式既可以验证算法逻辑是否正确，还可以设置 K 线和指标线显示得是否美观。

1.7　公式编写的增改删基本操作——编写第一个公式

现在，我们编写第一个公式。

本节以主图中央显示"你好！公式编写"为例，介绍如何使用"插入函数"界面的查找和帮助功能。通过对【公式】进行新建、修改和删除操作，同时理解公式编写的基本概念——【函数】的输入和输出。

公式需求：在主图中央显示"你好公式编写"。

实现结果如图 1-43 所示。

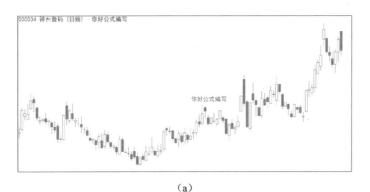

（a）

（b）

图 1-43　"你好公式编写"显示效果图

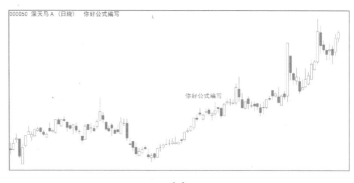

（c）

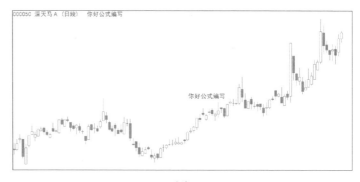

（d）

图 1-43（续）

（a）K线放大的主图；（b）K线缩小的主图；（c）变更品种的主图；（d）更换字的颜色

　　用软件自带画图工具的"文字注释"功能写字，尽管效果与图 1-43 看上去很像，但实际上却不一样。首先，用画图工具写的字，在放大或缩小 K 线时，文字会发生"移动"。对比图 1-43（a）和图 1-43（b）可以看出，公式编写的文字始终固定在屏幕中央，不会随屏幕放大或者缩小"跑出屏幕"。其次，在一只股票的详情页上用画图工具写的字，不会出现在另一只股票的详情页上。对比图 1-43（a）和图 1-43（c）可以看出，即使变更股票品种，公式编写的文字始终显示在主图中央。对比图 1-43（c）和图 1-43（d）可以看出，公式编写的文字从红色变成了蓝色。

1.7.1　增——新建公式

　　新建步骤如下。

（1）在图 1-23 所示的"公式管理器"界面，选中"技术指标公式"，单击"新建"按钮。

（2）在新建技术指标公式界面，填写以下信息，如图 1-44 所示。

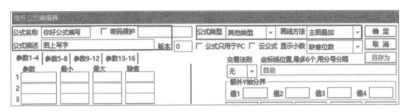

图 1-44 新建指标公式"你好公式编写"

公式名称："你好公式编写"。

公式描述："图上写字"。

公式类型：默认"其他类型"。

画线方法：选择"主图叠加"（即在主图画线）。

（3）单击"插入函数"按钮，打开图 1-45 所示的"插入函数"界面，在左下角的输入框填入"文字"，单击"查找"按钮，查找与文字相关的函数。

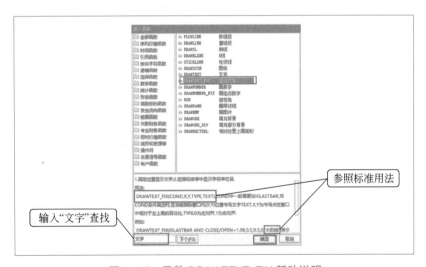

图 1-45 函数 DRAWTEXT_FIX 帮助说明

（4）选中"绘图函数"类型下的函数 DRAWTEXT_FIX 定点文字，如图 1-45 所示，此时界面下方的空白处变为显示函数 DRAWTEXT_FIX 的帮助说明。

帮助说明的第一行，说明该函数可以用在两个场景。场景一是固定位置显示文字，场景二是在指标排序中显示字符串栏目。其中第一个场景刚好满足公式需求。

继续查看用法和举例。标准语句如下：

```
DRAWTEXT_FIX(COND,X,Y,TYPE,TEXT)
```

该函数包含五个输入。

第一个输入 COND，表示"条件"（condition），即当满足某个条件时执行显示文字。当前公式无特殊要求，始终显示设置为1。

第二个输入 X 和第三个输入 Y，表示设定显示文字的起始坐标（X,Y）。假设整个主图是画布区域，左上角为基准点坐标（0，0），右下角坐标为（1，1）。在画布中央写字，即坐标（0.5，0.5），表示设置 X 为 0.5,Y 为 0.5。

第四个输入 TYPE，表示显示方式，以自定义坐标为起始点，选择文字左对齐或右对齐显示。常规书写习惯从左往右，设置为0。

第五个输入 TEXT，表示要显示的文字。公式需求显示"你好公式编写"，对应 TEXT 就是"你好公式编写"。再看举例的"大阳线"前后加了单引号"' '"，那么这里也给"你好公式编写"前后加上单引号"' '"。

掌握用法之后，单击"确定"按钮，将函数 DRAWTEXT_FIX 插入到公式编辑器中，如图 1-46 所示。

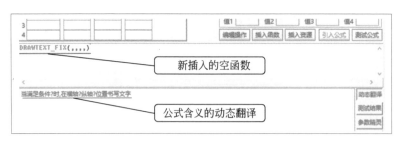

图 1-46 新插入的空函数与动态翻译

（5）在"公式编辑器"界面，完整填写函数的5个输入，如图 1-47 所示。可以看到动态翻译的关键词从图 1-46 所示的"？"变成图 1-47 所示的完整句子，公式含义变得更加完整。

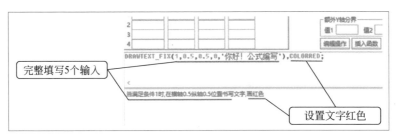

图 1-47 函数输入填写完整

另外，在公式后面加上",COLORRED"，设置显示文字为红色。

最后，单击右上角的"确定"按钮，保存新建的公式，回到"公式管理器"界面。在如图 1-48 所示公式树的"技术指标公式"—"其他类型"里可以找到新建的技术指标公式。

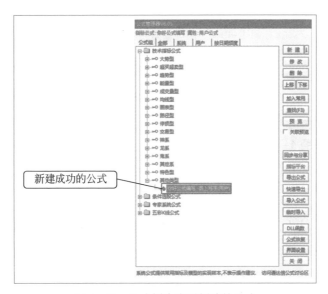

图 1-48 公式树中查看新建的公式

1.7.2 验证公式编写结果

新建公式并保存后，要在主图验证结果。关闭"公式管理器"界面，然后打开图 1-17 所示的主图功能菜单，选择"主图指标"—"选择主图指标"命令，打开"请选择主图指标"窗口，如图 1-49 所示。

选中新建的技术指标公式"你好公式编写"，单击"确定"按钮，结果即如

图 1-43 所示。

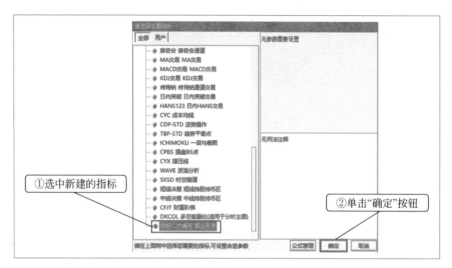

图 1-49　主图设置为新建的指标公式

1.7.3　改——显示文字修改

显示文字修改步骤如下。

（1）打开图 1-17 所示的主图功能菜单，选择"主图指标"—"修改当前指标公式"命令，或按快捷键 Alt+S，打开"指标公式编辑器"窗口，如图 1-47 所示。

（2）将 COLORRED 改为 COLORBLUE，如图 1-50 所示，单击"确定"按钮，保存公式。显示结果如图 1-43（d）所示。

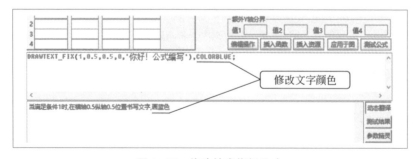

图 1-50　修改技术指标公式

如果想换成其他颜色，可在"插入函数"界面输入"COLOR"进行查找，如图 1-51 所示。系统提供了黑色、蓝色、绿色、青色等 16 种常用颜色函数。

图 1-51 常用颜色函数

1.7.4 删——删除公式

打开如图 1-48 所示的"公式管理器"界面，选中公式"你好公式编写"，单击右侧的"删除"按钮，如图 1-52 所示。

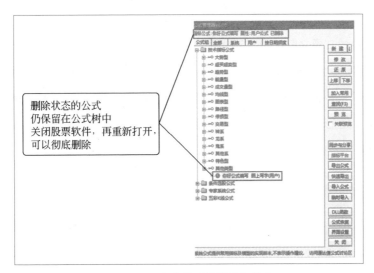

图 1-52 公式的"假删除"状态

上方提示信息显示公式"已删除"，但公式树还保留了被删除的公式，而且公式名称前面的小图标变为红色感叹号。此时的公式处于"假删除"状态，这是为了避免出现误删公式无法恢复的情况。选中公式"你好公式编写"，单击右侧的"还原"按钮，公式又可以恢复至正常状态。

若确实打算删除公式，只需在公式"假删除"状态下，退出股票软件。重新打开软件后，公式树中便不会再出现被删除的公式。

1.8 公式编写的学习要点

学公式编写需要通过案例，反复练习"用熟"，光看书是"看不会"的。每一个系统公式都是学习资料，我们先"试驾样车"，再"改装"。通过熟悉常用界面，建立"公式系统"的概念，最后叠加"交易系统"的概念。

建议学习流程一：股票列表—条件选股。

建议学习流程二：专家公式—技术指标。

建议学习流程三：五彩K线—条件选股。

建议学习流程四：技术指标—条件选股—交易型指标公式。

1.8.1 与实际交易结合起来

投资者做交易之前都要研判大势。观察大盘当前是处于上升趋势、下降趋势或者横盘整理。还可利用 ADL 腾落线指标，计算日常使用的宽度振荡指标，测量市场动能。根据客观分析大势的结果，辅助判断选股结果。例如，分别记录选股公式在大盘上升趋势和下降趋势的股票选中数量，作为每周选股的参考值，从而判断市场当下的情况，指导仓位控制。

1.8.2 编写条件选股公式要注意的细节

编写条件选股公式执行选股时，需要注意以下几点。

（1）提前准备存放选股结果的专用板块。

（2）提前准备验证选股结果是否正确的检验方式。例如，提前编写相应的指标公式，将选股条件的关键数据展示出来，既可以绘制在主图或副图上，也可以制作列表批量展示。

在调试指标公式阶段，可以使用"历史行情·指标排序"功能。算法稳定之后，利用"扩展数据管理器"，定期刷新数值直接使用。

针对 K 线形态方面的选股，可以编写相应的五彩 K 线指示公式辅助验证。

针对指标买卖点方面的选股，可以编写相应的专家系统公式或者指标公式辅助验证。

（3）编写条件选股公式时，唯一输出值为逻辑判断值。根据选股策略，在多个选股条件之间，必须使用逻辑判断的连接词"AND、&&""OR、||""NOT"。

（4）增加公式可读性，便于持续优化。例如，编写选股条件时，养成每个条件换行的习惯，或者添加括号"()"区隔各个条件。最终包含完整选股条件的语句只有一个分号"；"。

（5）对选股结果二次筛选。选股执行完毕后，应适当从选股结果里优中选优，挑选出十来只放入股票池。如果选股结果的数量有几百只或上千只，则必须进行二次筛选，既可以逐只股票手动查看，也可以使用二次选股公式深度筛选。

（6）将选股策略与"程序交易评测系统"结合使用，反复测试参数，提高胜算。

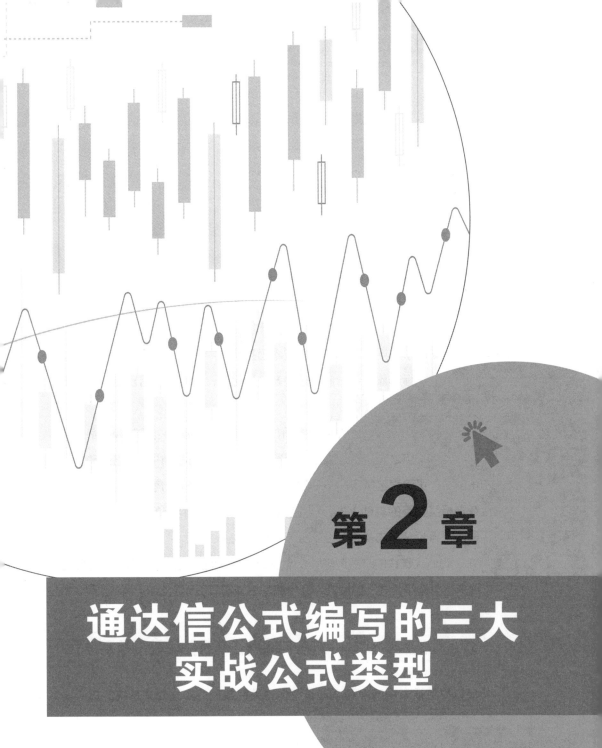

第 **2** 章

通达信公式编写的三大
实战公式类型

2.1　好公式的算法逻辑背后是赚钱的交易逻辑

A 股投资者最靠谱的交易逻辑是：找出上涨趋势的个股，在上涨趋势中低买高卖。具体来说，就是选股和买卖点。

选股的目的是选出正在或是很快就会走出上涨趋势的个股。上涨趋势可以分为由基本面推动的中长期上涨趋势和由技术面推动的中短线上涨趋势，对应的就是基本面选股和指标选股。将对应的选股方法量化后，就可以编写出相应的基本面选股公式和指标类选股公式。

在投资者日常使用的个股详情页界面，多数指标的买卖点之间都存在多根 K 线，这意味着买卖点之间至少是一个波段行情，是一个时间段内的价格运动。从交易的角度看，买和卖是特定时间点的交易行为。因此，实战角度的买点和卖点通常要在指标买卖点的基础上进行细化和优化，要具体到特定的某一根 K 线上，也就是要落脚到 K 线形态类指标公式或是选股公式上。

现在，我们从赚钱的交易逻辑出发，按照"基本面选股公式—指标类选股公式—K 线形态类选股公式"的顺序，开始编写三种实战类型的公式。

2.2　基本面选股公式——以净利润增长率为关键数据编写公式

本节以财务报表中的净利润增长率作为关键数据，实现公式系统的核心功能——选出来、画出来。

首先，以选出"2022 年第一季度净利润增长率大于 100%"的股票为目标，分三步实现。第一步，按照提取关键数据、显示数据、验证显示结果的顺序，巩固指标公式编写步骤。第二步，编写条件选股公式，验证选股结果。第三步，优化选股结果的展示。

然后，以选出"连续三年净利润增长率大于 50%"的股票为目标，深入理解"选出来、画出来"的内在逻辑。该选股条件在威廉·奥奈尔的《笑傲股市》中有提及，它就是 CANSLIM 法则中的 A（年度收益增长率，寻找收益大牛）。

2.2.1　编写公式——副图显示指定季报净利润增长率

公式需求：在副图中显示提示信息"2022 年 Q1 季报净利润增长率"及对应数值。

实现结果如图 2-1 所示。

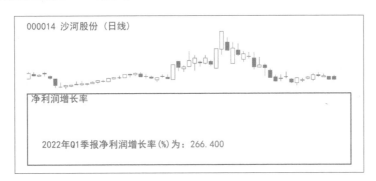

图 2-1　副图显示季报净利润增长率最终效果图

编写公式时重点注意以下四个方面。

1. 设置画线方法

由于公式需求在副图显示，因此画线方法默认"副图"选项。如图 2-2 所示，在新建技术指标公式界面，填写以下信息。

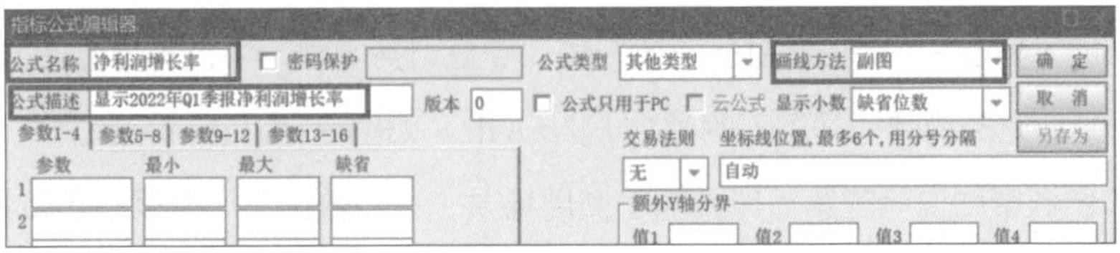

图 2-2　新建指标公式"净利润增长率"

公式名称："净利润增长率"。
公式描述："显示 2022 年 Q1 季报净利润增长率"。
公式类型：默认"其他类型"。
画线方法：默认"副图"。

2. 检索函数输出季报净利润增长率

寻找函数能够提取关键数据，通常在"插入函数"中检索关键词实现。但本例在"插入函数"界面，输入"净利润"查找相关函数时，结果如图 2-3 所示。在"关联财务函数"类型中有 FINANCE(30) 净利润和 FINANCE(54) 扣非净利润两个函数，而公式需求指定了"2022 年 Q1 季报"，因此两个函数均无法实现。

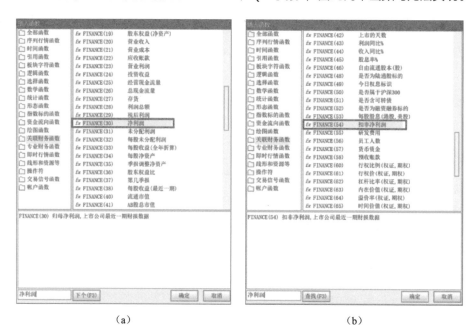

(a)　　　　　　　　　　　　　　(b)

图 2-3　查找净利润相关函数

(a) FINANCE(30) 净利润；(b) FINANCE(54) 扣非净利润

若直接检索找不到所需函数，则需要仔细查阅函数帮助说明。本例可以在两个财务相关类型——"关联财务函数"和"专业财务函数"中，寻找合适的函数。选中"专业财务函数"类型下的函数 FINONE，如图 2-4（a）所示。

该函数帮助说明的第一行说明了使用场景，该函数用于"引用指定年和月日的某类型的财务数据……该函数只适用于沪深京市场"，引用数据前需下载财务数据。

标准语句如下：

```
FINONE(ID,Y,MMDD)
```

（a）

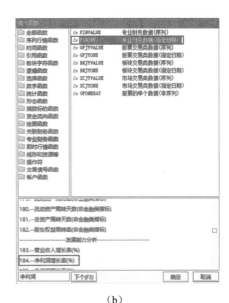

（b）

图 2-4　函数 FINONE 帮助说明

注：（a）FINONE 函数的使用场景及用法；（b）第 184 号数据。

该函数包含三个输入。

第一个输入 ID，表示数据编号。公式需求显示净利润增长率，向下滚动函数帮助，寻找需要的数据编号。其中 184 号是净利润增长率（%），如图 2-4（b）所示。因此编写公式时设置 ID 为 184。

第二个输入 Y，表示年。第三个输入 MMDD，表示月日。公式需求指定了"2022 年 Q1 季报"，因此 Y 设置为 2022，MMDD 设置为 0331。

如图 2-5 所示，在公式编辑器中插入函数 FINONE，完整填写三个输入。公式如下：

```
FINONE(184,2022,0331);
```

图 2-5　完整填写函数 FINONE 的输入

3. 显示季报净利润增长率的数值

图2-5实现了本公式的核心功能——提取关键数据，下面将其显示在副图中。

在图2-4（b）所示的帮助说明中，净利润增长率后面加了百分号"%"，说明提取的数值放大了100倍。假设某只股票增长了两倍，这里提取的数值就是200，即增长率为200%。以最终效果图（见图2-1）为例，图2-1中显示数值为266.400，说明该股第一季度的净利润增长率为266.40%，也就是2.6640倍。

显示数据与显示文字是不同的功能。文字是固定不变的，"你好！公式编写"这几个字不会随着当前品种的变更而变化。

但本例中显示的数字会随着变更品种而变化，应使用绘图函数DRAWNUMBER_FIX画定点数字，如图2-6所示。

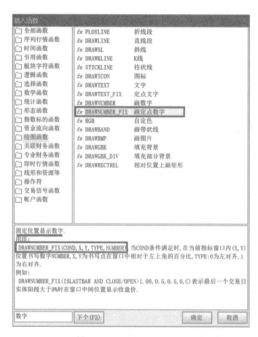

图2-6 函数DRAWNUMBER_FIX帮助说明

该函数帮助说明的第一行，说明使用场景是固定位置显示数字，满足公式需求。

标准语句如下：

```
DRAWNUMBER_FIX(COND,X,Y,TYPE,NUMBER)
```

该函数的前四个输入与函数 DRAWTEXT_FIX 相同。

第五个输入 NUMBER，表示待显示的数字，即 FINONE(184,2022,0331) 引用的数据。

如图 2-7 所示，将显示数字设置为红色，填写五个输入。

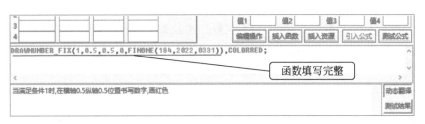

图 2-7　完整填写函数 DRAWNUMBER_FIX 的输入

显示结果如图 2-8 所示。对比图 2-1，当前副图只显示了关键数值，属于公式编写的阶段性状态。

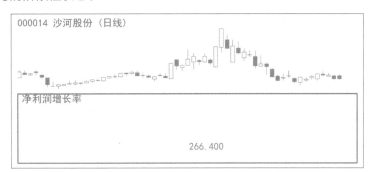

图 2-8　副图显示季报净利润增长率效果图（阶段性状态）

4. 验证和完善显示结果

首先，验证图 2-8 中的关键数值是否与指定季报一致。按快捷键 F10，打开 000014 沙河股份的基本面信息界面，选择"财务分析"选项，找到 2022 年第一季度数据，如图 2-9 所示。

对比图 2-8 和图 2-9 中的数值，可以发现 2022 年第一季度的净利润增长率为 266.40%，说明公式编写提取的关键数据正确。

沙河股份 000014

财务指标 | 财务诊断 | 指标变动说明 | 资产负债说明 | 综合分析 | 财报点评 | 杜邦分析

按报告期 按同季度 按年度 按单季度

科目\日期	2022-06-30	2022-03-31	2021-12-31	2021-09-30	2021-06-30	2021-03-31
每股基本收益(元)	0.1000	0.0800	0.3300	-0.0500	-0.0600	-0.0500
每股净资产(元)	3.9737	4.6789	4.6011	4.2710	4.3191	4.3867
每股经营性现金流量(元)	-0.2585	0.0109	-0.0613	-0.1880	0.0137	-0.1238
每股未分配利润(元)	1.9729	2.4779	2.4001	2.0700	2.1181	2.1857
每股公积金(元)	0.0412	0.0494	0.0494	0.0494	0.0494	0.0494
营业总收入(元)	2.20亿	1.43亿	6.17亿	647.15万	978.27万	809.13万
利润总额(元)	3719.59万	2090.12万	1.09亿	-1279.18万	-1540.66万	-1210.00万
归属于母公司净利润(元)	2814.38万	1569.68万	6657.95万	-969.55万	-1202.74万	-943.31万
扣非净利润(元)	2584.34万	1339.10万	6428.35万	-1200.00万	-1431.53万	-1177.33万
摊薄净资产收益率%	2.93	1.66	7.17	-1.13	-1.38	-1.07
销售毛利率%	37.20	34.15	37.14	35.36	23.49	34.77
营业总收入同比增长率%	2144.81	1663.47	430.31	-67.16	-92.09	-90.69
净利润同比增长率%	334.00	266.40	803.99	-1.50	-177.01	-221.45
扣非净利润同比增长率%	280.53	213.74	600.82	-0.89	-208.32	-315.84

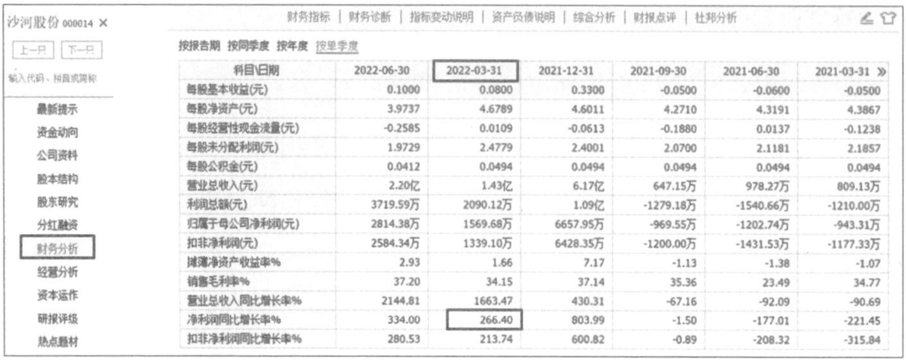

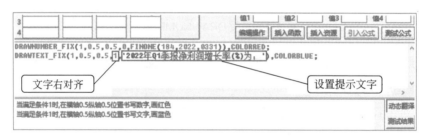

图 2-9　000014 沙河股份 2022 年 Q1 财报数据

最后，在图 2-8 所示的数值前面补上蓝色提示文字，以自定义坐标为起始点，选择文字右对齐，如图 2-10 所示，最终效果即如图 2-1 所示。

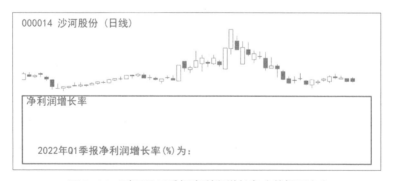

图 2-10　编写提示文字

编写完图 2-10 所示的公式后，若只显示蓝色提示文字，没有红色数值，很可能是财务数据不全导致的，如图 2-11 所示。

图 2-11　副图显示季报净利润增长率（数据不全）

解决的办法是下载财务数据包。在菜单栏选择“公式”右侧的“选项”—

"专业财务数据"命令，如图 2-12（a）所示（有的软件将"选项"菜单称为"设置"），打开"专业财务数据"下载提示框，单击"开始下载"按钮，如图 2-12（b）所示。等待数据下载完成后，再查看公式显示效果。

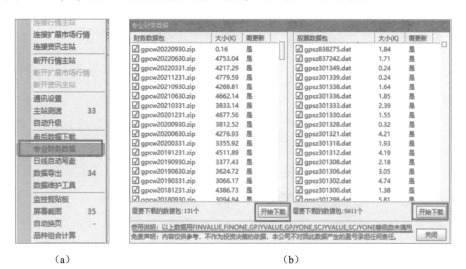

（a）　　　　　　　　　　　　　　　　（b）

图 2-12　下载专业财务数据示意图

2.2.2　选股——以季报净利润增长率为条件

条件选股前，建议投资者建立一个存放选股结果的专用板块，步骤如下。

（1）如图 2-13 所示，在股票行情报价列表页的下方，选择"自定"—"自定义板块设置"。

17.18	17.19	47690	671	-0.05	1.21	17.40	17.46	17.11	17
9.06	9.07	11261	144	0.11	0.31	9.08	9.13	9.03	9
5.84	5.85	116625	2020	-0.16	0.25	5.80	5.92	5.80	5
30.03	30.04	54064	817	-0.06	1.47	30.98	30.99	30.00	31
8.16	8.17	32126	515	-0.1		8.46	8.46	8.16	8

图 2-13　自定义板块设置示意图 1

（2）系统自动弹出"自定义板块设置"提示框，如图 2-14 所示。

（3）在"自定义板块设置"提示框中，单击右侧的"新建板块"按钮，打开"新建板块"提示框，如图 2-15 所示。在"板块名称"文本框中输入"选股结果"，单击"确定"按钮，新建板块成功。

图 2-14　自定义板块设置示意图 2

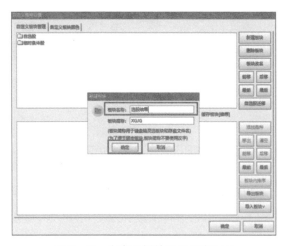

图 2-15　自定义板块设置示意图 3

（4）在图 2-16 所示界面查看新建的"选股结果"板块，其中包含的股票数量为 0。

（5）关闭"自定义板块设置"提示框，打开"选股结果"板块，如图 2-17 所示。此时新建的板块中没有任何品种，是空板块。条件选股时可以将选股结果存放于专用板块中。

确定选股结果存放的板块，然后确定验证选股结果的方式。假定完成了选股，"选股结果"板块从图 2-17 所示的空板块变为图 2-18 所示的股票列表页。由于图 2-18 属于行情报价列表页，通常显示行情信息，因此在财务相关栏目下只有最新一季的财报数据，不能显示历史季度的净利润增长率。

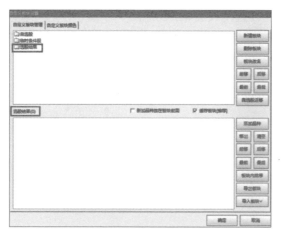

图 2-16　自定义板块设置示意图 4

图 2-17　空的自定义板块示意图

图 2-18　选股结果列表页

要查看股票指定季度的净利润增长率，可以采用前面编写的副图指标公式"净利润增长率"，任选两只股票，如图2-19所示，也可以逐只股票按快捷键F10查看。

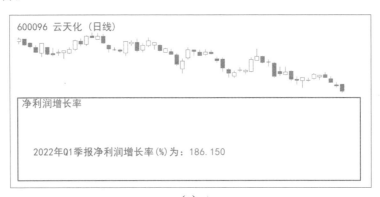

（a）

（b）

图2-19　选股结果个股详情页

下面编写自定义基本面条件选股公式。

> 公式需求：选出"2022年第一季度净利润增长率大于100%"的股票。

1. 新建条件选股公式

通达信系统可以通过以下三个入口进入"条件选股公式编辑器"界面。

入口一：通用入口，在图1-23所示的"公式管理器"界面，选中左侧的"条件选股公式"选项，单击"新建"按钮，打开图2-20所示的"条件选股公式编辑器"界面，这是新建条件选股公式的界面，起始状态下所有输入框都是空的。

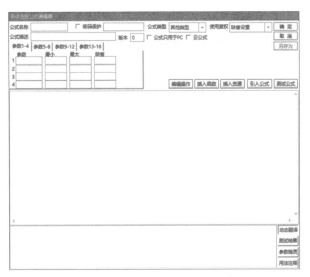

图 2-20 条件选股公式编辑器（新建公式）

入口二：通用入口，在"公式管理器"界面的公式树中，选中任意条件公式，单击"修改"按钮，进入修改条件选股公式界面，如图 2-23 所示。与修改指标公式相同，修改条件选股公式的界面中也预填了公式信息。在修改公式界面创建新公式时必须单击"另存为"按钮，避免覆盖旧公式。

入口三：条件选股专用入口，如图 2-21 所示，选择菜单"公式"—"条件选股"，或按快捷键 Ctrl+T，进入图 2-22 所示的"条件选股"窗口。

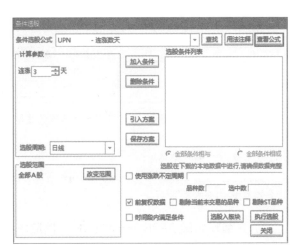

图 2-21 "条件选股"菜单　　　　　　　图 2-22 "条件选股"窗口

在"条件选股公式"下拉框选中某个公式，进入修改条件选股公式的界面。以选中"UPN-连涨数天"为例，单击"查看公式"按钮，即可打开图 2-23 所示的界面。

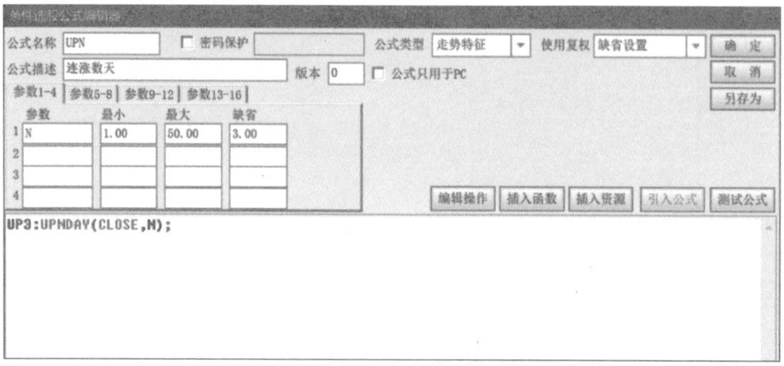

图 2-23 条件选股公式编辑器（修改公式）

编写条件选股公式，既可以从新建公式开始，也可以从修改公式开始。除了最后一步保存时需要注意外，其他步骤基本相同。

（1）在图 2-23 所示界面，清空参数和公式源代码，如图 2-24 所示，填写以下信息。

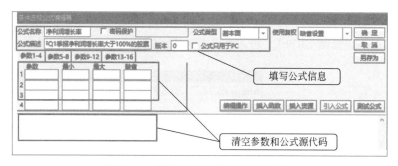

图 2-24 编写条件选股公式示意图 1

公式名称："净利润增长率"。
公式描述："选出 2022 年 Q1 季报净利润增长率大于 100% 的股票"。
公式类型："基本面"。

（2）先编写如图 2-25 所示的公式，提取季报净利润增长率数据。公式如下：

```
FINONE(184,2022,0331)
```

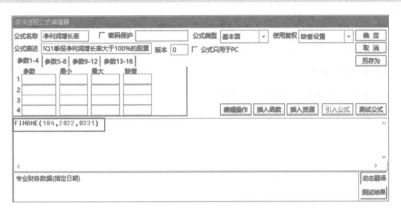

图 2-25　编写条件选股公式示意图 2

（3）完善选股条件，如图 2-26 所示。由于公式需求是选出"2022 年第一季度净利润增长率大于 100%"的股票，因此要将提取的数据与"100"进行比较。

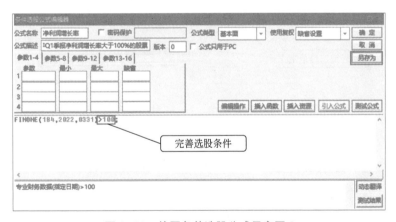

图 2-26　编写条件选股公式示意图 3

FINONE(184,2022,0331) 的结果是增长率的数值，令其大于 100，完成条件选股公式的编写。公式如下：

```
FINONE(184,2022,0331)>100;
```

（4）在图 2-26 所示界面中，单击"另存为"按钮，关闭条件选股公式编辑器，回到图 2-22 所示的"条件选股"窗口。系统自动保存新创建的条件选股公式"净利润增长率"。如果采用入口三，通常在"条件选股公式"下拉框中找不到新创建的选股公式。此时先关闭"条件选股"窗口，再次打开便可以在下拉框选项的最下方找到新公式。

2. 执行条件选股

按快捷键 Ctrl+T，打开"条件选股"窗口，如图 2-27 所示，分步骤设定选股条件。

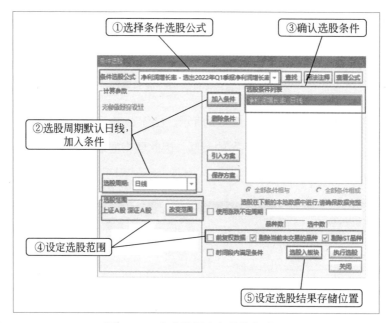

图 2-27　分步骤设定条件执行选股

（1）在"条件选股公式"下拉框中，选中"净利润增长率"。

（2）在"选股周期"下拉框中，默认"日线"，单击"加入条件"按钮。

（3）确认选股条件，在"选股条件列表"框中，确认当前只有一个选股条件，并且是"净利润增长率 日线"。

（4）确认选股范围，选择"上证 A 股""深证 A 股"。勾选"剔除当前未交易的品种"和"剔除 ST 品种"。取消勾选"前复权数据"，尽管本次执行的是基本面选股，是否勾选并不影响选股结果，但有些选股公式对数据是否复权比较敏感，建议执行选股前，先确定选股公式是否对数据复权有特殊要求。

（5）设定选股结果存储位置，自动执行选股。单击图 2-27 中的"选股入板块"按钮，弹出如图 2-28 所示的"请选择板块"提示框，选中"选股结果"专用板块，单击"确定"按钮，开始自动选股。

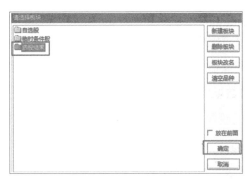

图 2-28　选择将选股结果放入专用板块

如果单击最右侧的"执行选股"按钮，则系统在选股结束后，自动将选股结果保存在股票行情报价列表页左下角的"临时条件股"板块，如图 2-29 所示。

图 2-29　临时条件股板块

（6）选股结束之后，查看条件选股后的统计结果，如图 2-30 所示。

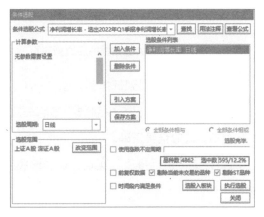

图 2-30　查看条件选股后的统计结果

本次选股从 4862 只股票中，选出了 595 只，选中率为 12.2%。换句话说，在"上证 A 股"和"深证 A 股"有 12.2% 的股票满足"2022 年第一季度净利润增长率大于 100%"的条件。

3. 探讨选股结果的验证方式

由于图 2-18 行情报价列表页无法查看 2022 年 Q1 季报的净利润增长率数据，而图 2-19 将数据显示在副图中，虽然无须逐个按快捷键 F10 比对结果，但选出来了近 600 只股票，查看数据比较费时，并且缺少排序功能，很难快速找出增长率最高的股票。

设计一张股票列表，既能把选股结果用列表展示，又能显示选股条件的关键数据，如图 2-31 所示。

	代码	名称	涨幅%	收盘	总金额	净利2201↓
1	002432	九安医疗	-1.35	50.35	13.7亿	37527.4
2	688153	唯捷创芯-U	-1.40	33.90	3338万	28268.2
3	002192	融捷股份	-0.67	114.60	5.67亿	13996.3
4	600083	博信股份	-1.08	8.26	1474万	7641.13
5	688360	德马科技	2.69	25.17	1892万	5620.25
6	002476	宝莫股份	1.00	5.06	8363万	4753.91
7	600313	农发种业	-0.99	10.02	3.41亿	4517.60
8	688173	希荻微	-2.43	24.51	3364万	4040.66
9	002167	东方锆业	0.34	5.98	3775.91	3775.91
10	002667	鞍重股份	-1.04	23.71	7053万	3172.86
11	688075	安旭生物	-0.49	93.01	7286万	3147.87
12	300831	派瑞股份	-0.17	12.03	5880万	2953.22
13	603031	安孚科技	-1.61	42.80	7312万	2908.85
14	000833	粤桂股份	0.59	6.84	2971万	2883.39
15	300302	同有科技	-2.15	7.74	8533万	2775.95
16	600435	北方导航	-0.12	8.20	6230万	2633.89
17	600545	卓郎智能	0.00	3.00	1650万	2537.89
18	300343	联创股份	0.17	11.97	2.25亿	2208.11
19	603779	威龙股份	-1.88	5.73	1449万	2189.36
20	688529	豪森股份	2.61	26.74	3097万	2181.67
21	300437	清水源	-1.23	16.81	4707万	2114.93
22	601933	永辉超市	-0.32	3.08	5464万	2053.54

（a）

	代码	名称	涨幅%	收盘	总金额	净利2201↓
574	603722	阿科力	2.13	46.60	3252万	104.580
575	603968	醋化股份	1.16	20.98	3514万	104.390
576	603555	贵人鸟	0.00	3.73	3518万	104.300
577	603236	移远通信	-2.02	110.72	1.78亿	104.250
578	600425	青松建化	-0.54	3.70	6325万	104.170
579	600486	扬农化工	-9.31	92.06	9.27亿	103.510
580	300398	飞凯材料	-1.99	17.69	1.29亿	103.430
581	301129	瑞纳智能	3.33	66.00	8910万	102.860
582	002219	新里程	-1.04	3.79	3635万	102.530
583	601156	东航物流	0.00	16.51	4599万	102.320
584	600053	九鼎投资	-0.47	14.71	2246万	102.050
585	603599	广信股份	-0.43	30.25	1.49亿	101.900
586	688262	国芯科技	-2.20	42.14	1.31亿	101.790
587	301216	万凯新材	1.11	29.90	8486万	101.770
588	603290	斯达半导	-0.72	341.01	5.06亿	101.540
589	600996	贵广网络	-1.52	11.05	5.72亿	101.530
590	000920	沃顿科技	-1.04	8.60	4801万	101.230
591	688336	三生国健	0.61	13.27	318.1万	101.120
592	600456	宝钛股份	-3.72	43.20	3.28亿	100.990
593	000897	津滨发展	-0.44	2.26	3669万	100.800
594	000729	燕京啤酒	1.83	9.46	1.57亿	100.800
595	301112	信邦智能	-1.72	30.88	2662万	100.040

（b）

图 2-31 含选股关键数据的股票列表页

将选股结果按"净利 22Q1"从高到低排列，图 2-31（a）所示是第一页，图 2-31（b）所示是最后一页，总共 595 只股票，最后一只股票的净利润增长率 100.04，略微大于 100。选股结果正确。

图 2-31 通过"历史行情·指标排序"实现，在"选股结果"专用板块中，针对关键数据进行排序。

首先，编写排序指标"分析净利增长"；然后，将历史行情排序指标更改为

"分析净利增长"即可实现图 2-31 所示的效果。

排序指标属于技术指标公式，新建"分析净利增长"技术指标公式，按图 2-32 所示填写以下信息。

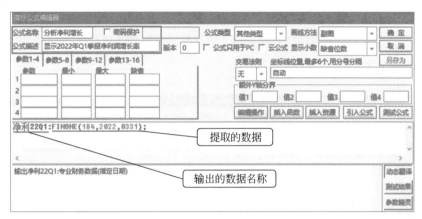

图 2-32　编写排序公式

公式名称："分析净利增长"。
公式描述："显示 2022 年 Q1 季报净利润增长率"。

编写公式如下：

```
净利 22Q1:FINONE(184,2022,0331);
```

该公式的含义是输出 2022 年第一季度季报净利润增长率数据，并将该数据命名为"净利 22Q1"。注意中间有个冒号"："。图 2-31 表头的显示文字是在这里设置的。

设置数据名称要简洁：一方面由于系统限制，在公式编辑器中，如果数据名称太长，则"测试公式"时会报错，提示"单词最大字符数不得超过 16 个"；另一方面为了显示美观，图 2-31 的表头宽度无法调整，若数据名称太长，便会与其他表头文字重叠。

2.2.3　显示三年净利润增长率并选股

前两小节介绍了如何把指定季报的特定数据提取并显示出来，再依据该数据进行选股，完成了公式系统的核心功能——选出来、画出来。本节利用

CANSLIM 法则中的 A（年度收益增长率，寻找收益大牛），选出"连续三年净利润增长率大于 50%"的股票。

1. 编写公式——显示三年净利润增长率

以 2019 年、2020 年、2021 年为例，编写指标排序公式，如图 2-33 所示，填写信息如下。公式名称有字数限制，应尽量简洁，便于区分不同公式，详细说明放在公式描述中。

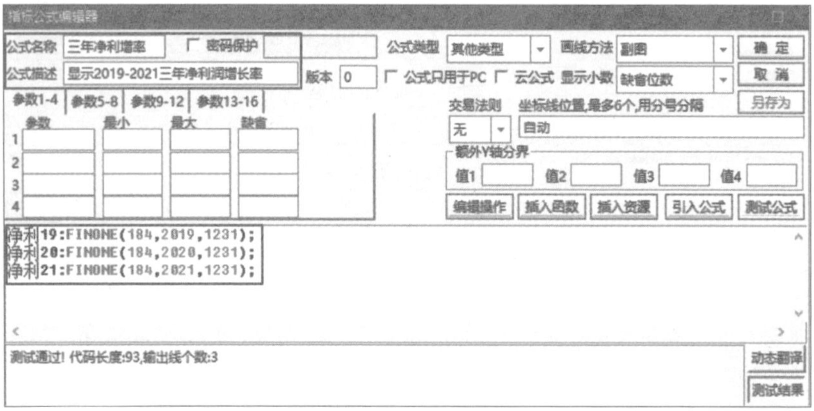

图 2-33　编写三年净利润增长率的排序公式

公式名称："三年净利增率"。
公式描述："显示 2019-2021 三年净利润增长率"。

编写公式如下：

```
净利 19:FINONE(184,2019,1231);
净利 20:FINONE(184,2020,1231);
净利 21:FINONE(184,2021,1231);
```

以创业板为例，显示列表如图 2-34 所示。

选取任意股票，验证显示数据是否正确。例如，选取 301191 菲菱科思，按快捷键 F10，选择"财务分析"—"按年度"选项，如图 2-35 所示。

对比图 2-34 和图 2-35 中的数据可知，该股票 2019 年的净利润增长率为 459.48%，2020 年的净利润增长率为 74.67%，2021 年的净利润增长率为 75.54%。编写公式提取的关键数据正确。

	代码	名称	涨幅%	收盘	总金额	净利19↓	净利20	净利21
1	300552	万集科技	-1.07	20.41	4084万	13152.7	-30.820	-92.940
2	300464	星徽股份	-3.90	5.92	7521万	7167.66	42.530	-819.600
3	301168	通灵股份	2.85	64.23	1.02亿	5694.65	-10.800	-17.250
4	300236	上海新阳	-1.46	29.64	6478万	3059.82	30.440	-60.810
5	300686	智动力	0.47	12.89	3248万	1793.08	-18.760	-46.500
6	301189	奥尼电子	-0.03	30.18	464.7万	1780.70	295.060	-35.440
7	300129	泰胜风能	3.91	7.70	1.43亿	1358.82	127.020	-25.870
8	300483	首华燃气	-2.53	13.47	6820万	1213.95	46.110	-40.220
9	300598	诚迈科技	0.45	42.27	2.53亿	964.290	-65.260	-49.140
10	301201	诚达药业	-1.04	55.42	5130万	708.100	123.470	-17.110
11	300417	南华仪器	1.07	10.35	1651万	688.010	-69.800	-81.550
12	300680	隆盛科技	-1.39	29.09	4851万	684.890	78.670	81.940
13	301193	家联科技	-1.28	38.58	4184万	609.680	52.770	-37.730
14	300967	晓鸣股份	0.59	17.00	8749万	586.120	-54.910	62.880
15	300502	新易盛	-1.16	22.18	1.44亿	568.680	131.030	34.600
16	300092	科新机电	0.70	10.10	3219万	539.510	82.900	16.850
17	300324	旋极信息	0.00	3.18	4246万	486.220	-581.510	90.930
18	300020	银江技术	-0.15	6.53	4753万	462.750	5.110	-37.240
19	301191	菲菱科思	-1.19	69.89	2775万	459.480	74.670	75.540
20	300578	会畅通讯	0.13	15.21	3242万	459.160	33.450	-295.620
21	300682	朗新科技	0.17	23.15	1.00亿	444.400	-30.690	19.770
22	300462	华铭智能	-0.33	8.94	881.3万	427.630	-54.190	-249.180

图 2-34 创业板股票的三年净利润增长率列表

图 2-35 个股数据比照

2. 选股——以连续三年净利润增长率大于 50% 为条件

选股公式是在排序公式基础上稍作修改完成的。

首先，新建选股公式。如图 2-36 所示，填写信息如下。

公式名称："三年净利增率"。
公式描述："连续三年净利润增长率大于 50%"。

编写时注意下列三个方面：①把输出的冒号 ":" 改为冒号等号 ":="；②关键数据后面加上大于 50 的条件；③增加逻辑输出语句，用 AND 连接前面三个条件。编写公式如下：

```
净利 19:=FINONE(184,2019,1231)>50;
净利 20:=FINONE(184,2020,1231)>50;
```

```
净利 21:=FINONE(184,2021,1231)>50;
净利 19 AND 净利 20 AND 净利 21;
```

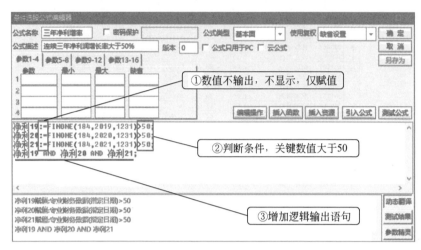

图 2-36　编写三年净利润增长率的选股公式

然后，设定条件执行选股。如图 2-37 所示，将选股条件设置为"三年净利增率　日线"，单击"选股入板块"按钮，将选股结果放入专用板块，开始选股。

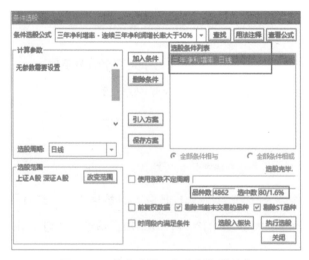

图 2-37　执行选股三年净利润增长率

本次选股从 4862 只股票中选出了 80 只，选中率为 1.6%。换句话说，在

"上证 A 股"和"深证 A 股"中仅有 80 只股票满足"自 2019 年至 2021 年连续三年净利润增长率大于 50%"的条件。

利用排序公式"三年净利增率"显示选股结果，如图 2-38 所示。默认以第一列"净利 19"从大到小排序，图 2-38（a）所示是第一页，图 2-38（b）所示是最后一页，总共 80 只股票，最后一只股票"净利 19"为 51.31，略大于50。选股结果正确。

历史行情 指标排序 选股结果 周期：日线 日期：2022-10-21 五指标 三年净利增率 使用

	代码	名称	涨幅%	收盘	总金额	净利19↓	净利20	净利21
1	688608	恒玄科技	0.03	98.37	1.48亿	3705.77	194.440	105.510
2	688536	思瑞浦	-4.14	260.57	2.58亿	904.820	158.930	141.320
3	688696	极米科技	-3.26	179.45	1.41亿	881.430	187.790	79.870
4	300680	隆盛科技	-1.39	29.09	4851万	684.890	78.670	81.940
5	688046	药康生物	0.39	30.90	3188万	676.890	119.990	63.450
6	301191	菲菱科思	-1.19	69.89	2775万	459.480	74.670	75.540
7	002432	九安医疗	-1.35	50.35	13.7亿	423.770	264.680	274.960
8	688391	钜泉科技	-0.95	127.02	1.23亿	392.170	63.030	63.260
9	301155	海力风电	6.32	113.01	6.38亿	387.160	256.320	80.800
10	002906	华阳集团	-3.00	37.54	2.39亿	347.790	143.040	64.940
11	301308	江波龙	-3.38	57.51	3.07亿	326.730	115.480	266.730
12	688278	特宝生物	6.05	44.17	2.05亿	301.760	81.310	55.440
13	002105	信隆健康	-2.85	7.16	6759万	283.870	293.860	64.990
14	000905	厦门港务	1.60	7.61	7567万	239.810	56.580	78.620
15	300548	博创科技	0.05	22.00	8514万	233.910	1036.48	83.600
16	603501	韦尔股份	-2.28	78.32	9.74亿	221.140	481.170	65.410
17	688248	南网科技	2.40	63.93	3.74亿	220.990	100.230	64.250
18	688295	中复神鹰	4.80	46.94	2.47亿	206.830	225.920	227.010
19	300782	卓胜微	-2.21	87.18	3.87亿	206.270	115.780	99.000
20	300158	振东制药	0.00	5.24	8358万	196.820	83.540	898.920
21	600063	皖维高新	-9.93	6.35	8.03亿	195.900	58.770	60.680
22	000045	深纺织A	0.37	8.10	6264万	185.640	89.370	64.120

（a）

历史行情 指标排序 选股结果 周期：日线 日期：2022-10-21 五指标 三年净利增率 使用

	代码	名称	涨幅%	收盘	总金额	净利19↓	净利20	净利21
59	688293	奥浦迈	2.11	110.20	2.16亿	71.130	195.260	416.870
60	600456	宝钛股份	-3.72	43.20	3.28亿	70.110	51.100	54.490
61	300661	圣邦股份	-1.11	154.92	4.13亿	69.760	64.030	142.210
62	603613	国联股份	-0.87	126.00	4.42亿	69.340	91.570	89.970
63	601615	明阳智能	4.72	28.62	15.2亿	67.280	92.840	125.690
64	603127	昭衍新药	1.11	30.32	3.50亿	64.640	68.670	76.960
65	300587	天铁股份	-1.49	10.56	1.70亿	62.550	54.710	54.210
66	002346	柘中股份	-0.15	13.18	2185万	62.460	64.420	178.330
67	300873	海晨股份	-0.41	31.77	3691万	61.500	51.850	58.810
68	688601	力芯微	-0.14	66.29	8834万	60.730	64.110	137.850
69	301237	和顺科技	-1.02	32.91	2313万	60.660	106.850	66.760
70	300364	中文在线	-1.90	7.22	9291万	60.010	108.110	101.930
71	688690	纳微科技	0.34	61.15	8802万	59.800	210.310	158.750
72	688139	海尔生物	1.53	80.18	1.14亿	59.760	109.240	121.820
73	688301	奕瑞科技	-0.85	503.66	2.42亿	59.140	130.540	117.790
74	002418	康盛股份	-0.95	3.14	3845万	55.790	130.900	76.990
75	603906	龙蟠科技	-0.68	27.83	7546万	55.690	59.200	72.980
76	603010	万盛股份	-5.27	12.05	1.55亿	54.190	137.210	109.670
77	600774	汉商集团	-0.09	10.54	863.2万	52.660	52.280	88.360
78	603005	晶方科技	-2.82	19.97	4.42亿	52.270	252.350	50.950
79	603456	九洲药业	0.00	38.56	3.08亿	51.320	60.050	66.560
80	688269	凯立新材	1.33	89.39	6088万	51.310	61.220	54.340

（b）

图 2-38 三年净利润增长率的选股结果

2.3 指标类选股公式——用均线实现选股并标记波段性买卖点

本节以均线指标为例，基于专家系统指示功能，编写买卖点公式，自定义画均线，画买卖点图标。随后结合时间因素，讲解条件选股逻辑，旨在使读者深入理解公式系统如何实现"选出来、画出来、用起来"。

均线作为技术分析的最基础指标，在指标战法中常用作趋势过滤器，同时衍生出了很多常用指标，如 MACD 指标、BOLL 布林带、Vegas 隧道等。本例的初始状态是在主图显示两根自定义均线，短期均线设置为 20，长期均线设置为 200。之后采用短期均线 5 日、中期均线 20 日、长期均线 200 日进行结果对照。

2.3.1 使用专家系统指示功能标记买卖点

1. 使用专家系统指示功能

专家系统指示属于主图额外功能，设定完专家系统指示后，可以快速标记金叉死叉。入口为：打开主图功能菜单，选择"系统指示"—"专家系统指示"命令，或按快捷键 Ctrl+E，进入"专家系统指示"窗口，如图 2-39 所示。通达信系统提供的每一个专家公式都是利用特定指标线标记买卖点。

图 2-39 "专家系统指示"窗口

选中"MA 均线专家系统",依次输入参数,即短期 20 日,长期 200 日,查看公式的用法帮助说明,然后单击"确定"按钮,回到图 2-40 所示的个股详情页主图。

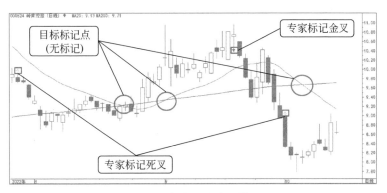

图 2-40　专家系统指示效果图

图 2-40 中的专家系统指示分别用浅色下箭头标记了两个死叉,深色上箭头标记了一个金叉,但并没有标记在 20 日均线与 200 日均线的三个交叉点。出现这种情形的原因是,图 2-39 修改的参数值可能不符合系统公式的参数设置。

按快捷键 Ctrl+E,打开"专家系统指示"窗口,检查系统公式,选中"MA 均线专家系统",如图 2-41 所示。

图 2-41　"专家系统指示"窗口 2

此时"长期均线"变回了 100，说明系统把 200 自动改为了 100。换句话说，系统规定"长期均线"文本框的输入值不能超过 100。图 2-40 中的金叉死叉也是以短期均线 20 日，长期均线 100 日为参数作的标记，因此与目标标记点不一致。

2. 优化系统公式

下面基于系统公式，完成"我的 MA 均线专家系统"公式。单击图 2-41 所示界面右下方的"公式管理"按钮，打开"公式管理器"窗口。

在公式树中，选中"专家系统公式"—"MA 均线专家系统"，单击右侧的"修改"按钮，打开修改专家系统公式的界面。

如图 2-42 所示，填写公式信息。关键是将参数 LONG 的最大值修改为大于或等于 200 的数。最后单击"另存为"按钮，关闭专家系统公式编辑器。

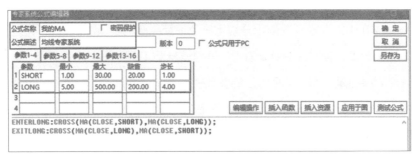

图 2-42 专家系统公式编辑器（修改公式）

公式名称："我的 MA"。
参数表如下：

参数	最小	最大	缺省	步长
SHORT	1.00	30.00	20.00	1.00
LONG	5.00	500.00	200.00	4.00

按快捷键 Ctrl+E，打开"专家系统指示"窗口，选中"我的 MA 均线专家系统"选项，检查参数值是否与图 2-42 中的缺省值一致，如图 2-43 所示。

检查无误后，单击"确定"按钮，回到图 2-44 所示的个股详情页主图。再次检查图中的金叉死叉标记是否正确。

图 2-40 中的三处目标标记点，在图 2-44 中都得到了正确标记。从左往

右，第一个是用浅色下箭头标记的死叉，第二个是用深色上箭头标记的金叉，第三个也是死叉。

图 2-43 "专家系统指示"窗口 3

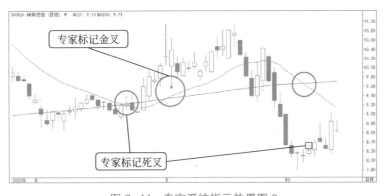

图 2-44 专家系统指示效果图 2

可以看到，有时标记图标的 K 线似乎稍晚于指标线的交叉点。这是由指标线的绘制方式决定的。指标线是将每个时间点的数值连成曲线。假如第一条指标线的数值大于第二条指标线，出现交叉点意味着，在后一根 K 线的时间周期内，变成了第二条指标线的数值大于第一根指标线。因此通达信系统通常在两根 K 线之间作出交叉点，在交叉点随后一根 K 线上标记买卖点图标。

2.3.2　编写公式——混合指标买卖点

用短期 20 日均线跟踪上升趋势效果确实不错，但是卖点太迟，浮动盈利变少了。本节编写混合指标公式"我的混合系统"，保留当前短期 20 日均线上穿长期 200 日均线的买点作为新公式的买点，使用默认参数 KDJ 指标的卖点作为新公式的卖点。

1.　研究买卖点公式

分析图 2-42 中的公式，有两个语句，分别如下：

```
ENTERLONG:CROSS(MA(CLOSE,SHORT),MA(CLOSE,LONG));
EXITLONG:CROSS(MA(CLOSE,LONG),MA(CLOSE,SHORT));
```

对比图 2-33 中编写的三年净利润增长率的排序公式，有三个语句，分别如下：

```
净利19:FINONE(184,2019,1231);
净利20:FINONE(184,2020,1231);
净利21:FINONE(184,2021,1231);
```

共同点是：冒号"："右侧是使用某个函数提取出来的数据，左侧是数据名称。

不同点是：图 2-42 中的公式，冒号左侧是绿色的；图 2-33 中的公式，冒号左侧是黑色的。

黑色表示数据名由用户自定义；绿色表示数据名为系统自带的功能函数，如实现在主图自动标记深色上箭头和浅色下箭头的功能。

图 2-42 中的公式，冒号右侧是函数 CROSS，它是买卖点公式的常用函数，用于描述两条线交叉，既可以用均线，也可以用其他的线。检索 CROSS 函数功能，打开"插入函数"界面，查看标准用法，如图 2-45 所示。该函数的两个输入就是两根线，本例中用的是均线。函数输出是两条线形成交叉点后的第一根 K 线（锁定时间维度的横坐标）。

在图 2-42 所示的参数表中，SHORT 是短期均线，LONG 是长期均线。公式第一行的含义是短期均线上穿长期均线；第二句的含义是长期均线上穿短期均线，即短期均线下穿长期均线。

第一行是买点，第二行是卖点。买点用的是深色上箭头，对应 ENTERLONG 函数，多头买入。卖点用的是浅色下箭头，对应 EXITLONG 函数，多头卖出。

图 2-45　函数 CROSS 帮助说明

2. 编写混合指标公式

使用 KDJ 指标的卖点仅需基于 KDJ 专家系统公式稍作修改，"另存为"新公式即可（KDJ 指标公式的算法原理在第 6.3 节详细介绍）。如图 2-46 所示，在"公式管理器"的公式树中，选中"专家系统公式"—"KDJ 专家系统（系统）"选项，单击右侧的"修改"按钮，打开修改专家系统公式界面，如图 2-47 所示。

按照图 2-47 中的顺序，修改公式：

（1）清空"公式名称"和"公式描述"。

（2）将公式源代码中的 N 改为缺省值 9，将 M1 改为缺省值 3。

（3）删除所有参数输入框的内容。

图 2-46 选中 KDJ 专家系统公式

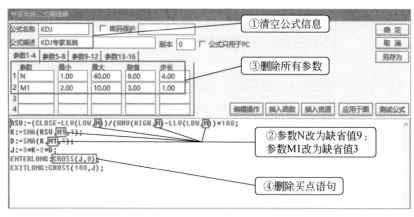

图 2-47 专家系统公式编辑器（修改公式）

（4）删除买点语句，语句如下：

```
ENTERLONG:CROSS(J,0);
```

修改后的结果如图 2-48 所示，可以看到输入框已清空，编写的公式尚未完成，属于阶段性状态。

在图 2-48 所示界面中填写以下公式信息，结果如图 2-49 所示。

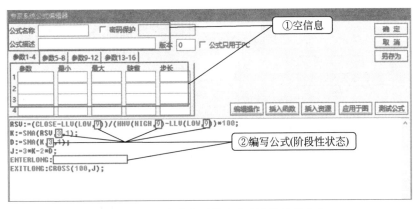

图 2-48　修改专家系统公式（阶段性状态）

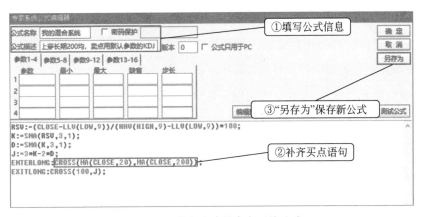

图 2-49　补齐修改的专家系统公式

公式名称："我的混合系统"。

公式描述："买点使用短期 20 均上穿长期 200 均，卖点用默认参数的 KDJ 卖点"。

补齐 ENTERLONG 后面的语句：

```
ENTERLONG:CROSS(MA(CLOSE,20),MA(CLOSE,200));
```

最后在个股详情页主图上，按快捷键 Ctrl+E，打开"专家系统指示"窗口，选用"我的混合系统"进行专家系统指示，效果如图 2-50 所示。

图 2-50 中，专家系统指示有一个 KDJ 卖点指示的有效卖出信号，一个均线金叉指示的有效买入信号。当均线粘合时标记的金叉不应视为有效信号。

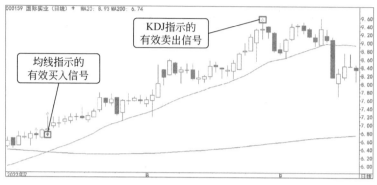

图 2-50　专家系统指示效果图 3

2.3.3　编写公式——自定义画均线和买卖点图标

对比专家公式与指标公式，专家公式除了 ENTERLONG 和 EXITLONG 两个输出函数是特有的外，其余与指标公式几乎一样。

编写指标公式优化指标线和指示效果，可以更直观地展示分析结果。下面以在主图中自定义画均线，显示金叉死叉为例，介绍如何编写公式实现类似 ENTERLONG 和 EXITLONG 函数的显示效果（画出深色上箭头和浅色下箭头），以及更换两个箭头图标，修改均线颜色、粗细等自定义绘图功能。

公式需求：在主图中显示多条均线，修改均线颜色粗细，画出金叉死叉，更换图标。

实现结果如图 2-51 所示。

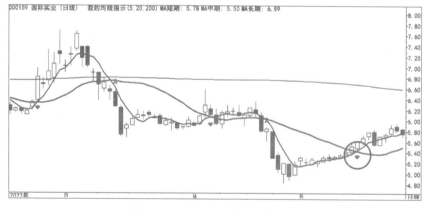

图 2-51　自定义画线最终效果图

1. 自定义画均线

标记金叉死叉前，要先画指标线，关键步骤如下。

（1）新建指标公式"我的均线指示"，如图 2-52 所示，填写以下公式信息。

图 2-52 创建我的均线指示公式 1

公式名称："我的均线指示"。
公式描述："多均线，改颜色粗细，金叉死叉，换图标"。
公式类型："均线型"。
画线方法："主图叠加"。

（2）如图 2-53 所示，编写公式显示短期、中期、长期三条均线，使用系统默认显示效果，保存公式。短期均线设置为 5 日均线，数据名称为 MA 短期；中期均线设置为 20 日均线，数据名称为 MA 中期；长期均线设置为 200 日均线，数据名称为 MA 长期。

图 2-53 创建我的均线指示公式 2

设置主图显示指标"我的均线指示"，效果如图 2-54 所示。主图左上角显示了自定义的公式名称和数据名称。

（3）图 2-54 所示的三条均线颜色不同，粗细相同，没有主次感。均线作为趋势分析工具，实战中通常希望看到突出显示的短中期趋势，以及相对弱化的长期趋势。

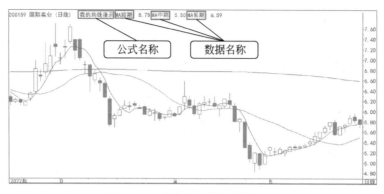

图 2-54　自定义画线初始效果图

我们可以通过调整每条均线的颜色和粗细来实现，分别设置短期、中期、长期三根均线的显示效果，如图 2-55 所示。短期均线，画蓝色，2 号粗；中期均线，画红色，3 号粗；长期均线，画黑色。

图 2-55　创建我的均线指示公式 3

编写公式如下：

```
MA 短期 :MA(CLOSE,5),COLORBLUE,LINETHICK2;
MA 中期 :MA(CLOSE,20),COLORRED,LINETHICK3;
MA 长期 :MA(CLOSE,200),COLORBLACK;
```

在"插入函数"窗口输入 COLOR 检索，选中某个颜色后双击，系统自动将对应颜色函数填入公式编辑器。

线条粗细使用 LINETHICK 函数，总共有九种粗细，其中 9 号最粗，1 号最细，系统默认画线是最细的 1 号。

用户还可以使用函数 DOTLINE 画虚线，使用函数 CROSSDOT 画小叉线，使用函数 CIRCLEDOT 画小圆圈线，使用函数 POINTDOT 画小圆点线。

保存图 2-55 所示的公式，效果如图 2-56 所示。

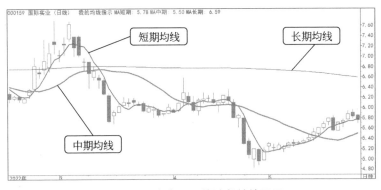

图 2-56　自定义画线阶段性效果图

2. 自定义更换买卖点图标

专家指示系统的标记功能，形式上就是在出现金叉的 K 线最低价下方标记深色上箭头；在出现死叉的 K 线最高价上方标记浅色下箭头。

使用函数 DRAWICON 绘制图标就可以实现该功能。在"插入函数"窗口查看函数 DRAWICON 的帮助说明，如图 2-57 所示。

双击"DRAWICON"，将函数插入公式编辑器，按照图 2-58 所示补齐三个输入。

第一个输入 COND，表示绘制图标的条件，如出现金叉或出现死叉等。

第二个输入 PRICE，表示绘制图标的位置，在满足条件的 K 线上，以 K 线的某个价格为基准，确定绘图的纵坐标，如低于金叉 K 线最低价 1% 的位置或高于死叉 K 线最高价 3% 的位置等。

第三个输入 TYPE，表示指定图标的编号，在图 2-58（a）

图 2-57　函数 DRAWICON 帮助说明

中，单击"插入资源"按钮，选择"图标"，弹出图 2-58（b）所示的"设置图标"提示框。系统提供了 46 种图标供选用，按照从左往右，从上到下的顺序进行编号，第一行为 1 ～ 9 号，第二行 10 ～ 18 号，依此类推。

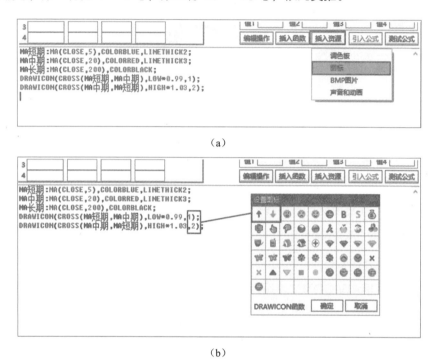

（a）

（b）

图 2-58　编写图标函数

编写的两个语句，第一个表示金叉，条件是短期均线上穿中期均线，绘图位置是金叉 K 线最低价下方 1%，绘制 1 号图标，深色上箭头；第二个表示死叉，条件是中期均线上穿短期均线，绘图位置是死叉 K 线最高价上方 3%，绘制 2 号图标，浅色下箭头。

编写公式如下：

```
DRAWICON(CROSS(MA 短期 ,MA 中期 ),LOW*0.99,1);
DRAWICON(CROSS(MA 中期 ,MA 短期 ),HIGH*1.03,2);
```

保存图 2-58 所示的公式，效果如图 2-59 所示。

若感觉浅色下箭头显示不明显，则可以换成更明显的图标。回到指标公式编辑器，如图 2-60 所示，修改图标编号。最终显示效果如图 2-51 所示。

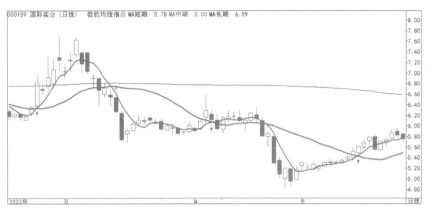

图 2-59　自定义画线阶段性效果图 2

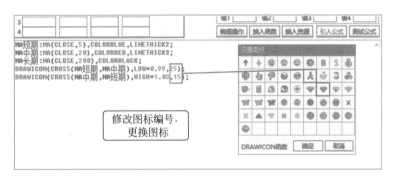

图 2-60　修改图标编号

2.3.4　选股——以金叉为条件

1. 条件选股的基本流程

以金叉为条件进行选股的流程与基本面选股大致相同，如图 2-61 所示。总结来说，就是"画出来、选出来"。

第一，围绕选股需求的关键数据，把它找出来，然后画出来，确定关键数据是否提取正确。如果发现提取的关键数据明显有误，则必须要解决，否则无法完成正确的条件选股。

第二，制作含有关键数据的股票列表，便于一次性查看多只股票的关键数据。

第三，编写针对关键数据的条件选股公式。条件选股公式的输出必须是逻辑

判断结果，即布尔值，判断为真，则
输出1，即某只股票满足条件，被选
中；判断为假，则输出0，即某只股票
不满足条件，不选中。

第四，执行选股，并查看选股统
计结果。若选股统计结果明显有误，
则应检查条件选股公式是否编写正确，
或者设置的选股条件是否恰当，如选
股周期、选股范围、选股时间段等。

第五，查看包含关键数据的选股
结果列表页，以及个股关键数据，验
证选股结果。

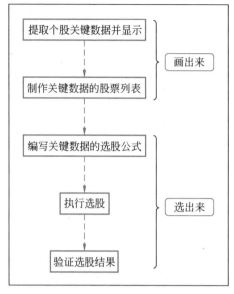

图2-61　条件选股基本流程图

2. 分析以金叉为条件的关键数据

提取关键数据与选股需求息息相关，具体情况要具体分析。例如，对于基本
面的净利润增长率，按快捷键F10可以在财报中找到相应数据。对应到编写公
式，就是找出系统提供的能够提取该数据的函数，以及掌握函数的正确写法。基
本面数据大多是抓取静态财务报表，相对简单。

以金叉为条件，还要结合时间因素理解选股原理。条件选股窗口的"选股
入板块"按钮左侧有个"时间段内满足条件"勾选框，它的作用是控制选股的时
间因素，判断个股在指定开始时间至结束时间的时段内，是否存在满足选股条件
的周期。默认不勾选便是以当前计算机时间，或者基于最近一根K线判断个股
是否满足选股条件。无论是指定选股时间段还是默认当前时间，都可以称为选
股日。

选股条件的时间判断逻辑如图2-62所示，勾选"时间段内满足条件"项并
设定选股的起止时间后，系统将逐个周期判定是否满足选股条件，只要某个周期
的数据计算结果不为0，就选中股票。

另外，加入时间因素的选股条件，以选股日为基准，还可以描述价格、时
间、成交量、指标数值或者K线形态等，能延展出丰富的策略。

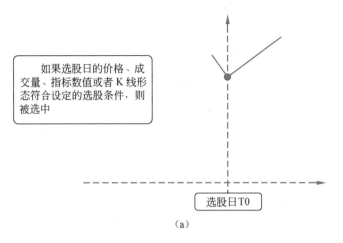

（a）

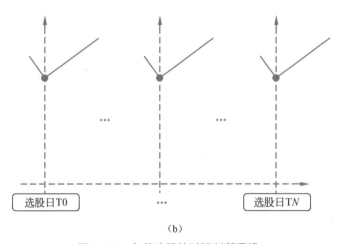

（b）

图 2-62   条件选股的时间判断逻辑

以图 2-51 所示的 000159 国际实业最后一个金叉为例，短期 5 日均线上穿中期 20 日均线的时间是 2022 年 5 月 19 日。

编写"我的均线金叉"选股公式，如图 2-63 所示。

执行条件选股之前，勾选"时间段内满足条件"项，设置选股时间为 2022 年 5 月 19 日，如图 2-64 所示。可以看到，在"上证 A 股"和"深证 A 股"中共有 358 只股票在 2022 年 5 月 19 日出现了短期 5 日均线上穿中期 20 日均线的金叉买点，且国际实业被选中。

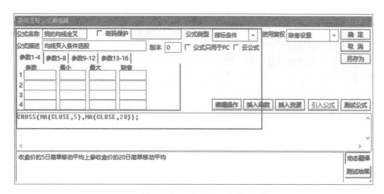

图 2-63 编写选股公式"我的均线金叉"

	代码	名称(358)·	涨幅%	现价	涨跌	买价	卖价	总量	现量	涨速%	换手%	今开
162	000012	南 玻A	-1.75	6.74	-0.12	6.73	6.74	396986	5839	0.15	2.03	6.85
163	000035	中国天楹	-1.21	4.88	-0.06	4.88	4.89	385892	2373	0.00	1.57	4.96
164	000045	深纺织A	0.37	8.10	0.03	8.09	8.10	77592	1469	-0.11	1.70	8.02
165	000151	中成股份	0.29									10.47
166	000159	国际实业	2.78									9.02
167	000338	潍柴动力	-0.42									9.60
168	000428	华天酒店	-3.56									4.10
169	000430	张家界	-0.17									5.78
170	000505	京粮控股	-0.64									7.77
171	000520	长航凤凰	-1.34									3.72
172	000521	长虹美菱	-1.90	4.								4.23
173	000530	冰山冷热	-2.68	4.								4.84
174	000558	莱茵体育	0.00	3.								3.29
175	000560	我爱我家	-0.41	2.								2.42
176	000570	苏常柴A	2.19	4.								4.58
177	000573	粤宏远A	-3.86	3.								3.68
178	000584	哈工智能	-1.18	6.								6.87
179	000589	贵州轮胎	-1.34	4.								4.38
180	000592	平潭发展	-1.09	2.								2.74
181	000608	阳光股份	-0.37	2.								2.73
182	000620	新华联	-1.08	2.76	-0.03	2.75	2.76	101.8万	20892	-0.35	5.37	2.82
183	000629	钒钛股份	0.19	5.16	0.01	5.16	5.17	151.5万	14621	0.19	1.76	5.17
184	000633	合金投资	10.00	9.79	0.89	9.79	—	366092	229	0.00	9.51	8.88

图 2-64 "我的均线金叉"选股结果

总的来说，时间因素是技术指标选股必须考虑的基本要素，只有正确理解时间因素，才能在此基础上叠加价格、成交量、K线形态等变量。

3. 选股——以 5 日内出现金叉为条件

下面以"选出 5 日内出现金叉"的股票为例，介绍公式编写常用功能——K线计数。

要实现"选出 5 日内出现金叉"的股票，最简单的方式是使用"我的均线金叉"选股公式，勾选"时间段内满足条件"项，手动选择任意开始时间和结束时间，手动数 5 天，既可以选某个周一至周五，也可以选某个周二至周六等。

另一种方式是，只选最后一天，让系统帮忙往前数 4 天，合计时间便是 5 天，原理如图 2-65 所示。

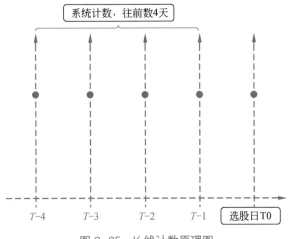

图 2-65　K 线计数原理图

（1）为便于调试，编写指标公式"分析金叉日"，如图 2-66 所示，填写以下公式信息。

图 2-66　编写指标公式"分析金叉日"

公式名称："分析金叉日"。

公式描述："显示 5 日内的金叉情况"。

公式类型："均线型"。

画线方法："副图"。

显示小数：固定 0 位（统计 5 日内的金叉，不存在有小数的情况）。

公式编写如下：

```
金叉 :=CROSS(MA(CLOSE,5),MA(CLOSE,20));
五日内金叉个数 :COUNT( 金叉 ,5)>0,COLORBLACK;
```

指标公式"分析金叉日"在副图中的效果如图 2-67 所示。主图中的每一个金叉图标，对应在副图中出现一个"由 0 变 1"的脉冲信号，该信号持续 5 根 K 线后，又回归 0 值。

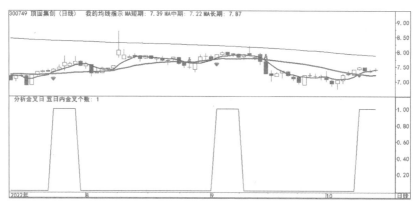

图 2-67　公式分析金叉日效果图

每次出现金叉指标线信号为 1，是由 K 线计数的 COUNT 函数实现的。与手动选 5 天不同，COUNT 函数只计算交易日。

在"历史行情·指标排序"界面也能同时显示多只股票的指标结果，以创业板为例，显示列表如图 2-68 所示。

	代码	名称	涨幅%	收盘	总金额	五日内金叉个数
1	301236	软通动力	4.61	36.11	4.27亿	1
2	301226	祥明智能	4.09	37.40	1.89亿	1
3	301179	泽宇智能	2.06	49.51	2.25亿	1
4	301166	优宁维	5.11	62.15	1.50亿	1
5	301163	宏德股份	-1.70	41.58	2.92亿	1
6	301129	瑞纳智能	-3.75	68.10	9152万	1
7	301125	腾亚精工	4.87	32.70	2.31亿	1
8	301120	新特电气	19.98	26.66	5.03亿	1
9	301109	军信股份	-0.83	17.86	1.12亿	1
10	301108	洁雅股份	0.10	38.55	3204万	1
11	301098	金埔园林	-1.02	23.38	8802万	1
12	301082	久盛电气	1.71	22.05	3.95亿	1
13	301075	多瑞医药	0.41	27.00	2205万	1
14	301067	显盈科技	-0.39	38.61	505.9万	1
15	301063	海锅股份	14.76	33.28	2.07亿	1
16	301058	中锐科工	-1.11	17.88	8295万	1
17	301052	果麦文化	3.24	35.99	6777万	1
18	301046	能辉科技	10.54	43.42	6.90亿	1
19	301029	怡合达	2.45	67.22	4891万	1
20	301016	雷尔伟	—	—		1
21	300982	苏文电能	9.47	52.48	2.89亿	1
22	300978	东箭科技	1.31	14.68	1.30亿	1

图 2-68　"分析金叉日"历史行情·指标排序列表页

设置指标分析历史日期，鼠标右击选择"选择交易日"菜单，打开如图 2-68 所示的"选择交易日"提示框，任选一日，如 2022 年 7 月 14 日，单击"确定"按钮。此时列表中的"1"表示 2022 年 7 月 14 日及前面 4 个交易日出现过短期 5 日均线上穿中期 20 日均线的金叉；列表中的"0"，表示这期间没有出现金叉。

验证指标结果，任选两只个股 301179 泽宇智能和 301166 优宁维，如图 2-69 所示。泽宇智能在 7 月 8 日出现了金叉，即 7 月 14 日前第 4 个交易日；优宁维在 7 月 12 日出现了金叉，即 7 月 14 日前第 2 个交易日。

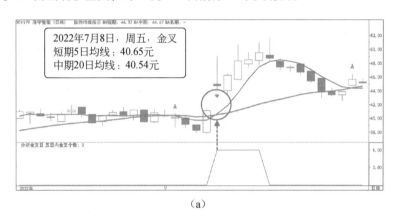

（a）

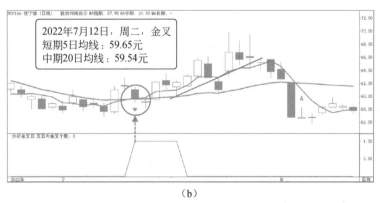

（b）

图 2-69   "分析金叉日"个股详情页

（a）301179 泽宇智能的金叉示意图；（b）301166 优宁维的金叉示意图

（2）完成了"画出来"，下一步进行"选出来"。编写选股公式"我的 5 日金叉"，如图 2-70 所示。

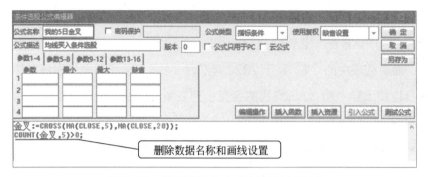

图 2-70　编写选股公式"我的 5 日金叉"

对比图 2-66 和图 2-70 中的公式，可以看出指标公式与选股公式的差异在于：①填写公式基本信息时，选股公式无须进行画线的相关设置；②在输出上，指标公式可以输出一个值，也可以输出多个，而选股公式只能输出布尔值 0 或者 1。当指标公式只有一个输出值，且是布尔值 0 或者 1 时，编写对应的选股公式，只需在最后的输出语句中删除数据名称和画线设置即可。

验证"我的 5 日金叉"选股结果，同样以 2022 年 7 月 14 日为例，执行选股，如图 2-71 所示。

	代码	名称(415)	涨幅%	现价	涨跌	买价	卖价	总量	现量	涨速%	换手%	今开
393	300956	英力股份	0.00	14.96	0.00	14.96	14.98	7699	56	-0.19	1.35	15.05
394	300960	通业科技	0.89	18.23	0.16	18.22	18.23	7314	98	-0.54	2.86	18.45
395	300967	晓鸣股份	0.59	17.00		17.00	17.05	51220	1494	-0.46	4.90	16.88
396	300978	东箭科技	-1.35	13.								13.35
397	300982	苏文电能	0.34	50.								49.52
398	301046	能辉科技	0.51	31.								31.13
399	301052	果麦文化	-1.37	22.								22.60
400	301058	中粮科工	-0.83	13.								13.18
401	301063	海锅股份	4.75	23.								24.21
402	301067	显盈科技	-0.63	41.								41.65
403	301075	多瑞医药	-0.91	22.								23.20
404	301082	久盛电气	2.37	18.								18.50
405	301098	金埔园林	0.11	18.								18.67
406	301108	洁雅股份	-0.98	34.								34.50
407	301109	军信股份	-0.97	15.								15.42
408	301120	新特电气	4.38	22.								21.71
409	301125	腾亚精工	1.79	26.								25.82
410	301129	瑞纳智能	3.33	66.								65.50
411	301163	宏德股份	3.38	31.								30.88
412	301166	优宁维	5.46	52.								49.11
413	301179	泽宇智能	-3.98	39.80	-1.65	39.79	39.80	24753	174	-0.04	8.15	39.50
414	301226	祥明智能	-2.08	31.11	-0.66	31.10	31.11	7313	212	-0.44	4.30	31.52
415	301236	软通动力	8.91	31.67	2.59	31.66	31.67	116642	1644	-0.27	14.21	31.64

图 2-71　"我的 5 日金叉"执行选股及结果

可以看出，执行选股后，从"上证 A 股""深证 A 股"的 4862 只股票中选出 415 只，选中率为 8.5%。用于个股测试的 301179 泽宇智能和 301166 优宁维都被选中，选股正确。

2.4 K 线形态选股公式——实现 K 线形态选股并标记精确买卖点

本节以价格行为学中最常用的裸 K 线 Pinbar 锤子线为例，基于五彩 K 线指示功能，结合时间与价格因素，进行条件选股。然后介绍如何编写公式实现价格行为学中的 Fakey"孕线假突破形态"。

2.4.1 使用五彩 K 线指示功能标记 Pinbar 锤子线

1. 使用五彩 K 线指示功能

五彩 K 线指示也属于主图额外功能，它可以快速标记关键 K 线形态。入口为：打开主图功能菜单，选择"系统指示"—"五彩 K 线指示"命令，或按快捷键 Ctrl+K，进入"五彩 K 线指示"窗口，如图 2-72 所示。

选中"K170 锤头"，无须参数设置，查看用法帮助说明，然后单击"确定"按钮。回到个股详情页主图，逐只股票查找标记，以 000419 通程控股为例，如图 2-73 所示。

观察图 2-73 中的五彩 K 线指示效果，图中有两根锤子线满足系统公式"K170 锤头"，用棕

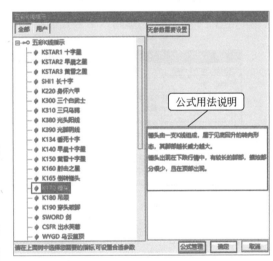

图 2-72 "五彩 K 线指示"窗口

色显示，其余 K 线都用青色显示，整体呈现出两根锤子线高亮的显示效果。另外还有一根不标准的锤子线，由于它有上影线而未被标记。但在裸 K 交易中，由于这种不标准的锤子线具有长长的下影线，体现出多空双方进行过激烈较量，因此也应标记为信号线。

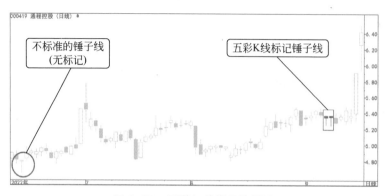

图 2-73　五彩 K 线指示效果图

2. 优化系统公式

下面完成公式"我的 PINBAR"。在图 2-72 所示界面中，单击"公式管理"按钮，打开"公式管理器"窗口。

在公式树中，选中"五彩 K 线公式"—"K170 锤头"选项，单击右侧的"修改"按钮，打开修改五彩 K 线公式界面。

如图 2-74 所示，填写以下公式信息。

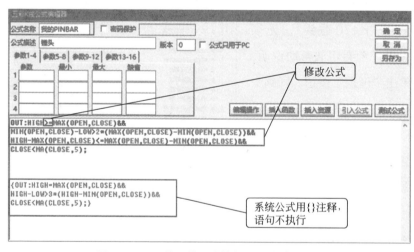

图 2-74　五彩 K 线公式编辑器（修改公式）

公式名称："我的 PINBAR"。

公式编写如下：

```
OUT:HIGH>=MAX(OPEN,CLOSE)&&
MIN(OPEN,CLOSE)-LOW>2*(MAX(OPEN,CLOSE)-MIN(OPEN,CLOSE))&&
HIGH-MAX(OPEN,CLOSE)<=MAX(OPEN,CLOSE)-MIN(OPEN,CLOSE)&&
CLOSE<MA(CLOSE,5);
```

注意编写顺序如下。

（1）复制系统公式，下方空 3 行之后粘贴，并且把粘贴的系统公式前后加上大括号 "{}"，表示粘贴的公式为注释，语句不会被执行，但可以用于编写新公式参考。

（2）修改第一行，将 "=" 改为 ">="。

（3）删除第二行，改为另外两行，用于描述 K 线的价格形态。

（4）单击 "另存为" 按钮，关闭 "五彩 K 线公式编辑器"。

再按快捷键 Ctrl+K，打开 "五彩 K 线指示" 窗口，选中 "我的 PINBAR"，如图 2-75 所示，单击 "确定" 按钮，回到图 2-76 所示的个股详情页。在主图检查 Pinbar 锤子线的标记是否正确。

另外，由于公式第四行将收盘价与 5 日均线进行了比较，因此可以在主图中打开指标 5 日均线，辅助验证。

图 2-75　五彩 K 线指示窗口 2

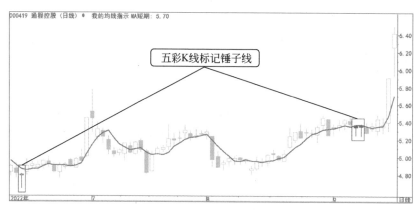

图 2-76　五彩 K 线指示效果图 2

此时可以看到，图 2-73 中不标准的锤子线在图 2-76 中被标记出来，可以看到 3 根锤子线的收盘价都低于 5 日均线。

最后来分析图 2-74 中的公式。尽管它占了四行，其实只是一个语句，输出为数据名称 OUT 的布尔值。满足该公式设定的条件则输出 1，不满足则输出 0。

该公式设定了四个条件，在四个条件之间各用"&&"连接，函数"&&"属于操作符类型，也可以写作"AND"，表示逻辑判断"与"。该公式必须同时满足四个条件，才能输出 1；只要有一个条件不满足，就会输出 0。

下面分别解释这四个条件。

第一行：

```
HIGH>=MAX(OPEN,CLOSE)
```

其中函数 MAX 属于数学函数类型，MAX(OPEN,CLOSE) 表示提取开盘价和收盘价两个价格中较高的价格，然后再将这个价格与最高价进行比较。系统公式中使用"="，表示没有上影线；公式"我的 PINBAR"使用">="，表示可以有上影线。因此图 2-76 中才能标记出第三个锤子线。

第二行：

```
MIN(OPEN,CLOSE)-LOW>2*(MAX(OPEN,CLOSE)-MIN(OPEN,CLOSE))
```

其中函数 MIN 也属于数学函数类型，MIN(OPEN,CLOSE) 表示提取开盘价和收盘价两个价格中较低的价格，然后再将这个价格与两个价格中较高的价格作差，计算的结果是 K 线实体部分长度。而 MIN(OPEN,CLOSE)–LOW，表示 K 线下影线长度。因此，第二个条件是 K 线下影线长度大于实体长度的 2 倍，这是 Pinbar 锤子线的关键描述语句。

第三行：

```
HIGH-MAX(OPEN,CLOSE)<=MAX(OPEN,CLOSE)-MIN(OPEN,CLOSE)
```

表示 K 线的上影线长度小于或者等于实体长度。

第四行：

```
CLOSE<MA(CLOSE,5)
```

表示收盘价小于 5 日均线的价格。

前三行描述的 Pinbar 锤子线有四种，如图 2-77 所示。首先，阴线、阳线都可以；其次，下影线长度是实体长度的 2 倍以上；最后，可以有上影线，但是不能比实体更长。

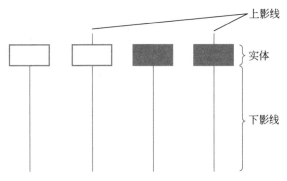

图 2-77　Pinbar 锤子线示意图

第四行通过比较收盘价与 5 日均线价格的大小，实际上是控制锤子线出现的空间位置。实战中在顶部附近出现的长下影线 Pinbar 锤子线，不值得做多。除了用 5 日均线进行辅助定位外，还可以借助 20 日均线。出现在 20 日均线下方的锤子线，有较大可能继续横盘整理。

如果只想选出位于 20 日均线附近的锤子线，则可修改图 2-74 所示的公式。由于计算机无法理解"20 日均线附近"这类模糊的文字表述，因此可以参照图 2-58 的公式将金叉图标画在最低价下方 1% 的位置，或将死叉图标画在最高价上方 3% 的位置。这里也可以设置锤子线的下影线中位价在 20 日均线价格上下 2% 的区间内，如图 2-78 所示。

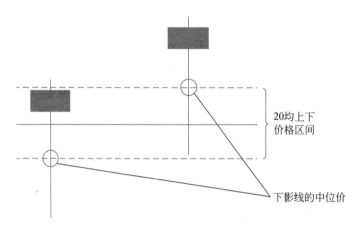

图 2-78　用 20 日均线定位 Pinbar 锤子线示意图

在公式"我的 PINBAR"第四行后增加两行，用于 20 日均线定位 Pinbar 锤子线，如图 2-79 所示。

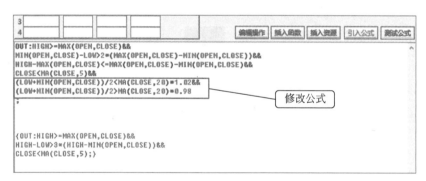

图 2-79　五彩 K 线公式编辑器 2（修改公式）

公式编写如下：

```
OUT:HIGH>=MAX(OPEN,CLOSE)&&
MIN(OPEN,CLOSE)-LOW>2*(MAX(OPEN,CLOSE)-MIN(OPEN,CLOSE))&&
HIGH-MAX(OPEN,CLOSE)<=MAX(OPEN,CLOSE)-MIN(OPEN,CLOSE)&&
CLOSE<MA(CLOSE,5)&&
(LOW+MIN(OPEN,CLOSE))/2<MA(CLOSE,20)*1.02&&
(LOW+MIN(OPEN,CLOSE))/2>MA(CLOSE,20)*0.98;
```

保存公式后，新的五彩 K 线指示效果如图 2-80 所示。图 2-80 中第一根远离 20 日均线的锤子线没有被标记，仅标记了后两根位于 20 日均线附近的锤子线。

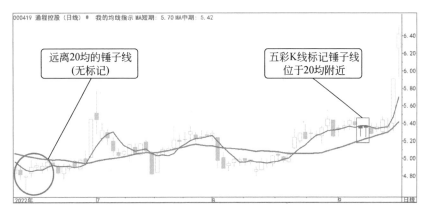

图 2-80　五彩 K 线指示效果图 3

2.4.2　选股——以 Pinbar 锤子线为条件

以出现 Pinbar 锤子线为条件进行选股，与指标线买点选股条件类似，同样也涉及时间因素。下面以选出"3 日内出现 Pinbar 锤子线"的股票为条件，进行选股（Pinbar 锤子线使用图 2-79 的公式）。

（1）编写指标公式"分析 PINBAR"，如图 2-81 所示，填写以下公式信息。

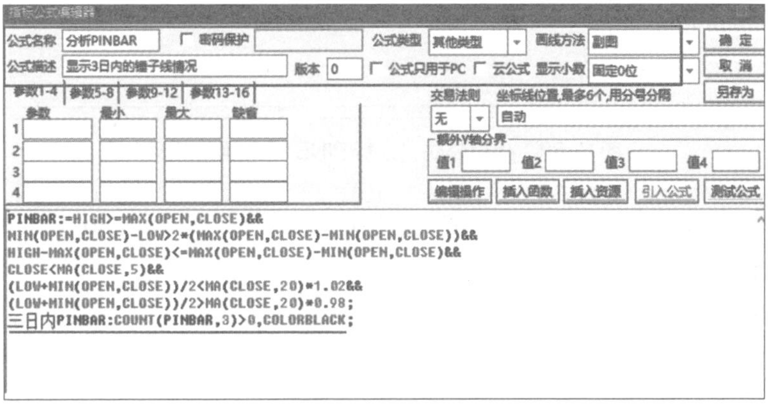

图 2-81　编写指标公式"分析 PINBAR"

公式名称："分析 PINBAR"。
公式描述："显示 3 日内的锤子线情况"。
公式类型：默认"其他类型"。
画线方法："副图"。
显示小数：固定 0 位（统计 3 日内的 PINBAR，不存在有小数的情况）。

公式编写如下：

```
PINBAR:=HIGH>=MAX(OPEN,CLOSE)&&
MIN(OPEN,CLOSE)-LOW>2*(MAX(OPEN,CLOSE)-MIN(OPEN,CLOSE))&&
HIGH-MAX(OPEN,CLOSE)<=MAX(OPEN,CLOSE)-MIN(OPEN,CLOSE)&&
CLOSE<MA(CLOSE,5)&&
(LOW+MIN(OPEN,CLOSE))/2<MA(CLOSE,20)*1.02&&
(LOW+MIN(OPEN,CLOSE))/2>MA(CLOSE,20)*0.98;
三日内PINBAR:COUNT(PINBAR,3)>0,COLORBLACK;
```

指标公式"分析 PINBAR"在副图的画线效果如图 2-82 所示。以 000519 中兵红箭为例，主图五彩 K 线指示的 Pinbar 锤子线，对应在副图出现一个"由 0 变 1"的脉冲信号，该信号持续 3 根 K 线后，又回归 0 值。

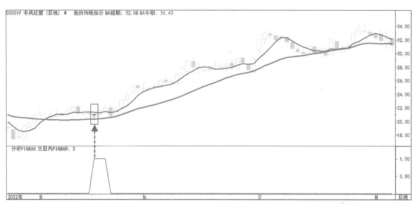

图 2-82　指标公式"分析 PINBAR"画线效果

在"历史行情·指标排序"界面，也能显示多只股票的指标结果，以创业板为例，显示列表如图 2-83 所示。

设置指标分析历史日期，鼠标右击选择"选择交易日"菜单，打开如图 2-83 所示的"选择交易日"提示框，任选一日，如 2022 年 8 月 8 日（周一），单击"确定"按钮。此时列表中的"1"，表示在 2022 年 8 月 8 日及前面两个交易日内出现过 Pinbar 锤子线。列表中的 "0"，表示这期间没有出现 Pinbar 锤子线。

	代码	名称	涨幅%	收盘	总金额	三日内PINBAR↓
1	301258	富士莱	6.70	46.65	2.00亿	1
2	301069	凯盛新材	0.58	44.78	1.27亿	1
3	300992	泰福泵业	0.09	21.47	2217万	1
4	300931	通用电梯	3.21	8.37	4641万	1
5	300884	狄耐克	0.93	10.85	2250万	1
6	300853	申昊科技	4.89	31.34	1.52亿	1
7	300756	金马游乐	-0.48	754.7万		1
8	300735	光弘科技	1.00	11.14	1.17亿	1
9	300669	沪宁股份	1.66	9.82	2001万	1
10	300633	开立医疗	-5.33	36.40	3.55亿	1
11	300543	朗科智能	0.80	11.29	3660万	1
12	300507	苏奥传感	4.40	8.07	4.95亿	1
13	300484	蓝海华腾	-0.43	13.76	1.06亿	1
14	300451	创业慧康	0.43	7.06	8901万	1
15	300445	康斯特	2.85	12.29	1376万	1
16	300375	鹏翎股份	3.28	4.73	7987万	1
17	300341	麦克奥迪	1.20	9.29	3458万	1
18	300304	云意电气	3.07	5.70	1.65亿	1
19	300263	隆华科技	0.65	9.34	3.29亿	1
20	300198	纳川股份	-0.51	3.92	5648万	1
21	300195	长荣股份	1.01	5.98	2437万	1
22	300189	神农科技	-0.22	4.63	9165万	1

图 2-83　"分析 PINBAR"历史行情·指标排序列表

双击表中任意个股，如 301258 富士莱，打开详情页验证指标结果。如图 2-84 所示，该股于 8 月 4 日（周四）出现了 Pinbar 锤子线，满足 8 月 8 日前两个交易日的条件。

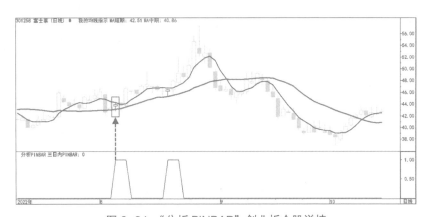

图 2-84　"分析 PINBAR"创业板个股详情

（2）完成了"画出来"，下一步就是"选出来"。编写选股公式"3 日 PINBAR"，如图 2-85 所示。

对比图 2-85 和图 2-81，复制指标公式后，删除数据名称和画线设置，就能得到相应的条件选股公式。

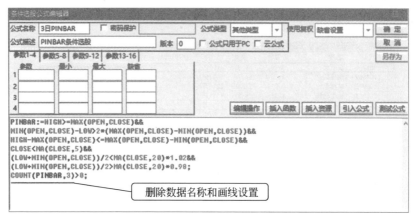

图 2-85　编写选股公式"3 日 PINBAR"

同样以 2022 年 8 月 8 日为例，验证"3 日 PINBAR"选股结果，如图 2-86 所示。

图 2-86　"3 日 PINBAR"执行选股及结果

可以看到，从"上证 A 股""深证 A 股"的 4863 只股票中选出了 100 只，选中率为 2.1%。用于个股测试的 301258 富士莱被选中，选股正确。

2.4.3　编写公式——Fakey 孕线假突破形态

Fakey 孕线假突破形态也是价格行为学常用的裸 K 线形态之一，以做多为例，它由一组大阳线的孕线形态和一根长下影线的 K 线组成，如图 2-87 所示。这种形态表明市场在经过大幅向上运动之后，短期调整形成价格收敛，随后尝试向下运动，但被市场强大的买方力量弹回，后续价格向上运动的可能性更大。出现这种形态后，基于 Fakey 假突破的 K 线可以设置做多交易计划。

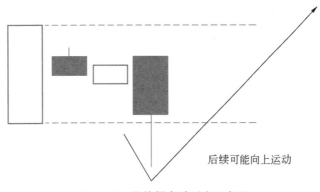

后续可能向上运动

图 2-87　孕线假突破形态示意图

1. 数学建模

由于股票软件无法听懂"假突破"这种模糊的语言，因此编写公式前，必须对图 2-87 所示的示意图进行数学建模，完成量化，转换成股票软件能"懂"的数学语言，才能完成公式编写。为便于说明，下面针对图 2-87 建立以下几条数学规则。

（1）不考虑特殊涨跌幅，大阳线的条件是：涨幅在 9% 以上。

（2）大阳线之后有两根孕线。

（3）大阳线之后的第三根线，即当前时间出现假突破 K 线，阴线、阳线均可，最高价不高于大阳线的收盘价，下影线突破大阳线的开盘价下方 3% 以上，收于大阳线开盘价上方。

2. 编写公式

编写指标公式"分析 FAKEY"，如图 2-88 所示。

> 公式名称："分析 FAKEY"。
> 公式类型：默认"其他类型"。
> 画线方法："主图叠加"。

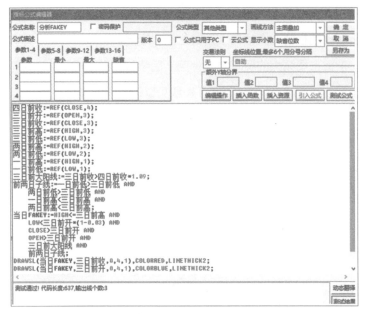

图 2-88　编写指标公式"分析 FAKEY"

编写公式如下：

```
四日前收 :=REF(CLOSE,4);
三日前开 :=REF(OPEN,3);
三日前收 :=REF(CLOSE,3);
三日前高 :=REF(HIGH,3);
三日前低 :=REF(LOW,3);
两日前高 :=REF(HIGH,2);
两日前低 :=REF(LOW,2);
一日前高 :=REF(HIGH,1);
一日前低 :=REF(LOW,1);
三日前大阳线 := 三日前收 > 四日前收 *1.09;
前两日子线 := 一日前低 > 三日前低 AND
    两日前低 > 三日前低 AND
    一日前高 < 三日前高 AND
    两日前高 < 三日前高 ;
当日 FAKEY:=HIGH<= 三日前高 AND
    LOW< 三日前开 *(1-0.03) AND
    CLOSE> 三日前开 AND
    OPEN> 三日前开 AND
    三日前大阳线 AND
    前两日子线 ;
```

```
DRAWSL( 当日 FAKEY, 三日前收 ,0,4,1),COLORRED,LINETHICK2;
DRAWSL( 当日 FAKEY, 三日前开 ,0,4,1),COLORBLUE,LINETHICK2;
DRAWICON( 当日 FAKEY,LOW*0.99,5);
```

该公式描述了 4 根 K 线的价格关系，编写时注意以下几点。

（1）确认 K 线形态中的"当日"，其他 K 线均以"当日"为基准。

（2）往前逐根 K 线描述，提取需要的数据。使用 REF 函数，它表示提取基于"当日"前 N 天的数据。本公式前 9 行均是逐根 K 线提取数据。

（3）提取数据之后，进行价格比对、逻辑判断。如果判断逻辑太复杂，为保证公式的可读性以及后续修改方便，应分步骤完成。该公式在最终判断"当日 FAKEY"之前，建立了两个中间变量"三日前大阳线""前两日子线"。

（4）逻辑判断正确之后，根据需要完成画图。

实际上，图 2-88 中的公式是经过反复修改得来的。编写公式时，除非复制系统公式这种已验证过的公式，否则都是一边调试一边完善的。将中间变量显示在主图或副图中，这是调试公式的重要环节。最终得到个人满意的输出后，再把中间数据改为赋值语句，不画线。

3. 结果验证

由于完全满足该形态的股票较少，查看画线效果之前，编写对应的选股公式"选 FAKEY"。将选股时段设置长一些，如 2022 年 1 月 10 日至 2022 年 10 月 20 日，如图 2-89 所示。

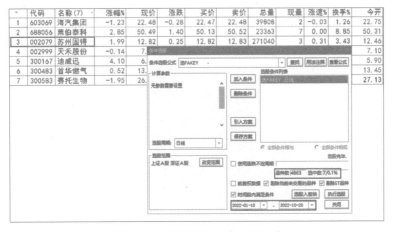

图 2-89　条件选股"选 FAKEY"

可以看出，从"上证 A 股""深证 A 股"的 4863 只股票中选出了 7 只，选中率为 0.1%。以 002079 苏州固锝为例，其 Fakey 孕线假突破形态如图 2-90 所示。

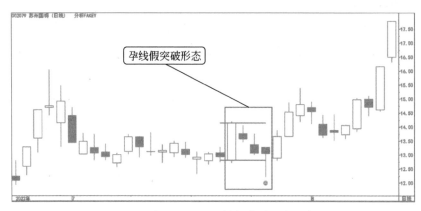

图 2-90　个股 Fakey 孕线假突破形态示意图

图 2-90 中，上方水平辅助线为大阳线的收盘价，可视为短期内的阻力位；下方水平辅助线为大阳线的开盘价，可视为短期内的支撑位；笑脸图标对应的 K 线是假突破 K 线。

孕线假突破形态在最后一根假突破 K 线收定之后，就可制订做多交易计划。从下一根 K 线的时间周期开始，根据实际走势择机买入。具体如何制订交易计划，感兴趣的读者可以查阅价格行为学的相关资料，本书不在此展开。读者也可在图 2-87 的公式基础上，根据个人对 K 线形态的理解修改调试。例如，放宽价格条件，筛选出更多的股票。

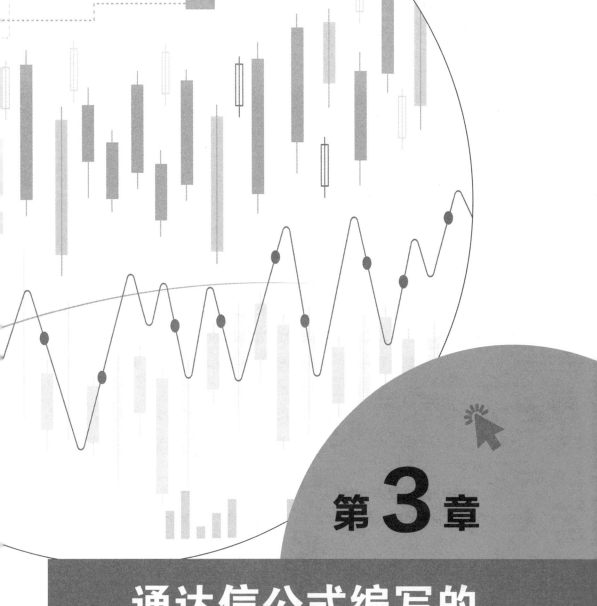

第 **3** 章

通达信公式编写的
语法、函数和数据

3.1　公式编写的语法

在公式编辑器的"公式编写区"编写公式源代码，需要遵循一定的语法规则，类似于写作文首先要掌握基本文法，如主语、谓语、宾语、逗号、句号、引号、分段等。"测试公式"按钮具有检查语法的功能，如果存在语法错误，则系统不允许保存公式。如果编写的公式比较复杂，短时间内难以完成，则可以借助"测试公式"暂时保存一个无语法错误的阶段性公式，便于后面继续编写。

公式中的字母都是大写形式，除了自定义的数据名称和指定的输出可以使用汉字外，其余都要在英文状态下输入。例如，冒号、引号、括号等符号必须是英文输入状态。

一个完整的公式是由一个或者多个语句组成的。每个语句均以分号";"结束，作为终止符。如果编写的公式最后一句没加分号，在保存公式时，系统会自动补上。

3.1.1　基本语句

一个完整的语句包含四部分：语句名称（或称数据名称）、输出符、语句内容、终止符（；）。以图 2-32 编写的排序公式为例：

```
净利 22Q1:FINONE(184,2022,0331);
```

其语句名称（数据名称）为"净利 22Q1"；输出符为"："；语句内容为"FINONE(184,2022,0331)"。

系统公式的语句名称常使用英文或者英文加拼音的缩写形式。投资者根据个人使用习惯，既可以用英文，还可以用拼音或者汉字，上面语句使用了"汉字 +

数字 + 英文缩写"形式，属于比较复杂但意义直接的命名方式。

设置语句名称的目的是，通过名称快速搞懂输出数据的含义，不建议使用"AAA""BBB"这种无意义的字符。另外编写公式时，还可以引用其他公式的输出值，首先也需要找到对应的语句名称。

语句内容是公式编写的重中之重，其目的是提取语句名称对应的数值。常用的语句内容包括数学公式、逻辑判断等，还可以对计算结果进行画线设置。

根据输出符的不同，公式编写的语句可分为以下三种类型。

1. 指标图形语句

指标图形语句的输出符为冒号"："，表示当前语句输出的是以语句名称作为数据名称的指标图形（或指标线），对应的画图方式是在主图或者副图中有画线。指标公式最多允许 100 条输出线。

例如，图 2-55 的公式中，有 3 条输出线 MA 短期、MA 中期和 MA 长期。在输出均线数据后，加上逗号和资源函数（如"，COLORBLUE""，DOTLINE""，LINETHICK3"）可以自定义画线效果。

2. 赋值语句

赋值语句的输出符为冒号加等号"：="，表示当前语句输出的是以语句名称作为数据名称的数值，该数值不会画线。

例如，图 2-88 中公式的前 9 行，目的是逐根 K 线提取数据，方便后面的语句使用，且不会在主图中画出来。

3. 无名语句

无名语句是指没有输出符，也没有语句名称的语句。它常用于语句输出为逻辑判断值的情形，如条件选股公式、五彩 K 线公式等；还可以用于表示当前进行的是特殊绘图，无须命名。

例如，图 1-47 所示公式在主图中的固定位置画出"你好！公式编写"。

图 2-7 所示公式在副图中的固定位置画出指定季报中的净利润增长率数值。

图 2-58 所示公式自定义更换金叉和死叉图标。

图 2-88 所示公式画出短期内蓝色的支撑位和红色的阻力位，以及关键 K 线下的笑脸图标。

3.1.2 参数

参数是指公式输入可由投资者动态设置的数据。一个公式如果没有参数，输入的是具体数据，则通常表示某种特殊状态；如果将部分输入改为参数，就能使输出结果产生动态变化。以图 2-55 中的自定义画均线为例，由于没有在参数表中设置参数，因此该公式只能固定作出 5 日均线、20 日均线、200 日均线。如果完成了图 1-32 的参数表设置，则可以使用调整指标参数功能，在最大值和最小值范围内，自行设置参数值动态画均线。

参数的使用包含以下两部分。

（1）设置参数。图 1-32 展示了常用的参数设置流程，以及设置完成保存公式时，系统自动弹出"参数精灵提示框"。系统最多允许设置 16 个参数。

（2）显示参数。保存编写好的参数后，打开主图功能菜单，选择"主图指标"—"调整指标参数"命令，或按快捷键 Alt+T，打开"指标参数调整"提示框，如图 3-1 所示。

对照图 1-32 的参数表，图 3-1 中将预先设置好的三个参数名称、最大值、最小值和缺省值显示出来。

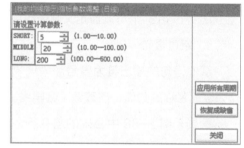

投资者在设计模型和编写公式时，可参照表 3-1，设计个性化参数表。

图 3-1 "指标参数调整"提示框

表 3-1 参数名称、最大值、最小值和缺省值

参数	最小	最大	缺省
SHORT	1	10	5
MIDDLE	10	100	20
LONG	100	500	200

如果出现参数表与"指标参数调整"提示框中参数设置信息不一致的情况时，通常是因为没有更新参数精灵，用户可以在公式编辑器的参数精灵编辑区进行修改。另外，如果想把图 3-1 中的 SHORT、MIDDLE、LONG，改为显示

短期均线、中期均线、长期均线，也可以在参数精灵编辑区进行修改，如图 3-2
所示。

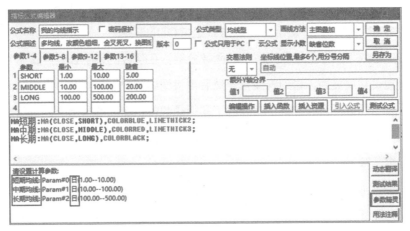

图 3-2　参数精灵编辑区示意图

更新参数精灵后，新的"指标参数调整"提示框如图 3-3 所示。对比其与
图 3-1 的显示差异，由于图 3-3 中使用中文提示，因此更适合投资者日常使用。

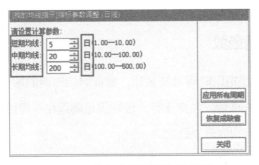

图 3-3　"指标参数调整"提示框 2

3.2　常用函数及综合案例

函数是股票软件公式系统提供的基础功能，每一个函数实现一个具体的功
能。函数作为语句内容的核心部分，是编写公式，实现投资者想法的基石，它代
表了"这个工具能做什么"。投资者要实现从"想出来"到"做出来"，必须理解

"这个工具是什么，能用它来做什么"。"插入函数"界面展示了系统提供的 19 类函数，每个类型针对特定系统功能，又包含很多函数。

学习函数并不是"一个一个"慢慢学，而是"一组一组"理解记忆。例如，本书介绍引用函数时，使用的表达方式是 COUNT 系列函数、REF 系列函数、MA 系列函数等，还要将同类型下的函数分组，在现成的系统公式中找个常见函数，反复试验反复用，直到弄懂它。然后再将同组函数进行对比，主要从函数的输入、输出两方面进行分析，在理解了同组函数各自功能的基础上，最后才能熟能生巧。总结起来，学习函数就是先理解，再记忆；先分组，再个体理解；最后熟悉全组函数。

函数学习是个反复熟练的过程，刚开始无须追求"全而精"，如果刚学就把时间精力花在穷举函数上，很可能忽视最初的目的——使用公式编写这个工具来实现个性化分析和交易。

如何快速分组学习函数？主要是看函数名称，既要参考函数的英文名称，也要看中文名称。不少函数名称与函数类型名称在文字表达上很相似，容易混淆，学习时一定要细心。

3.2.1 序列行情函数

序列行情函数是指以时间为横坐标，提取对应周期的序列数值，如开盘价、收盘价、最高价、最低价、成交量等，包括固定周期和不定周期两种类型。该类型下的不定周期函数均为未来函数。

以日线周期为例，固定周期行情就是当前交易日、前一个交易日……的行情数据。不定周期行情是以行情数据的趋势变更作为周期，将连续上涨或连续下跌视为一个周期。如图 3-4 所示，对比固定周期收盘价与不定周期收盘价，黑线为不定周期收盘价，蓝线为固定周期收盘价。

当收盘价连续几日上涨时，不定周期收盘价为连续上涨的最后一日收盘价。对于最后一个周期，如果当前处于连续下跌，即使已经以最近的收盘价画线，如果下一交易日继续下跌，则最后一个周期的收盘价将以新收盘价重新画线。

图 3-4 所示对比收盘价的公式编写如图 3-5 所示。

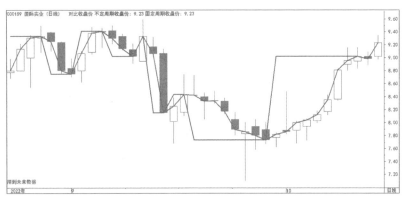

图 3-4　对比两种收盘价的画线

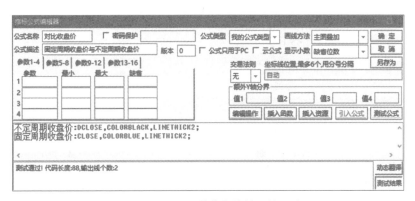

图 3-5　对比两种收盘价的画线公式

3.2.2　时间函数

时间函数是用于计算时间的函数，如年、月、日、小时、分、秒等。它是专门计算日历日期和钟表时间的函数，可以精确计算时间。时间是公式编写的基础概念，行情数据都以时间变量为基础。在不考虑时间格式确定的数据情况下（如财务数据），通常我们编写的公式横坐标是自动的，主要是编写纵坐标的量价逻辑关系。横坐标采用哪个时间周期是手动设置的。例如，在个股详情页的最上方，我们可以手动设置图表周期；在条件选股界面，我们可以手动设定选股周期；在评测交易系统时，我们可以手动选择计算周期。

周期类型函数 PERIOD 用于获取当前数据周期的类型，即横坐标的单位，对应数值详见表 3-2。

107

表 3-2　周期类型函数 PERIOD 数值对照表

主图和副图的数据周期	PERIOD 值
1 分钟	0
5 分钟	1
15 分钟	2
30 分钟	3
60 分钟	4
日线	5
周线	6
月线	7
10 分钟	8
45 日线	9
季线	10
年线	11
5 秒	12
15 秒	13
自定义周期	13 以上

众所周知，上交所于 1990 年 12 月 19 日正式营业，因此时间函数在日期计算方面也以该日期为基准。以转换天数函数 DATETODAY 为例，如图 3-6 所示。把日期转换为天数后，可以对天数进行加减运算。函数帮助说明提示"有效日期为（901219-1341231）"，意思是当前系统可运算的最近日期是 1990 年 12 月 19 日，最远日期是 2034 年 12 月 31 日。

函数 DAYSTOTODAY（离今天的天数）和 DATETODAY（转换天数）都是计算日历日期的，包含

图 3-6　函数 DATETODAY 帮助说明

了非交易日。以函数 DAYSTOTODAY 画线，效果如图 3-7 所示，斜率在遇到非交易日时出现突变。该画线的每一个点表示对应的交易日距离当前日期（日历日）的天数，连续交易日期间逐日递减 1 天，斜率不变，但遇到节假日，如周五至周一间隔两天时，斜率会突然变陡。

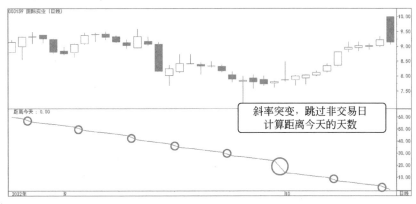

图 3-7　函数 DAYSTOTODAY 的画线

日期计算常用于与固定收益相关的分析中。由于资金量大，因此即使利率不高，每天收益的数字也非常可观，"天数"是重要的时间变量，如可以用收益率曲线计算现值等。

3.2.3　引用函数

引用函数能快速获取指定的数值。原理是定位某个满足条件的时间点，然后从该时间点上提取需要的数值，或者计算该时间点距离当前的周期数量（即数 K 线的数量）。例如，计算各种周期的 COUNT 系列函数、往前或往后数交易周期的 REF 系列函数、各种移动平均 MA 系列函数；提取指定周期内最高价的 HHV 函数、计算上一个高点到当前 K 线周期数的 HHVBARS 函数等。

还有输出为"空"的函数 DRAWNULL，既不画线，也不在指标数值中显示；多头信号过滤函数 TFILTER，可以过滤掉买入（卖出）信号发出后、下一个反向信号发出前的所有买入（卖出）信号。

3.2.4 序列行情函数、时间函数和引用函数的综合案例

本例在引用函数的基础上，结合序列行情函数和时间函数，请读者注意将引用函数类型与"操作符"类型下的引用特定数据函数"$"进行区分。

例如，某投资者自 2022 年 6 月 14 日至 8 月 24 日完成一笔中线交易，收益为 50% 左右，想以同期创业板指数 399006 作基准，计算该笔交易跑赢创业板指数的幅度。

手动计算这个数值，过程为：2022 年 6 月 14 日的创业板指数 399006 为 2548.31 点，2022 年 8 月 24 日的创业板指数 399006 为 2679.05 点，期间创业板指数的涨幅为 5.13%，那么该笔中线交易的收益比创业板指数高了将近 45%。

如果投资者不满足于手工计算，希望比较期间各只股票与创业板指数的表现情况，则可以通过公式编写实现，效果如图 3-8 所示。

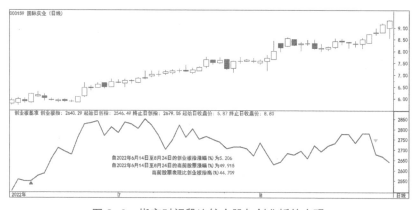

图 3-8　指定时间段比较个股与创业板的表现

按以下步骤实现图 3-8。

（1）在副图作出创业板指数收盘价的指标线，并且标出起始日和终止日，效果如图 3-9 所示。

公式编写如图 3-10 所示。

第一行：

```
创业板指:"399006$CLOSE",LINETHICK2;
```

图 3-9　创业板指数的收盘价画线

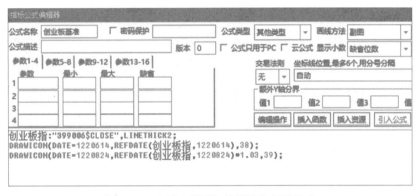

图 3-10　"创业板指"的画线和标记公式

其含义是作出创业板指数收盘价的指标线，2 号粗。该语句使用了特殊符号 "$"，并且在 399006$CLOSE 前后加了双引号 """"。

"$"属于操作符类型下的函数，尽管它的含义是引用特定数据，但它并不属于引用函数。它引用的是"一条线"，是以时间为横坐标的所有数据，而引用函数通常引用的是这条线上的"一个点"。对比后两句在起始日期和终止日期标记图标，就是"在线上找出特定的点"，需采用引用函数 REFDATE。

第二行：

```
DRAWICON(DATE=1220614,REFDATE(创业板指,1220614),38);
```

其含义是在 2022 年 6 月 14 日的"创业板指"画线上标记 38 号图标，红色上三角。

函数 DRAWICON 的用法已经在介绍图 2-57 时讲解过，此处重点介绍前两个输入，即时间函数 DATE 和引用函数 REFDATE。

图 3-6 中提到股票软件的日期是以"901219-1341231"的格式记录。系统记录年份的方法是将"90"作为起始年，它是 1990 年的缩写。以后的年份在 90 的基础上做加法，2022 年记为 122（即 2022-1990=122）。月和日使用两位数记录，6 月 14 日应记为 0614。于是，2022 年 6 月 14 日应记为 1220614。

回到 DRAWICON 函数的第一个输入，判定 DATE 函数与指定的日期"1220614"是否相等。如果相等，则标记图标。如果不相等则不是指定日期，那就不作任何标记。

第二个输入是设置标记位置，以"创业板指"的数值为基准。在 2022 年 6 月 14 日"创业板指"上标记，需要用到 REFDATE 函数。该函数表示引用特定日期的数值。"创业板指"是在公式第一行定义的数据名称，可直接引用。

因此，引用 2022 年 6 月 14 日"创业板指"数值的公式为：

```
REFDATE ( 创业板指 ,1220614)
```

第三行：

```
DRAWICON(DATE=1220824,REFDATE( 创业板指 ,1220824)*1.03,39);
```

其含义是在 2022 年 8 月 24 日的"创业板指"画线上标记 39 号图标，绿色下三角。

本语句仅需基于第二行稍作修改即可。第一个改动是将日期从"1220614"改为"1220824"。第二个改动是为了美观，将标记的位置稍微上移一点，即"*1.03"，若不移动绿色下三角将遮挡"创业板指"指标线。

（2）计算"创业板指"涨幅并显示在副图中，如图 3-11 所示。

公式编写如图 3-12 所示。由于本段公式与前面三个语句的功能是独立的，因此在新写的 5 个语句前面手动空一行，本段公式从第五行起算。

第五行：

```
起始日创指 :REFDATE( 创业板指 ,1220614),NODRAW;
```

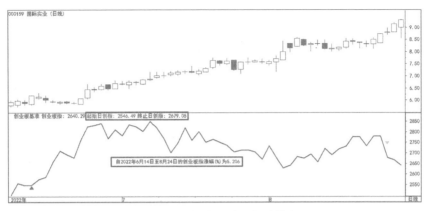

图 3-11　"创业板指"的涨幅计算和显示

图 3-12　创业板指的涨幅计算和显示公式

其含义是新建数据名称为"起始日创指"的数值，便于后面公式引用。此处输出符用的冒号":"，将该数值作为指标图形在副图中画线。但是句尾加了",NODRAW"，表示当前画线只在副图指标数值中显示，不在副图画线。

第六行是复制的第五行语句，仅修改日期。

第七行的含义是计算创业板指数的期间涨幅。

第八行的含义是将涨幅的数值显示在副图中。

第九行的含义是在副图中显示数值前加上提示文字。

（3）类似于第二步，计算当前股票的涨幅并显示在副图中，如图 3-13 所示。

公式编写如图 3-14 所示。由于当前公式源代码已超过 10 行，很难直观定位行数，因此建议开启"显示行号"功能。

第 11 行表示个股在 2022 年 6 月 14 日的收盘价。

第 12 行表示个股在 2022 年 8 月 24 日的收盘价。

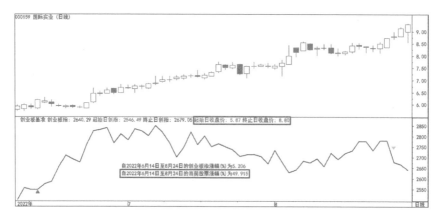

图 3-13　个股的涨幅计算和显示

图 3-14　个股的涨幅计算和显示公式

第 13 行表示计算个股自 2022 年 6 月 14 日至 2022 年 8 月 24 日的涨幅。

第 14 行的含义是将第 13 行计算出的股票涨幅的数值显示在副图中。

第 15 行的含义是在股票涨幅数值前加上提示文字。

（4）计算并显示期间个股与创业板指数的表现情况，即图 3-8 的最终效果图。

公式编写如图 3-15 所示。

第 17 行新建数据名称为"个股表现"，将股票涨幅与创业板涨幅相减得出。输出符用冒号加等号":="，仅作为赋值语句，不画线。

第 18 行的含义是将第 17 行计算出的个股表现数值显示在副图中。

第 19 行的含义是在个股表现数值前加上提示文字。

图 3-15　个股的表现公式

3.2.5　板块字符函数和财务函数

与序列行情函数不同，板块字符函数和财务函数在长时间内都是静态数据，与交易日的关系不大。

1. 板块字符函数

板块字符函数能提取个股的字符串信息，如所属行业、地域、板块等，可以将这些字符串显示在主图或者副图中，便于投资者查看，如图 3-16 所示。这些都是个股的基础信息，由通达信系统的专业人员进行维护。

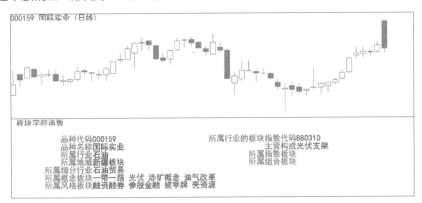

图 3-16　板块字符函数显示效果图

公式编写如图 3-17 所示，完整公式如下。为保证显示美观，需要注意使用

115

函数 DRAWTEXT_FIX 定点文字，显示每一项数据时要变更横坐标和纵坐标。

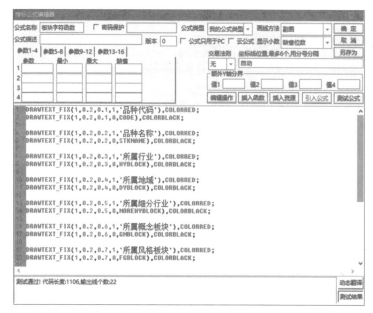

图 3-17　板块字符函数显示公式

```
DRAWTEXT_FIX(1,0.2,0.1,1,'品种代码'),COLORRED;
DRAWTEXT_FIX(1,0.2,0.1,0,CODE),COLORBLACK;
DRAWTEXT_FIX(1,0.2,0.2,1,'品种名称'),COLORRED;
DRAWTEXT_FIX(1,0.2,0.2,0,STKNAME),COLORBLACK;
DRAWTEXT_FIX(1,0.2,0.3,1,'所属行业'),COLORRED;
DRAWTEXT_FIX(1,0.2,0.3,0,HYBLOCK),COLORBLACK;
DRAWTEXT_FIX(1,0.2,0.4,1,'所属地域'),COLORRED;
DRAWTEXT_FIX(1,0.2,0.4,0,DYBLOCK),COLORBLACK;
DRAWTEXT_FIX(1,0.2,0.5,1,'所属细分行业'),COLORRED;
DRAWTEXT_FIX(1,0.2,0.5,0,MOREHYBLOCK),COLORBLACK;
DRAWTEXT_FIX(1,0.2,0.6,1,'所属概念板块'),COLORRED;
DRAWTEXT_FIX(1,0.2,0.6,0,GNBLOCK),COLORBLACK;
DRAWTEXT_FIX(1,0.2,0.7,1,'所属风格板块'),COLORRED;
DRAWTEXT_FIX(1,0.2,0.7,0,FGBLOCK),COLORBLACK;
DRAWTEXT_FIX(1,0.7,0.1,1,'所属行业的板块指数代码'),COLORRED;
DRAWTEXT_FIX(1,0.7,0.1,0,HYZSCODE),COLORBLACK;
DRAWTEXT_FIX(1,0.7,0.2,1,'主营构成'),COLORRED;
DRAWTEXT_FIX(1,0.7,0.2,0,MAINBUSINESS),COLORBLACK;
DRAWTEXT_FIX(1,0.7,0.3,1,'所属指数板块'),COLORRED;
```

```
DRAWTEXT_FIX(1,0.7,0.3,0,ZSBLOCK),COLORBLACK;
DRAWTEXT_FIX(1,0.7,0.4,1,'所属组合板块'),COLORRED;
DRAWTEXT_FIX(1,0.7,0.4,0,ZHBLOCK),COLORBLACK;
```

还有两个模糊匹配函数经常被用到，NAMELIKE 函数用于模糊匹配品种名称，CODELIKE 函数用于模糊匹配品种代码。此外，字符串加减、比较、转换成数字等函数，适合熟悉软件开发的投资者使用。

2. 财务函数

财务函数能提取指定的财务数据，是基本面分析最重要的工具之一，包括关联财务函数和专业财务函数两种类型。使用财务函数前一定要提前下载财务数据包。

3.2.6　序列行情函数、引用函数、板块字符函数和财务函数的综合案例

下面以条件选股为例，介绍如何使用板块字符函数和财务函数。

例如，以"过去 10 天出现 3 根接近涨停板的大阳线"为条件进行选股，选股范围仍选用"上证 A 股""深证 A 股"，但剔除创业板、科创板和北证的股票。

（1）编写五彩 K 线公式标记接近涨停板的 K 线，便于验证选股结果，如图 3-18 所示。此时只将收盘接近涨停价的 K 线高亮显示，并且不会标记创业板、科创板和北证的股票。

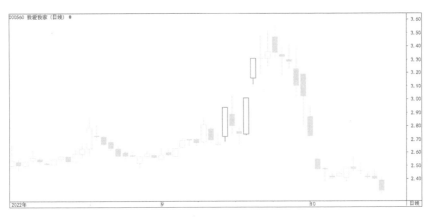

图 3-18　五彩 K 线指示标记涨停 K 线

编写五彩 K 线公式"我的涨停 K 线",如图 3-19 所示。

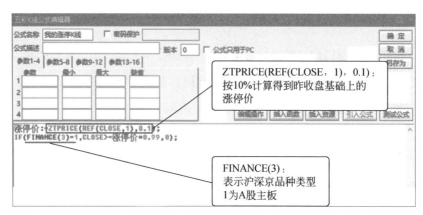

图 3-19　五彩 K 线指示标记涨停 K 线的公式

第一行,函数 ZTPRICE 属于引用函数类型。该函数有两个输入:第一个输入是前一日收盘价,函数 REF*也属于引用函数类型;第二个输入 0.1,即以 10% 的幅度计算涨停价。

第二行,函数 FINANCE 属于财务函数类型。此处设置收盘价大于等于涨停价的 99%,是将收盘接近涨停价但没有封板的 K 线也进行标记。

(2)编写选股公式。编写选股公式"我的大牛股",如图 3-20 所示。

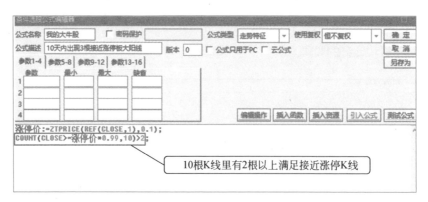

图 3-20　"我的大牛股"选股公式

设定选股时间为 2022 年 9 月 20 日至 2022 年 10 月 20 日,执行选股,结果如图 3-21 所示。

本次选股从 4863 只股票中选出了 112 只,选中率为 2.3%。用于验证选股结果的个股（图 3-18 中的 000560 我爱我家）确实被选中。由于选股范围采用默认的"上证 A 股""深证 A 股"，因此有部分股票不符合需求。我们可以手动更改选股范围，也可以编写公式设定选股范围。下面对图 3-20 中的选股公式进行修正，设定选股范围。

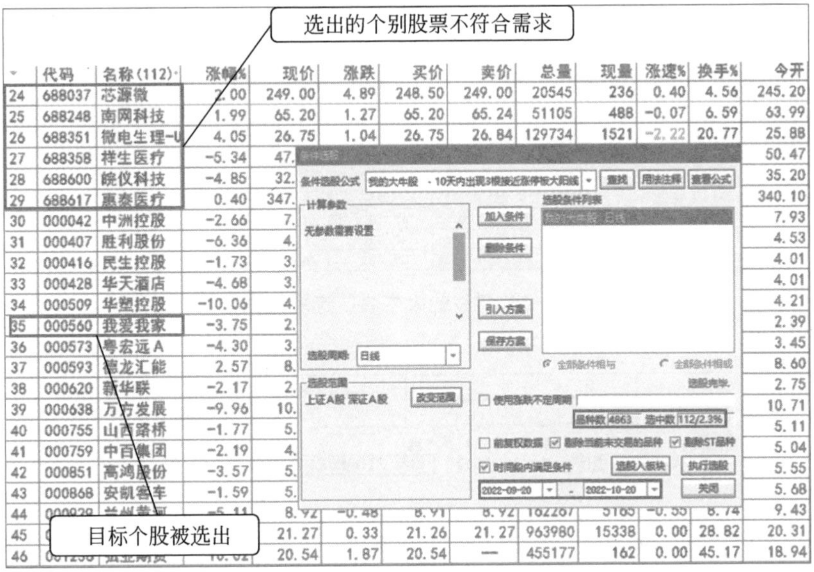

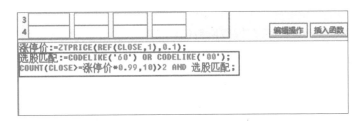

图 3-21　"我的大牛股"选股结果

使用板块字符函数 CODELIKE 模糊匹配品种代码，剔除创业板、科创板、北证，剩余的主板股票代码以"00"开头或者以"60"开头，编写公式如图 3-22 所示。

```
3
4                                               编辑操作  插入函数
涨停价:=ZTPRICE(REF(CLOSE,1),0.1);
选股匹配:=CODELIKE('60') OR CODELIKE('00');
COUNT(CLOSE>=涨停价*0.99,10)>2 AND 选股匹配;
```

图 3-22　修正选股公式"我的大牛股"

选股结果如图 3-23 所示。此时可以看到，选出的 103 只股票均符合需求。

还可以参照图 3-19，使用 FINANCE(3)=1 作为选股条件，修正选股公式如图 3-24 所示。

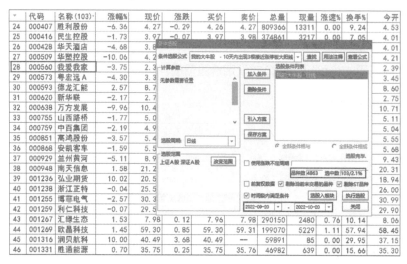

	代码	名称(103)	涨幅%	现价	涨跌	买价	卖价	总量	现量	涨速%	换手%	今开
24	000407	胜利股份	-6.36	4.27	-0.29	4.26	4.27	809366	13311	0.00	9.24	4.53
25	000416	民生控股	-1.73	3.97	-0.07	3.97	3.98	374861	3217	0.00	7.05	4.01
26	000428	华天酒店	-4.68	3.8								4.01
27	000509	华塑控股	-10.06	4.2								4.21
28	000560	我爱我家	-3.75	2.3								2.39
29	000573	粤宏远A	-4.30	3.								3.45
30	000593	德龙汇能	2.57	8.7								8.60
31	000620	新华联	-2.17	2.								2.75
32	000638	万方发展	-9.96	10.4								10.71
33	000755	山西路桥	-1.77	5.0								5.11
34	000759	中百集团	-2.19	4.9								5.04
35	000851	高鸿股份	-3.57	5.4								5.55
36	000868	安凯客车	-1.59	5.								5.68
37	000929	兰州黄河	-5.11	8.9								9.43
38	000948	南天信息	1.58	21.2								20.31
39	001236	弘业期货	10.02	20.5								18.94
40	001238	浙江正特	-0.04	25.5								26.00
41	001255	博菲电气	-2.57	30.3								30.99
42	001259	利仁科技	-0.33	29.9								29.90
43	001267	汇绿生态	1.53	7.98	0.12	7.96	7.98	290150	2480	0.76	10.14	8.06
44	001269	欧晶科技	1.45	59.30	0.85	59.30	59.31	199070	5229	1.11	57.94	58.45
45	001316	润贝航科	10.00	40.49	3.68	40.49	—	59891	85	0.00	29.95	37.15
46	001331	胜通能源	0.70	35.75	0.25	35.75	35.76	46982	639	0.00	15.66	35.30

图 3-23 "我的大牛股"选股结果 2

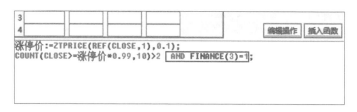

图 3-24 修正选股公式"我的大牛股"2

执行选股的结果与图 3-23 所示相同。

由于本例仅对股票的类型提出了要求，因此两种修正方式殊途同归。如果需求是在"300"开头的股票中筛选，那就只能采用 CODELIKE（'300'）。如果使用 FINANCE(3)=3，只能提取所有创业板的股票，但无法区隔股票代码是以"300"开头还是以"301"开头。

3.2.7　逻辑函数

逻辑函数，可以对指标数据进行逻辑判定。例如，上穿函数 CROSS 是对时间序列数值，逐根 K 线判断是否上穿。若满足上穿条件，则在 K 线对应的时间点输出 1，否则输出 0。此外常用的逻辑函数如下：

UPNDAY，连涨；

DOWNNDAY，连跌；

NDAY，连大；

EXIST，存在；

EVERY，一直存在；

LAST，持续存在；

NOT，取反；

ISVALID，判断有效值。

如图 3-25 所示，逻辑函数有两个关键点：第一个是输出固定，只能二选一，不是 0 就是 1；第二个是"条件判定"，掌握不同的逻辑函数，就是理解每个逻辑函数的判定条件。

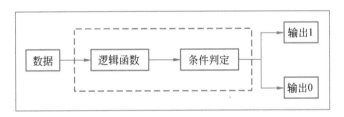

图 3-25 逻辑函数的两个关键点

以系统条件选股公式"UPN"为例，如图 3-26 所示。

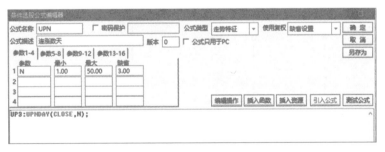

图 3-26 "UPN"系统公式

公式名称 UPN，UP 的英文含义是上涨、上升，N 表示公式有个为 N 的参数。整个公式表示以选股日起算，可以选出最近连续 N 日内都上涨的股票。

该公式的参数 N，最小值为 1，最大值为 50，缺省值为 3。在图 2-22 所示的"条件选股"窗口中，输入框默认是 3，只能输入 1 ~ 50 的数字，如果输入的数字是小数，则系统会在执行选股时，自动抹掉小数点后面的位数，不会四舍五入。如果输入的不是数字而是字母，当单击"加入条件"按钮时，系统会自动将输入值改为1，并显示在"条件选股列表"中。

图3-26中的公式只有一个语句：

语句名称为"UP3"；输出符为"："；语句内容为"UPNDAY(CLOSE,N)"。

尽管无名语句常作为条件选股公式的最后一个语句，但通达信系统允许条件选股公式的输出有语句名称。

语句内容使用了逻辑函数 UPNDAY（连涨），是函数帮助说明里的标准用法。函数 UPNDAY 有两个输入：第一个输入设置比较连涨的数据值，此处设置的是序列行情函数 CLOSE 收盘价；第二个输入设置需要比较连续多少个周期，以日线为例，如果设置 N 为 7，就需要连续 7 根日 K 线都与前一日的对应数值进行比较，逻辑如图 3-27 所示。

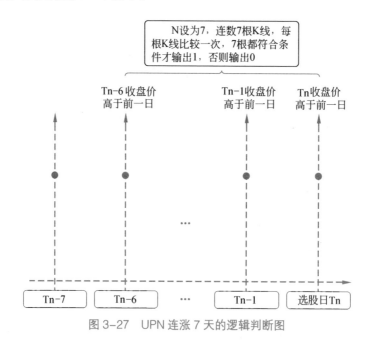

图3-27　UPN 连涨 7 天的逻辑判断图

图3-28 所示的假阴线需要特别留意。以连续 7 日上涨为选股条件，通常选出来的股票不多，逐只查看时，发现某只股票最近 7 日出现了一根明显的阴线，怀疑可能选股有误，此时要仔细分析。即使出现了假阴线，也是符合选股条件

的。因为函数 UPNDAY 比较的是收盘价，因此只要每根 K 线的收盘价比前一根 K 线的收盘价高，就符合选股条件。该函数并没有限制每根 K 线必须是阳线。

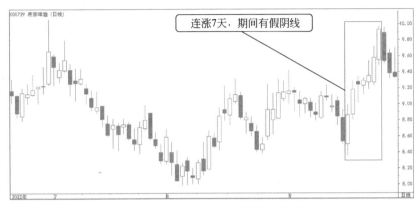

图 3-28　UPN 连涨 7 天选股的个股详情

假如将图 3-26 的公式作如下修改：

```
UP3:UPNDAY(OPEN,3);
```

此时，第一个输入从收盘价改为开盘价，即以开盘价判定是否连续 3 天都上涨，则可能会选出图 3-29 所示的个股，其最近 3 天走出了孕线形态，但是满足连续 3 天的开盘价逐步抬高的选股条件。

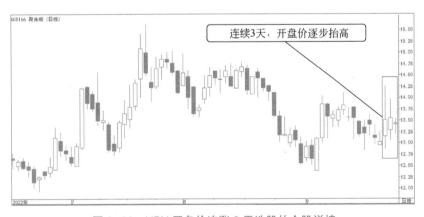

图 3-29　UPN 开盘价连涨 3 天选股的个股详情

本例是想强调学习重要函数时，必须多做试验，进行各种尝试。既可以修改参数，也可以修改输入的数据函数，通过观察产生的不同结果，搞懂函数的内在逻辑。函数是通达信系统提供的基本功能，它不是"圣杯"，而只是个工具。

下面再看逻辑函数 EVERY（一直存在），函数帮助说明里的标准用法在系统选股公式"C107 连续 N 天收阳线"和"C108 连续 N 天收阴线"中出现过，如图 3-30 和图 3-31 所示。

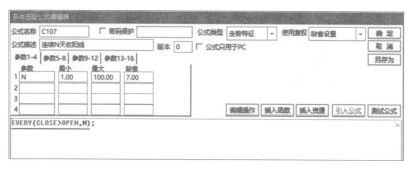

图 3-30　连续 N 天收阳线系统选股公式

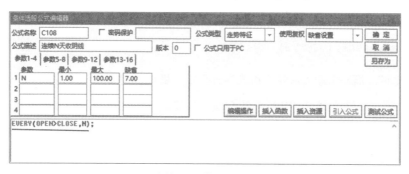

图 3-31　连续 N 天收阴线系统选股公式

对比图 3-26 的 UPNDAY 函数，EVERY 函数也有两个输入。其中第二个输入是用于设置需要比较连续多少个周期，与 UPNDAY 函数相同。

两个函数的差异在于第一个输入。由于 UPNDAY 函数判定某个数据是否连涨，因此第一个输入是时间序列函数，即"一条线"或"一串数据"。而 EVERY 函数的第一个输入是逻辑判断条件。图 3-30 中设置的判断条件是 CLOSE>OPEN，即收盘价大于开盘价。图 3-31 中设置的判断条件是 OPEN>CLOSE，即开盘价大于收盘价。这两个条件的输出值不是 1 就是 0。如果某根 K 线 OPEN=CLOSE，那么两个函数的输出值都是 0。毕竟 $A=B$ 的情形，既不符合 $A>B$，也不符合 $B>A$。

理解了图 3-30 和图 3-31 中函数 EVERY 的用法后，再回顾系统选股公式"RED4 四串阳"和"GREEN4 四串阴"，就容易理解了。如图 3-32 和图 3-33 所示，四串阳指的是连续 4 根 K 线都是阳线，四串阴指的是连续 4 根 K 线都是阴线，它们都是图 3-30 和图 3-31 中的公式在 N 取值为 4 时的特殊状态。也就是说，系统选股公式"C107 连续 N 天收阳线"和"C108 连续 N 天收阴线"是通用公式，系统选股公式"RED4 四串阳"和"GREEN4 四串阴"是特殊状态。

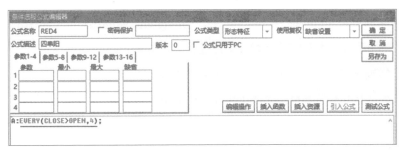

图 3-32　四串阳系统选股公式

图 3-33　四串阴系统选股公式

熟练使用逻辑函数可以使用户在编写选股公式时事半功倍，需要根据函数名称分组学习、理解记忆。例如，函数 UPNDAY 与函数 DOWNNDAY 和 NDAY 就可能是一组的，因为函数名称都以"NDAY"结尾。学完函数 UPNDAY 之后，再从函数的输入、输出两方面，分析函数 UPNDAY 与 DOWNNDAY 和 NDAY 的差异，通过对比就可以一次性掌握三个函数。

还有函数 EVERY 与函数 EXIST、EXISTR、LAST，也应归于一组对比学习。这四个函数的中文名称都有"存在"二字，它们都是用于判断某个条件"是否存在"的函数，差别在于"存在的时间"不同，有的是时间点，有的是时间段。

3.2.8 数学函数、操作符

数学函数可以进行基础数学运算。例如：比较两个数的最大值函数 MAX 和最小值函数 MIN，找到 6 个数中的最大值或最小值；ABS 函数求绝对值；MOD 函数取模；ROUND 函数四舍五入；FLOOR 函数向下舍入等。

操作符主要是对数值或者逻辑值进行运算，包含：加减乘除四则运算；大于、小于、不等于等数值比较；逻辑判断"与""或"；注释、输出符、终止符等系统符号；跨周期引用系列符号。其中，引用特定数据的函数 $，常用于数据对比分析，在第 3.2.4 节的综合案例中已经有细致讲解。

逻辑判断"与"，即并且，有"AND""&&"两种写法。"与"表示操作符前后两个条件必须都满足，才能输出 1，否则输出 0。

逻辑判断"或"，即或者，有"OR""||"两种写法。"或"表示操作符前后两个条件只要有一个满足，就能输出 1，否则输出 0。

另外，逻辑判断"非"被归入了逻辑函数，写法为"NOT"。它表示对后面带的条件取相反值。NOT 函数与 AND 和 OR 不同，只能在函数后面带一个条件，不能在函数前面带条件。

例如，用下面两个日 K 线价格条件编写公式，分析其含义。注意在使用 NOT、AND、OR 时，给条件加上小括号"()"，增加公式的可读性。

条件 1：当日收盘价大于当日开盘价。

条件 2：当日收盘价大于前一日收盘价。

公式一：

```
(CLOSE>OPEN) AND (CLOSE>REF(CLOSE,1));
```

表示找到某根 K 线，既要使当日收盘价大于当日开盘价，又要使当日收盘价大于前一日收盘价。满足这个条件的 K 线是一根收盘价高于前一日收盘价的阳线。

公式二：

```
(CLOSE>OPEN) OR (CLOSE>REF(CLOSE,1));
```

表示找到某根 K 线，要求当日收盘价大于当日开盘价，或者当日收盘价大于前一日收盘价。满足这个条件的 K 线可以是一根阳线，或者是一根收盘价高于前日收盘价的任意 K 线（阴线、阳线、十字星线或一字线等）。

公式三：

```
NOT(CLOSE>OPEN);
NOT(CLOSE>REF(CLOSE,1));
```

这两行公式分别表示不同的 K 线。

第一行表示找到某根 K 线，要求取当日收盘价大于当日开盘价的反值。满足这个条件的 K 线可以是当日开盘价大于当日收盘价的阴线，也可以是一根当日开盘价等于当日收盘价的十字星线或一字线。

第二行表示找到某根 K 线，要求取当日收盘价大于前一日收盘价的反值。满足这个条件的 K 线可以是当日收盘价小于前一日收盘价的 K 线，也可以是一根当日收盘价等于前一日收盘价的任意 K 线（对当日 K 线的形态没有特殊要求）。

最后来看跨周期引用符号"#"，这个符号要与时间函数类型中的函数 PERIOD 进行区分。函数 PERIOD 用于获取数据周期，也就是主图或副图中正在使用的画线周期；而跨周期引用符号"#"只能用于画线周期比引用数据周期更短的情况，如果画线周期比引用数据周期更长，则无法引用。

例如，画线周期是日 K 线，则引用数据只能是日 K 线以上级别，如周 K 线数据、月 K 线数据等，如图 3-34 所示。

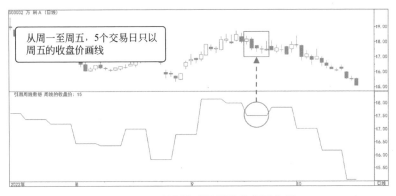

图 3-34 跨周期引用周线数据示意图

对应的公式编写如图 3-35 所示。

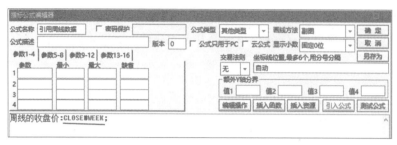

图 3-35　跨周期引用周线数据的公式

将图 3-35 中的 WEEK 改为日 K 线以下级别，如 30 分钟周期 "MIN30"，如图 3-36 所示。

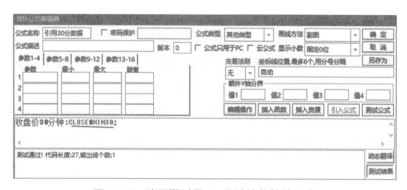

图 3-36　跨周期引用 30 分钟线数据的公式

即使公式编写没有语法错误，但是仍然没有画线，如图 3-37 所示。这是由跨周期引用符号 "#" 的系统功能决定的，如果横坐标的数据周期比引用数据周期更长，则无法引用。

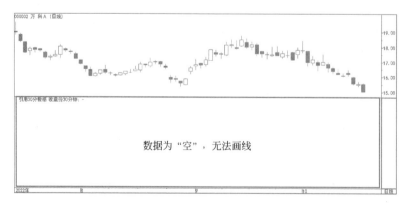

图 3-37　跨周期引用无法引用小周期数据示意图

3.2.9 时间函数、引用函数和线性资源函数的综合案例

实战中，使用价格行为学做交易的投资者也会同时比较关注开盘后 30 分钟（早盘）的成交量和收盘前 30 分钟（尾盘）的成交量。该数据最好使用分时图获取，也可以使用 1 分钟线，关键是让引用数据的周期变短，才能在更长的周期上画图，效果如图 3-38 所示。

图 3-38 分时图中成交量累计效果图

图 3-38 显示的是从 9 时 30 分至 9 时 59 分的交易量之和，这个数据是否计算正确，可以通过与该股 30 分钟 K 线图比对得出，如图 3-39 所示。这里可以看到数值相同，说明公式编写的计算功能基本无误。

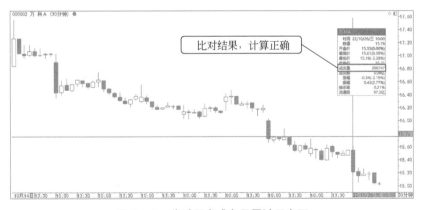

图 3-39 分时图中成交量累计示意图

图 3-38 中的两个小手图标，分别代表开始分钟和结束分钟的成交量柱状

线，由于公式设置了参数，因此加上图标可以明显判断提取的成交量数据是否正确，假如将起始分钟设置为 9 时 30 分，终止分钟设置为 9 时 45 分，如图 3-40 所示。"期间成交量"也会自动计算并显示。

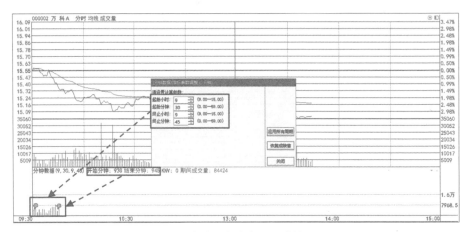

图 3-40　分时图中成交量累计效果图 2

如果输入的终止分钟比起始分钟小，如将起始分钟改为 10 点 30 分，终止分钟改为 9 点 45 分，则副图将提示"参数有误，请重新输入时间"，如图 3-41 所示。

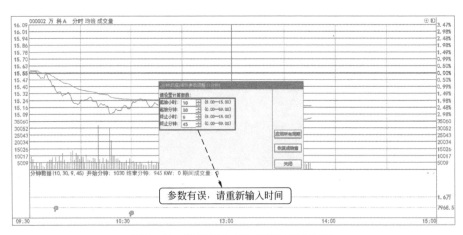

图 3-41　分时图中成交量累计效果图 3

实现图 3-38 所示的效果，总共编写公式不到 10 行，使用的函数基本都是本书介绍的常用函数。新建指标公式"分钟数据"，如图 3-42 所示，填写以下公式信息和参数表。

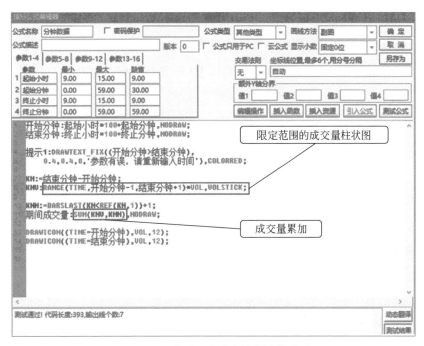

图 3-42　分时图中成交量累计的公式

编写公式如下：

```
开始分钟 : 起始小时 *100+ 起始分钟 ,NODRAW;
结束分钟 : 终止小时 *100+ 终止分钟 ,NODRAW;
提示 1:DRAWTEXT_FIX(( 开始分钟 > 结束分钟 ),0.4,0.4,0,' 参数有误，请重
新输入时间 '),COLORRED;
KN:= 结束分钟 - 开始分钟 ;
KNV:RANGE(TIME, 开始分钟 -1, 结束分钟 +1)*VOL,VOLSTICK;
KNN:=BARSLAST(KN<REF(KN,1))+1;
期间成交量 :SUM(KNV,KNN),NODRAW;
DRAWICON((TIME= 开始分钟 ),VOL,12);
DRAWICON((TIME= 结束分钟 ),VOL,12);
```

该公式有以下几个关键点。

（1）表示时和分的时间函数 TIME。函数 TIME 是 4 位数字，前两位表示小时，后两位表示分钟。公式前两行首先完成了将输入的参数组装成函数 TIME 能识别的数字。

图 3-40 所示的指标参数调整窗口是"人能懂的时间语言"。对应图 3-42,

公式前两行将输入的小时数字乘以 100，再加上输入的分钟数字，是"计算机能懂的时间语言"。因此在得到"计算机能懂的时间语言"——数据名称"开始分钟"和"结束分钟"后，就可将其与函数 TIME 进行计算。例如：

```
TIME= 开始分钟
TIME= 结束分钟
开始分钟 –1<TIME< 结束分钟 +1
```

（2）为了增加公式的可读性，一方面，语句之间的手动空行，使得视觉上功能连贯的语句被放在一起；另一方面，图 3-42 的第 4 行和第 5 行实际上是一个语句，这里分成两行来写，是由于语句太长放在一行可读性较差。这些都属于公式编写习惯。

（3）图 3-42 中公式的第 7 行、第 8 行和第 10 行，使用的语句名称都很简略，一方面是因为它们都是中间数据，最终输出数据在第 11 行，第 11 行的语句名称"期间成交量"仍是"有意义的数据名称"。另一方面是因为这三行公式涉及成交量累计的核心算法，此处命名规则是：K 表示 1 分钟 K 线，N 表示 N 根 K 线，V 表示交易量，KNN 是将 KN 的计数规则进行小优化，便于使用函数 SUM 累加时，结果无误。

（4）其他需要关注的函数如下：

① 函数 RANGE(A,B,C)，表示 A 在 B 和 C 的范围之间，即 B<A<C。

② 函数 VOLSTICK，表示画出成交量柱状图。

③ 函数 BARSLAST，表示上一次条件成立到当前的周期数。

④ 函数 SUM(X,N)，表示统计 N 周期中 X 的总和。

3.2.10 其他常用函数类型

1. 形态函数

由于很多形态只有行情走完之后才能辨认，因此形态函数在判断之字转向、波峰、波谷时使用了未来函数。形态函数用于快速描述常见形态，如成本分布、抛物线、获利盘比例等。需要注意的是：形态函数与系统选股公式"形态特征"类型下的公式是不同的。

2. 绘图函数、线形和资源等

绘图函数、线形和资源在本书的案例中有详细介绍。如果对系统提供的颜色函数不满意，则可以使用自定义色。快捷调用自定义色的过程是：在公式编辑器界面，单击"插入资源"按钮，在弹出的如图 2-58（a）的快捷菜单中，选择"调色板"命令。随后在"调色板"提示框中，选择自定义颜色，单击"确定"按钮即可。

3. 即时行情函数、交易信号函数和账户函数

即时行情函数在盘中分析时用处非常大，建议短线投资者深入研究。

再次强调：与交易下单相关的函数，一定要在公式编写的股票软件上测试过关了，才能安装到实战的股票软件上使用，防止出现不必要的资金损失。

学习即时行情函数可以参考系统选股公式"即时盘中"类型下的公式用法。

以系统公式"B001 集合竞价后选股"为例，如图 3-43 所示。即时行情函数大多数都是 DYNAINFO 系列函数，根据括号内对应的数字，调用对应的即时行情信息。同时公式编辑器系统提示区的"动态翻译"也会实时显示公式含义。

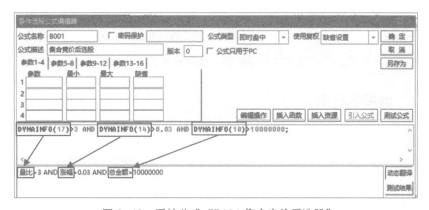

图 3-43   系统公式"B001 集合竞价后选股"

> DYNAINFO(17)，表示即时行情的量比。
> DYNAINFO(14)，表示即时行情的涨幅。
> DYNAINFO(10)，表示即时行情的总金额。

图 3-44 所示的即时行情函数帮助说明，在公式编写的学习和实战中都很重要，需要经常查阅。

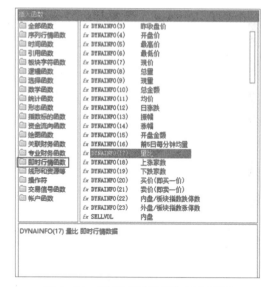

图 3-44 "即时行情函数"帮助说明

3.3 公式是对数据的加工与处理

俗话说，巧妇难为无米之炊，公式编写的"米"就是"数据"。我们把公式系统比作一座汽车制造工厂，数据就是原材料，而函数就是工厂里的各种专业机器设备。

3.3.1 数据的类型

公式系统中使用的数据，根据来源分为两大类：一类是系统数据，另一类是用户数据。系统数据不可修改，投资者只能对用户数据进行修改。由于股票软件讲求时效性，因此，为保证正常使用，投资者需及时下载数据。

1. 系统数据

系统数据是股票软件的根基，包含投资者通过软件完成交易的所有数据，从基础的交易市场、交易时间、交易品种，到实时更新的行情报价、委托交易等。

系统数据的操作入口位于"选项"菜单（或称为"设置"菜单），如图 3-45 所示。系统提供了五个功能菜单：盘后数据下载、专业财务数据、日线自动写盘、数据导出、数据维护工具。

　　根据数据的时效性特征，系统数据分为盘后数据和专业财务数据。

　　盘后数据是指实现股票软件最基本功能——行情展示的基础数据。如果数据不全，在使用条件选股或者"历史行情·指标排序"功能时，系统会弹出对话框，提示本地数据可能不全，是否下载，如图 3-46 所示。单击"是"按钮，自动进入"盘后数据下载"提示框，如图 3-47 所示，选中需要的数据后，单击"开始下载"按钮。

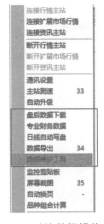

图 3-45　系统数据操作菜单　　　　　图 3-46　"盘后数据下载"对话框

　　除了系统自动弹出下载数据对话框之外，还有以下两种办法判断数据是否完整。

　　（1）在图 3-47 中查看日线、分钟线的自动提示下载日期是否都为今天的。如果距离今天很远，则数据不完整。

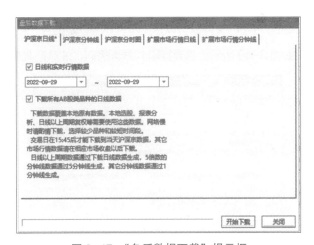

图 3-47　"盘后数据下载"提示框

（2）在日 K 线、分钟 K 线图中，查看画线是否有断缺，多观察几个品种的
成交额等数据。如果有断缺，则数据不完整。

专业财务数据主要是指与财务报表相关的财务数据。另外，实战中"北上资
金"相关统计需每日下载专业财务数据。如图 3-48 所示，左侧是财务数据包，
右侧是股票数据包，系统通常会自动检测本地计算机没有的数据包，并自动勾
选，投资者只需等待打勾结束后，单击"开始下载"按钮下载即可。

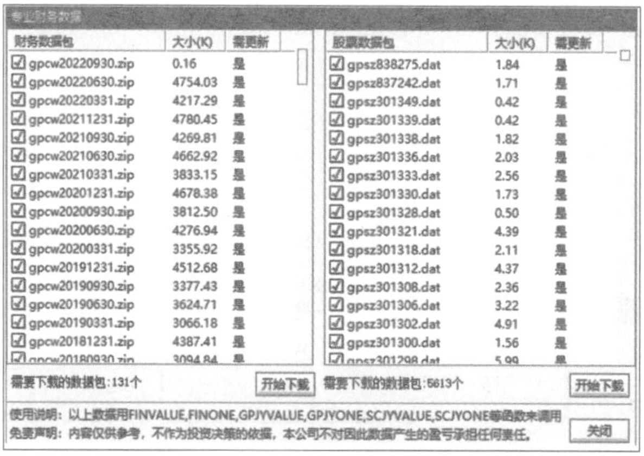

图 3-48 "专业财务数据"下载提示

勾选"日线自动写盘"后，系统会把在线浏览过的股票日线数据自动保存到
本地计算机，当没有盘后下载数据或者网络断线时，也可以进行查看。

数据导出是系统对数据的单向输出功能，可以将股票软件当前屏幕或者显示列
表导出至本地计算机。导出的文件既可以是文本，还可以是图片，有 TXT、Excel 和
PNG 三种格式，如图 3-49 所示。想要打印 K 线图表时，注意把背景色设置为白色。

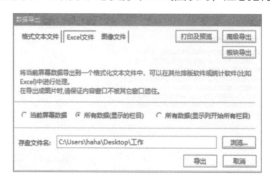

图 3-49 "数据导出"提示框

"数据维护工具"提供了批量管理数据的功能，如图 3-50 所示。左侧的 4 个图标分别是数据清理、数据备份、数据恢复、本地数据。重新安装股票软件时，通过数据备份和数据恢复，可以快速将新安装的股票软件恢复至日常使用状态。

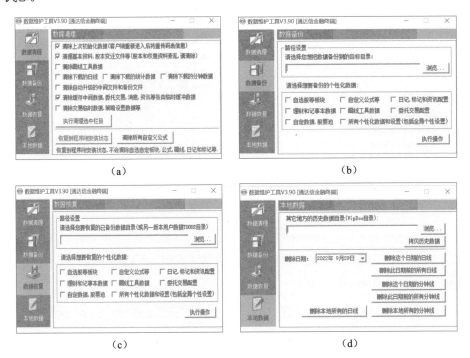

图 3-50 "数据维护工具"窗口

2. 用户数据

用户数据的操作入口位于"公式"菜单，如图 3-51 所示。系统提供了两个功能菜单：自定义数据管理器、扩展数据管理器。

自定义数据管理器可以对自定义的数据项目进行新建、修改和删除，如图 3-52 所示。自定义数据既可以用于行情报价列表页的栏目显示，也可以用于公式编写。

单击"新建"按钮，弹出"新建自定义数据"提示框，可以设定数据号、属性和数据名称三项。其中，数据号系统自动填了 1，投资者可以自定义任意数字，不是必须从 1 开始计数。注意数据号不能重复，如果已经设定了数据

号为1的自定义数据，就不能给其他自定义数据也编号1，但数据名称可以
重复。

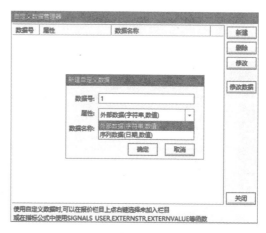

图 3-51　用户数据操作菜单　　　　　图 3-52　"自定义数据管理器"窗口

自定义数据的属性有外部数据和序列数据两种，属性一旦设定，便无法修
改。选中建好的自定义数据，单击"修改数据"按钮，可以给指定的交易品种添
加自定义数据的数值。

设置好的外部数据被存储在 signals 目录下面的 extern_user.txt 文件中，
外部数据的结构如下（如果是导出格式，则不需要数据号）：

市场 (0：深圳，1：上海，2：北京)|品种代码 | 数据号 | 文字串 | 数值

公式编写时，引用外部数据的文字串，可以使用函数 EXTERNSTR(引用
自定义外部字符串)；引用外部数据的数值，可以使用函数 EXTERNVALUE
(引用自定义外部数值)。例如：

```
EXTERNSTR(TYPE,ID)
EXTERNVALUE(TYPE,ID)
```

其中：TYPE 为 1 表示是系统保留数据；TYPE 为 0 表示是自定义外部
数据。

设置好的序列数据被存储在 signals 目录下面的 signals_user.dat 文件
中。公式编写时，引用序列数据，可以使用函数 SIGNALS_USER(引用自定

义序列数据）。例如：

```
SIGNALS_USER(11,TYPE)
```

该语句表示当前品种的 11 数据号的序列数据（自定义数据需按日期从小到大排序）。TYPE 为 1，表示作平滑处理，没有自定义数据的周期返回上一周期的值；TYPE 为 0 表示不作平滑处理；TYPE 为 2 表示没有数据则为 0。

扩展数据管理器可以批量为交易品种扩展指定的指标公式数值，如图 3-53 所示。系统预留了 100 个扩展数据。

图 3-53　"扩展数据管理器"窗口

选中任意预留数据编号，单击"修改"按钮，弹出图 3-54 所示的"扩展数据属性"提示框。

"扩展数据属性"提示框的界面设置流程与条件选股窗口类似。设置流程如下。

（1）选中某个技术指标公式，这里的可选公式与条件选股窗口不同。条件选股窗口中的可选公式均为条件选股公式类型，此处的可选公式为技术指标公式。

（2）修改"数据名称"和"计算周期"，设置"参数设置""计算时段"和"计算品种"。

图 3-54 "扩展数据属性"提示框

（3）单击"确定"按钮，回到"扩展数据管理器"窗口，如图 3-55 所示。新配置的扩展数据，系统会提示是否重新计算，单击"是"按钮，执行自动计算。

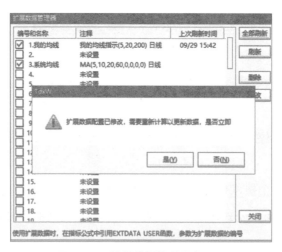

图 3-55 扩展数据管理器窗口 2

由于扩展数据属于用户数据，因此系统并不会自动计算更新。投资者只能手动刷新，计算指标数值，可以使用图 3-55 右侧的"全部刷新"按钮，也可以勾选几个指标名称"刷新"部分数据。

与自定义数据类似，公式编写时，可以使用函数 EXTDATA_USER 引用扩展数据。例如：

```
EXTDATA_USER(N,TYPE)
```

其中：N 取值为 1 ～ 100，表示提取当前品种的 N 号扩展序列数据；TYPE 为 1 表示作平滑处理，没有数据的周期返回上一周期的值；TYPE 为 0 表示不作平滑处理；TYPE 为 2 表示没有数据则为 0。

3.3.2　数据加工通用模型及专用模型

无论是系统数据，还是用户数据，都可通过公式编写进行加工。最简单的公式数据加工模型如图 3-56 所示。将公式视为一个"黑匣子"，用虚线框表示，可见部分为进入公式的输入以及公式加工后的输出。

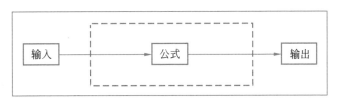

图 3-56　简易数据加工模型

在简易数据加工模型的基础上，将"公式"拆解成"语句"，再将"语句内容"拆解成"函数"，可以得到图 3-57 所示的数据加工通用模型。模型中的每一个节点之间，也就是每一个流向箭头，传输的都是"数据"。

公式的输入包含数据和参数，其中系统数据是必需的，用户数据和参数都不是必需的。系统数据和用户数据的提取有相应的引用函数，这两类数据的数值对于投资者都是"被动"数值。

认为它们是"被动"数值的原因是，投资者只能主动选择引用函数，主动选择数据名称，但是数据名称对应的具体数值并不是由投资者决定的，投资者只能"被动接受"。例如，行情报价数据和交易品种数据都是由"市场"提供的，财务数据是由企业的财务报表提供的。

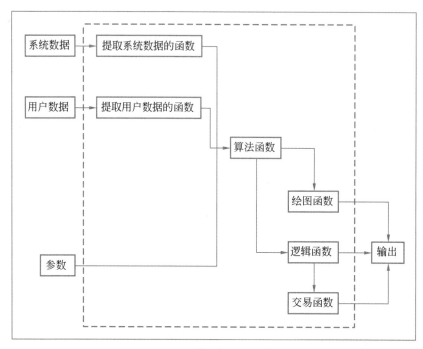

图 3-57　数据加工通用模型

　　但参数却是投资者可以"主动"设置的数值，依靠设置参数表，函数可以通过参数名称获取参数的数值。

　　图 3-57 中的虚线框替代了图 3-56 中的内容。与系统将函数分为 19 类不同，此处是从逻辑原理出发，对函数进行逻辑分类，它们与系统函数类型不存在一一对应关系。

　　虚线框中的 6 个函数，除了算法函数和逻辑函数外，其他都是功能性的，类似于俗话说的"不走脑子，光干活，叫它干啥就干啥"。左侧的两个函数用于提取需要的数据，类似于"命令计算机把数据名称对应的数值找出来"。右侧的绘图函数、逻辑函数和交易函数都能够为公式提供特定类型的输出，类似于"命令计算机把某个数据发送出去"。

　　在语法上，一个语句的输出是由"输出符"决定的。输出符包含":"":="和无输出符这三种。无论是哪种输出符的语句，都可以对应逻辑上的绘图函数、逻辑函数和交易函数。但输出符为":="的赋值语句不能作为公式的输出。

图 3-57 所示的数据加工通用模型为投资者建立了解构公式编写的核心框架：先找出公式的输入和输出，再研究输入的数据经过哪些关键环节，最终得到输出数据。有了这个架构，后续无论是投资者自己原创公式，还是研究他人写的公式，都能有的放矢、事半功倍，不再是盲人摸象，一团乱麻。

实际公式编写时，可能将提取数据的函数、算法函数、绘图函数写成一个语句，或者将提取数据的函数、算法函数、逻辑函数、交易函数写成一个语句，也可能没有算法函数或逻辑函数，抑或没有交易函数，各种情形都有可能出现，非常灵活。但万变不离其宗，图 3-57 所示的通用模型，就是公式编写的工作原理。

在不考虑用户数据和参数的情况下，常见的几种公式加工流程如图 3-58 所示。

其中，图 3-58（a）和图 3-58（b）的输出是绘图，也就是"画出来"。

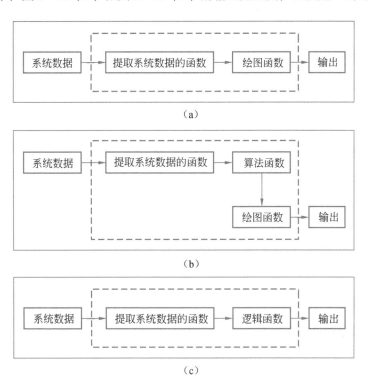

图 3-58　常见的公式加工流程图

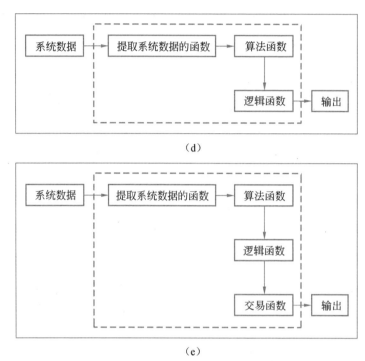

图 3-58（续）

图 3-58（c）和图 3-58（d）的输出是逻辑值，也就是"选出来"。

图 3-58（e）是在图 3-58（d）的基础上，将逻辑值转换成交易信号输出，从而建立量化交易系统，也就是"用起来"。

图 3-58 中从易到难的五个常见公式加工流程图，属于数据加工专用模型，同时也是投资者建立量化交易系统的工作流程。

3.4　四种常用数据加工方式

根据公式是否对数据进行加工，以及加工后的输出数量和类型，常用的数据加工方式主要包括：无加工、多指标、唯一逻辑值、交易信号。

3.4.1　无加工

无加工是指将输入数据直接输出的公式加工方式。用这种方式编写的公式是最简单的，只需一个引用函数就能完成，通常用在技术指标公式编写中，流程如图 3-58（a）所示。

对投资者而言，编写无加工的公式，可以快速完成"从 0 到 1"的蜕变，建立学习公式编写的信心，不断鼓励自己："我会编写公式了""我能写出想要的公式了"！

通过独立完成简单的公式编写流程，逐步理解公式系统。在调试公式的过程中，也会经常用到无加工的方式。

无加工是学习研究公式的重要工具，帮助投资者理解数据的含义。例如，图 3-4 所示固定周期收盘价与不定周期收盘价的画线，展示了遇到看不懂函数帮助说明的情况时应该如何学习研究。函数 CLOSE 和 DCLOSE 两个函数名称看上去很像，但它们在功能上肯定不一样。

要理解函数的意义，如果条件允许就先把数据画出来。例如，图 3-16 所示的板块字符函数显示效果，就是先把板块字符函数类型下各个函数显示的字符"画在副图中"，然后再分组学习理解。例如：

CODE，代表品种代码。

STKNAME，代表品种名称。

HYBLOCK，代表所属行业。

DYBLOCK，代表所属地域。

MOREHYBLOCK，代表所属细分行业。

MAINBUSINESS，代表主营构成。

HYZSCODE，代表所属行业的板块指数代码。

GNBLOCK，代表所属概念板块。

FGBLOCK，代表所属风格板块。

ZSBLOCK，代表所属指数板块。

ZHBLOCK，代表所属组合板块。

观察这些函数名称，它们的命名方式多样。有的函数名称只使用英文，如 CODE（中文含义是代码）、STKNAME（STK 是股票英文 STOCK 的缩写，NAME 的中文含义是名称）、MOREHYBLOCK（中文含义是所属行业的下一级细分行业）、MAINBUSINESS（中文含义是主营业务）；有的函数名称使用的是"拼音＋英文"，如 BLOCK（中文含义是板块），在它前面加拼音缩写 HY（行业）组成 HYBLOCK（所属行业），同理，还有加 DY（地域）组成 DYBLOCK（所属地域）、GN（概念）组成 GNBLOCK（所属概念板块）、FG（风格）组成 FGBLOCK（所属风格板块）、ZS（指数）组成 ZSBLOCK（所属指数板块）、ZH（组合）组成 ZHBLOCK（所属组合板块），又如在 CODE（代码）前面加 HYZS（行业指数），组成 HYZSCODE（所属行业的板块指数代码）。

3.4.2 多指标

多指标是指公式具有多个输出数据。它与"无加工"不存在互斥关系，无加工针对的是数据加工过程，多指标针对的是公式输出结果。

技术指标公式最多允许 100 条输出线，一个公式既可以是"无加工"，同时也符合"多指标"。例如，图 3-4 输出了两条指标线，一条代表固定周期收盘价，一条代表不定周期收盘价；图 3-16 中有 22 个输出，每个 DRAWTEXT_FIX 函数都是一个输出。

3.4.3 唯一逻辑值

唯一逻辑值是指公式只输出一个数据，并且是逻辑判断的布尔值，即不是 0 就是 1。它是条件选股公式和五彩 K 线公式的必要条件。数据加工流程如图 3-58（c）和图 3-58（d）所示。关于逻辑函数与输出的关系，如图 3-25所示。

"逻辑值"的概念，不同于最多允许 100 条输出线的技术指标公式，画线毕竟是形象的，肉眼可见。而"逻辑值"是理性思维过程的最终结果，是完成从"人能懂的道理"到"计算机能懂的语言"的最后一步。计算机最终传输的是"人类不懂的"电子信号，转换成的"人类能懂的"数字信号，归根结底就是"0"和"1"。

本书反复提及"逻辑"的概念，并且从不同的角度进行阐述，目的是希望没有软件开发经验的投资者，可以逐渐理解。毕竟它是实现从"画出来"到"选出来"的关键点，也是构建量化交易系统的核心底层概念。

　　用自然语言来描述逻辑判断，确实很简单。先设定条件，然后根据输入的数据进行判断，满足条件输出 1，不满足条件输出 0。

　　但编写公式时，一旦某个细小的逻辑环节没做到位，结果真的可能谬以千里。最基础的三个逻辑判断"与""或""非"，投资者必须要掌握，它们的原理图如图 3-59 ~ 图 3-61 所示。

　　逻辑"与"和"或"可以输入多个条件，每个条件之间用逻辑函数连接。图 3-59 和图 3-60 中使用了两个条件，仅为了方便讲解。

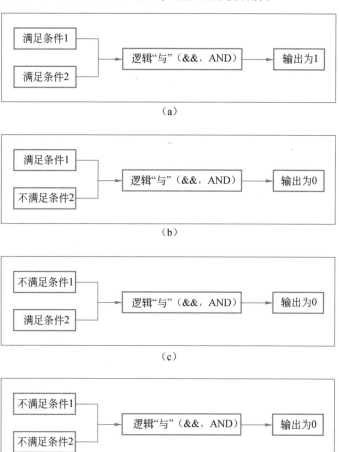

图 3-59　逻辑"与"原理图
（a）1 && 1 = 1；（b）1 && 0 = 0；（c）0 && 1 = 0；（d）0 && 0 = 0

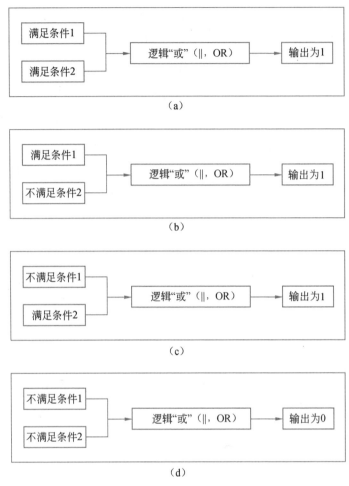

图 3-60 逻辑"或"原理图

（a）1 ‖ 1 = 1；（b）1 ‖ 0 = 1；（c）0 ‖ 1 = 1；（d）0 ‖ 0 = 0

逻辑"与"要求所有输入都为 1 时，才能输出 1；只要有一个输入是 0，输出就是 0。

逻辑"或"要求所有输入都为 0 时，才能输出 0；只要有一个输入是 1，输出就是 1。

逻辑"非"只有一个输入条件，输出是对输入取相反值。简单记忆就是，输入 0，输出 1；输入 1，输出 0。

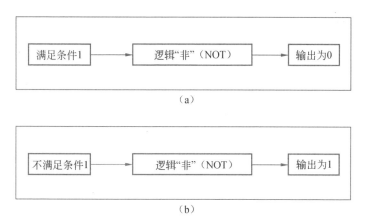

（a）

（b）

图 3-61　逻辑"非"原理图
（a）NOT 1 = 0；（b）NOT 0 = 1

解构基础逻辑判断后，再看"条件选股"窗口，如图 3-62 所示。如果同时使用多个选股条件，只要"选股条件列表"加入了两个及以上条件，单选框"全部条件相与""全部条件相或"就会从灰色不可选，变回正常可选状态。

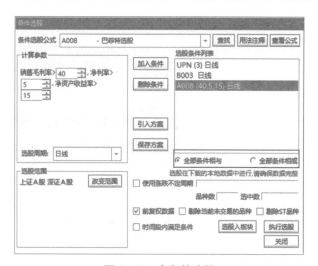

图 3-62　多条件选股

图 3-62 中的选股条件列表有三个条件：① UPN(3) 连涨 3 天；② B003 内外盘选股（上涨）；③ A008 巴菲特选股。

选中"全部条件相与"，则选股结果必须同时满足三个条件，即：

```
1 && 1 && 1 = 1
```

选中"全部条件相或"，则选股结果只要求满足三个条件之一，即：

```
1 || 1 || 1 = 1
1 || 1 || 0 = 1
1 || 0 || 1 = 1
0 || 1 || 1 = 1
1 || 0 || 0 = 1
0 || 1 || 0 = 1
0 || 0 || 1 = 1
```

3.4.4 交易信号

交易信号是交易型指标公式的特有信号，它是在唯一逻辑值的基础上加工而成的。为了让投资者在熟练使用交易信号之后，再投入实战，专家系统公式应运而生。建议投资者先用好函数 ENTERLONG 和 EXITLONG，然后再使用函数 BUY 和 SELL。

公式加工交易信号的流程图，如图 3-58（e）所示。它具有完整的数据采集、数据分析计算、计算结果判定、交易信号输出功能。这套流程保证了执行交易时的"纯理性"状态。机器才不会因为心血来潮"主观想买""主观想卖"而进行交易。

只要完成了交易型指标公式，就建好量化交易系统了吗？当然不是。一个能够投入实战的量化交易系统必须经过反复测试，连设置参数也是个技术活。

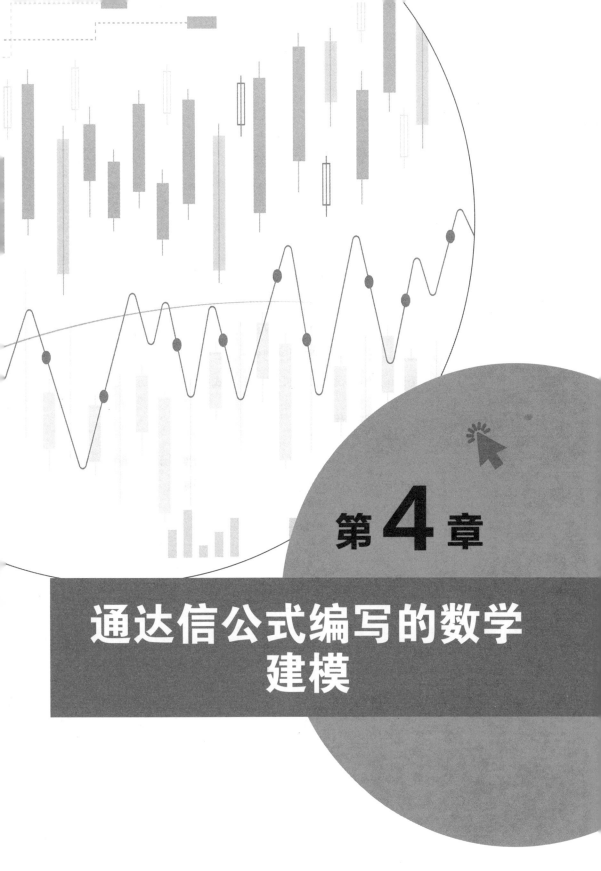

第**4**章

通达信公式编写的数学建模

4.1　数学建模是原创公式的关键环节

"原创公式"与"零门槛"直接使用系统公式、修改公式、组装公式不同，它要求投资者在"数理逻辑"方面已经建立起基本的思维范式。将自然语言翻译成可量化编程的语言时，需要掌握简单的数学建模基础。例如，会在纸上手绘如图 2-61 所示的流程图、图 2-62 的时间序列分析图、图 2-65 的 K 线计数原理图、图 2-78 的价格空间定位示意图、图 2-87 的孕线假突破形态示意图等。

4.1.1　原创公式的编写流程

原创公式编写与实现公式的过程，类似于造汽车，也类似于时尚设计，首先需要画出蓝图，然后利用各种函数工具去实现，如图 4-1 所示。

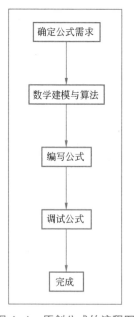

图 4-1　原创公式的流程图

原创公式的第一步是确定公式需求，回答"想要编个公式干什么"。此时只需使用自然语言回答该问题，无须翻译成诸如"01010011"这种机器语言。

4.1.2　可以视为公式需求的语句

在本书众多案例中，下面的话均可以视为描述公式需求的语句。

（1）在主图中央显示"你好公式编写"。

（2）在副图中显示"2022 年 Q1 季报净利润增长率"及数值。

（3）选出"2022 年第一季度净利润增长率大于 100%"的股票。

（4）选出"连续三年净利润增长率大于 50%"的股票。

（5）在主图中显示多条均线，修改均线颜色粗细，标记金叉死叉，更换标记图标。

（6）以出现均线金叉为条件进行选股。

（7）以出现 Pinbar 锤子线为条件进行选股。

（8）选出具有 Fakey 孕线假突破形态的股票。

（9）画出 Fakey 孕线假突破形态的支撑位、阻力位，标记假突破 K 线。

（10）对比固定周期收盘价与不定周期收盘价的特征。

（11）函数 DAYSTOTODAY（离今天的天数），它是如何计算日期的？

（12）比较自 2022 年 6 月 14 日至 2022 年 8 月 24 日期间，个股与创业板指数的表现情况。

（13）板块字符函数显示的信息是什么？

（14）以"过去 10 天出现 3 根接近涨停板的大阳线"为条件进行选股，选股范围仍选用"上证 A 股""深证 A 股"，但剔除创业板、科创板和北证的股票。

（15）以连续 7 日上涨为选股条件。

（16）如何正确使用跨周期引用符号"#"？

（17）获取开盘后 30 分钟（早盘）的成交量和收盘前 30 分钟（尾盘）的成交量。把 30 分钟变成可任意设置的参数，自动显示从几时几分到几时几分之间的成交量之和。

（18）大势型指标公式 ADL 腾落指标到底是哪条指标线？

（19）系统公式 KDJ 指标画了 3 条线，如何根据指标线找买卖点。

看完这些公式需求，是否有种"公式仿佛无所不能"的感觉？

这些需求涵盖了如何使用函数、如何理解指标线、如何基本面选股、如何以金叉作为买点选股、如何标记指标的买卖点、如何比较大盘与个股的表现、如何统计区间成交量、如何利用公式系统编写华尔街当下最流行的 Pinbar 和 Fakey 形态等。

公式系统作为一个开放平台，确实能够完成构建量化交易系统的所有事情，但首先要求投资者可以明确"我要什么"。

正因如此，本书才建议投资者先学习各种系统公式，这是了解公式系统"能做什么"的最快方式。

以技术指标公式为例，在副图画线的系统公式数量明显多于主图。尽管主图、副图共用同一个横坐标，但主图的纵坐标是以"价格"为基础，即使是对数坐标系，或者等比坐标、黄金分割坐标，都暗含了"价格基础"的前提条件。副图却不同，副图的纵坐标是多元化的，如成交量的纵坐标单位是"手"，ADL 指标线单位也是"手"，KDJ 指标是数值（如 0、20、50、80、100），MACD 指标则是 0 轴为中心上下对称等。只有了解主图、副图的隐含规则，在描述公式需求时，才知道选哪种画图方式更加合适。

再看条件选股公式，系统公式提供了指标条件、基本面、即时盘中、走势特征、形态特征和其他类型等六种类型的选股公式。仔细研究选股公式就会发现，除了基本面和即时盘中的选股公式，大部分选股公式都使用了函数 CROSS 作为唯一逻辑值的输出。这意味着，在描述选股公式需求时，经典用法就是利用两条线的交叉点，这两条线既可以是曲折的指标线，还可以是一条固定的横线。

然后是专家系统公式，系统提供了 15 个公式，这就是 15 种常见指标买卖点标记法。

最后是 36 个五彩 K 线公式，它们是 36 种经典 K 线形态的公式示范。

即便这些系统公式都无法满足实际投资需求，但有了它们作基础，当投资者表达"我想要一个公式来做什么"的时候，就可将这些通用词汇"组装"成任何公式编写专业人士都懂的语言了。即使自己没时间编写公式，寻找一个会写公式的人也能根据需求写出来，毕竟它使用了"行话"来描述需求。

4.1.3　无法作为公式需求的语句

无法作为公式需求的语句，简而言之就是"模糊的语句"。例如，选出今天所有的强势股，选出上半年的大牛股。

尽管这两个语句具有"今天""所有""上半年"这种包含限制范围的词汇，但"强势股""大牛股"这两个词是模糊的，"模糊"意味着无法进入到公式编写的下一步工作——数学建模。

怎样能使模糊的语句变得"不模糊"呢？关键在于"建立标准"，就算制定的标准不完善，也要先解决"有没有"的问题，至于"好不好"的问题可以留到最后。例如，可以将"大牛股"完善特征如下。

（1）上市时间不太长。

（2）尚未经过大幅度的疯狂炒作。

（3）总市值不大。

（4）基本面尚可。

（5）行业题材属于热点。

将"模糊"的词汇特征丰富之后，就可以逐条分析，开始编写公式了。假如对选股结果不满意，就反向追踪看看具体哪条特征不妥，然后再修改公式。调试公式是个反复的过程，经典公式都是经过千锤百炼的。

总之，造成公式编写的结果与最初设想不一致的情形，有多种原因：可能是"公式写错了"；也可能是"最初需求错了"等。具体问题要具体分析，何时对结果满意了，方可视作"完成"，全凭主观经验判断。

4.2　数学建模与算法——以 RSI 相对强弱指标与 DBQR 对比强弱指标为例

数学建模是指通过分析公式需求，抓取关键数据，将其转化成数学模型的过程。有些公式需求会根据复杂的数学公式写算法，有些公式不需要写算法。但只要是与选股、交易需求相关的公式，都会有逻辑判断。

下面以两个指标名称雷同，但公式需求完全不同的系统公式——RSI相对强弱指标和DBQR对比强弱指标为例，讲解如何进行数学建模以及编写算法公式。

4.2.1 RSI相对强弱指标的数学建模与算法

RSI（Relative Strength Index，相对强弱指标）是1978年技术分析大师威尔斯·威尔德（Wells Wilder）发明的技术分析工具。它反映了市场中买方力量和卖方力量的相对大小，常用于股票和期货市场分析。

RSI的计算公式为

$$RSI = \frac{N\text{日内收盘价涨幅均值}}{N\text{日内收盘价涨幅均值} + N\text{日内收盘价跌幅均值}} \times 100\%$$

首先，抓出关键数据。此公式的关键数据是"涨幅"和"跌幅"。

对照图1-19的主图指标显示功能示意图，图中的涨幅显示为"0.01（0.22%）"。计算RSI指标时，应该使用0.01，不用0.22%。说明计算"涨幅"是计算收盘价的上涨价格空间，计算"跌幅"是计算收盘价的下跌价格空间。

假设某日涨幅显示为"−0.47（−2.65%）"，说明该日不是涨，而是跌。下跌的幅度是0.47。因此计算"跌幅"时，实际上是将原来的当日收盘价减去前一日收盘价的负数，再取绝对值。只取数值，不要负号"−"。

然后，把每日的收盘价"涨幅"和"跌幅"的绝对值，在副图画出指标线"收盘价格幅度"，如图4-2所示。

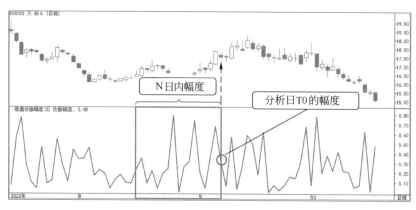

图4-2　RSI公式原理图1

指标线"收盘价格幅度"的公式编写如下:

```
ABS(CLOSE-REF(CLOSE,1)),COLORBLUE,LINETHICK2;
```

由于正数的绝对值还是正数,因此把每天的涨幅都取绝对值 ABS,就能画出"收盘价格幅度"指标线。

在图 4-2 中,选定任意一天 T0 为分析日,如果使用简单平均,则 T0 的 RSI 值计算方法为

$$RSI(\text{T0}) = \frac{\Sigma N \text{ 日的涨幅 }/N}{\Sigma N \text{ 日内幅度 }/N} \times 100\%$$

由于图 4-2 中只有公式的分母,下面补上分子的指标画线,如图 4-3 所示。其中,分子的指标线为红色。

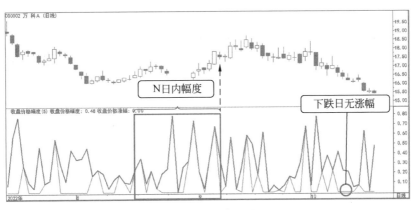

图 4-3　RSI 公式原理图 2

由于单日涨幅是常用变量,两条指标线都会用到,因此将其提取出来作为赋值语句"价格幅度",写在第一行,编写公式如下:

```
价格幅度 :=CLOSE-REF(CLOSE,1);
收盘价格幅度 :ABS( 价格幅度 ),COLORBLUE,LINETHICK2;
收盘价格涨幅 :IF( 价格幅度 >0, 价格幅度 ,0),COLORRED;
```

完成分子和分母的两条指标线后,补上简单平均和百分比计算,就完成了 RSI 指标公式的算法公式"我的 RSI"。公式如下:

```
我的 RSI:MA( 收盘价格涨幅 ,N)/MA( 收盘价格幅度 ,N)*100;
```

4.2.2 DBQR 对比强弱指标的数学建模与算法

DBQR（"对比强弱"的拼音首字母）指标是由变动率（ROC，Rate of Change）指标改进而来，通过比较大盘和个股的变动率，判断个股相对于大盘的强弱情况。

要得到 DBQR 指标，就要先研究 ROC 指标。ROC 指标是由查拉尔·阿佩尔（Gerald Apple）和弗雷德·海契尔（Fred Hitschler）在 *Stock Market Trading Systems*（《股市交易系统》）一书中介绍的，查拉尔·阿佩尔还是 MACD 指标的发明者。ROC 指标可以用于测量价位动量，主要用于观测行情的常态性和极端性。

ROC 的计算公式为

$$ROC = \frac{当日收盘价 - N \, 日前的收盘价}{N \, 日前的收盘价}$$

首先，抓取关键数据。该公式的关键数据是"收盘价"。公式原理如图 4-4 所示。

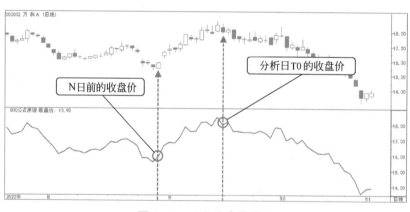

图 4-4　ROC 公式原理图

然后，写出完成算法公式"我的 ROC"。公式如下：

```
我的 ROC:(CLOSE-REF(CLOSE,N))/REF(CLOSE,N);
```

对比 ROC 的算法公式与 RSI 的算法公式。相同点是：①关键数据都与收盘价有关；②都有参数 N 日。不同点是：① ROC 直接取用当日收盘价和 N 日前的收盘价，含义是以 N 日前的收盘价为基准，观察当日的价格变动幅度，着眼于时间点的数值；②RSI 需要将 N 日内的收盘价变动幅度求和，分子是涨幅求和，分母是每天幅度的绝对值求和，含义是以 N 日内的所有幅度变化为基准，观察从 N 日前累积至当日的所有涨幅，着眼于时间段的数值。

两个公式的不同点正是公式发明者将"模糊的公式需求"变得"不模糊"的关键。

下面回到 DBQR 对比强弱指标，DBQR 指标要求比较大盘和个股的变动率，而 ROC 指标仅针对个股变动率。

因此，DBQR 指标的算法公式就是两个公式：一个是 ROC 的算法公式，另一个是大盘变动率。

大盘变动率的计算公式为

$$ROC（大盘）= \frac{当日大盘的收盘价 - N 日前大盘的收盘价}{N 日前大盘的收盘价}$$

大盘变动率的算法公式如下：

```
大盘 ROC：(INDEXC-REF(INDEXC,N))/REF(INDEXC,N);
```

其中：大盘的收盘价为函数 INDEXC，属于指数标的函数类型；INDEX 系列函数包括 INDEXA 大盘的成交额、INDEXADV 大盘的上涨家数、INDEXDEC 大盘的下跌家数、INDEXC 大盘的收盘价、INDEXH 大盘的最高价、INDEXL 大盘的最低价、INDEXO 大盘的开盘价和 INDEXV 大盘的成交量等。

4.3　编写公式与调试——以 RSI 相对强弱指标与 DBQR 对比强弱指标为例

完成算法公式，相当于写完了公式的 80%。此时的公式可能没有语法错误，可以保存，可以画指标线；也可能留有语法错误，处于无法保存的状态。它们均属于公式的阶段性状态，后续还要以算法公式为核心，完善公式输入和输出，最终达到公式"完成"的程度。

4.3.1 编写调试公式 RSI 相对强弱指标

首先，新建指标公式"我的 RSI"，将算法公式复制在公式编写区，如图 4-5 所示。

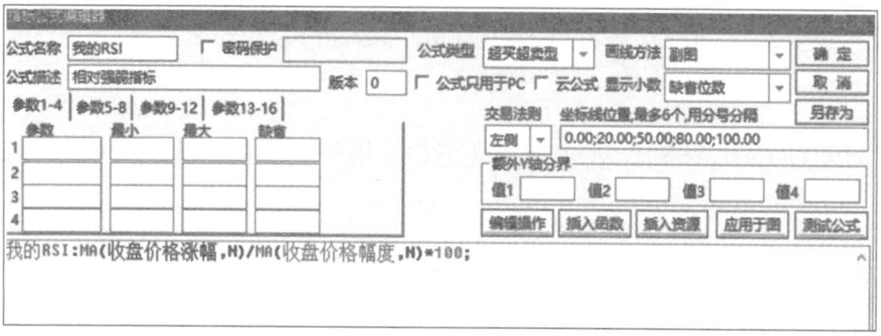

图 4-5 新建"我的 RSI"指标公式

然后，在算法公式前补充两个输入语句"收盘价格涨幅"和"收盘价格幅度"，并在参数表中设置参数 N，如图 4-6 所示。

其中："收盘价格涨幅""我的 RSI"这两个语句名称是蓝色的，原因是它们与当前股票软件中的公式名称相同。此处的语句内容对两个名称重新赋值，不影响公式编写。

参数 N 表示时间段的天数，最小值为 2 天，最大值为 200 天，缺省值为 5 天。

公式中除了最后一行输出画线外，其余均为赋值语句，输出符为":="。

图 4-6 完善"我的 RSI"指标公式

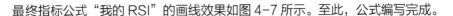

最终指标公式"我的 RSI"的画线效果如图 4-7 所示。至此，公式编写完成。

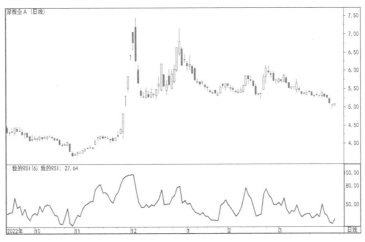

图 4-7　"我的 RSI"指标公式画线效果图

对比"我的 RSI"与系统公式"RSI"，开始进行调试公式。

在股票详情页，打开副图功能菜单，选择"指标窗口个数"—"3 个窗口"命令，或按快捷键 Alt+3，设置两个副图。

将第一个副图指标设置为"我的 RSI"，第二个副图指标设置为系统公式"RSI"，如图 4-8 所示。由于系统公式的参数缺省值是（6，12，24），为便于对照，这里将"我的 RSI"参数 N 也改成 6。

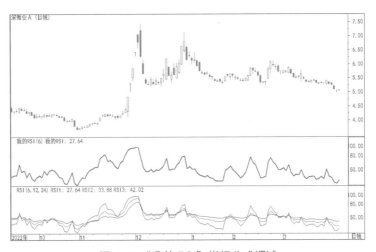

图 4-8　"我的 RSI"指标公式调试

可以看到系统公式 RSI 有 3 条指标线，其中黑线与"我的 RSI"走势类似。单击第二个副图，按快捷键 Alt+S，查看系统公式"RSI"的公式源代码，如图 4-9 所示。

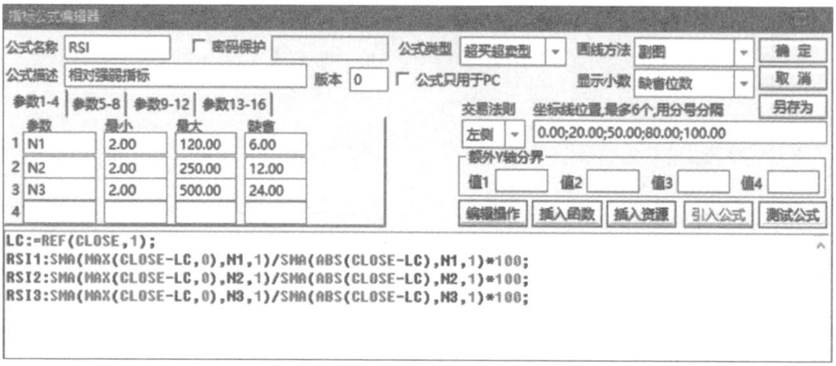

图 4-9　系统公式"RSI"的公式源代码

对比图 4-6 与图 4-9 中的公式，差异主要有以下两点。

（1）系统公式"RSI"使用 SMA 均线工具，"我的 RSI"使用了简单平均 MA。

（2）系统公式"RSI"画了 3 条指标线，周期分别是 6 日、12 日、24 日。因此 24 日的 RSI3 指标线比 12 日的 RSI2 指标线更平滑，12 日的 RSI2 指标线比 6 日的 RSI1 指标线更平滑。

那么"我的 RSI"公式也能与系统公式 RSI 的画线效果一模一样吗？当然可以。针对前面提到的两个不同点，按照以下步骤修改"我的 RSI"公式，如图 4-10 所示。

（1）修改第四行"我的 RSI"语句内容，将函数 MA 改为函数 SMA，由于函数 MA 的输入有 2 个，而函数 SMA 的输入是 3 个，相应增加第三个输入，参考系统公式，也设置为 1。删除自定义画线设置"，COLORBLUE，LINETHICK2"。

（2）复制第 4 行，粘贴在第 5 行和第 6 行。

（3）按照图 4-10，修改语句名称，系统不允许三个语句名称完全一样，因此分别将其改为：我的 RSI 快线、我的 RSI 中线、我的 RSI 慢线。

（4）按照图 4-10，修改参数表，设置快线缺省值为 6，中线缺省值为 12，慢线缺省值为 24。

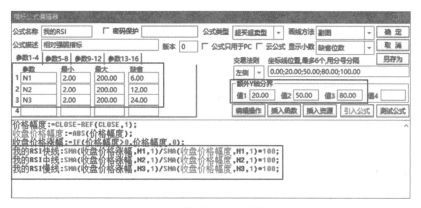

图 4-10　修改公式"我的 RSI"

（5）为了与系统公式的显示稍加区分，参照图 4-10，增加"额外 Y 轴分界"，将其值设置为 20、50、80。

如图 4-11 所示，"我的 RSI"指标线的画图与系统公式"RSI"一模一样。以 2023 年 3 月 31 日为例，三个 RSI 的数值完全相等。

```
我的 RSI 快线 =RSI1=27.64
我的 RSI 中线 =RSI2=33.88
我的 RSI 慢线 =RSI3=42.02
```

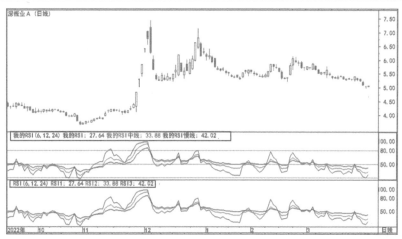

图 4-11　"我的 RSI"指标公式调试 2

调试"我的 RSI"指标公式，可以算作"完成"了。

对比图 4-9 和图 4-10，可以看出即使画线结果完全一样，公式也可以写得不同。

同样的画线取决于核心算法都采用了 SMA 均线工具实现 RSI 公式，同时使用了相同的画线设置，即系统默认的画线规则，显示效果没有使用自定义线条。

不同的公式是由于算法公式的输入采用了不同的写法。系统公式"RSI"使用的是函数 MAX，"我的 RSI"公式使用了函数 IF。在这个场景中，两种用法是等价的。

最后，实战中到底选用 1 条 RSI 指标线，还是 3 条 RSI 指标线；或是选用 MA 均线工具，或者 SMA 均线工具，甚至 EMA 指数移动平均都可以。

4.3.2　编写调试公式 DBQR 对比强弱指标

首先，新建指标公式"我的 DBQR"，将算法公式复制在公式编写区，如图 4-12 所示。

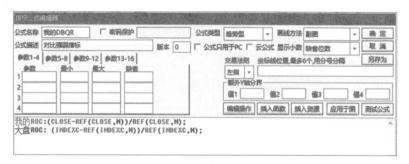

图 4-12　新建"我的 DBQR"指标公式

然后，在参数表中补上参数 N，缺省值设置为 5，如图 4-13 所示。

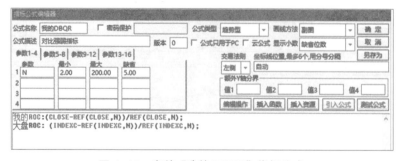

图 4-13　完善"我的 DBQR"指标公式

DBQR 指标的算法公式比 RSI 简单，最后设置指标线的颜色和粗细，如

图 4-14 所示。红色指标线为"我的 ROC",蓝色指标线为"大盘 ROC"。

图 4-14 "我的 DBQR"指标公式画线效果图

同样地,对比"我的 DBQR"与系统公式"DBQR",我们开始调试公式。

按快捷键 Alt+3,设置两个副图。将第一个副图指标设置为"我的 DBQR",第二个副图指标设置为系统公式"DBQR",如图 4-15 所示。

图 4-15 "我的 DBQR"指标公式调试

可以看到系统公式 DBQR 有 5 条指标线,其中蓝线与"我的 DBQR"红线走势相同，黑线与"我的 DBQR"蓝线走势相同。单击第二个副图，按快捷键 Alt+S，查看系统公式 DBQR 的公式源代码，如图 4-16 所示。

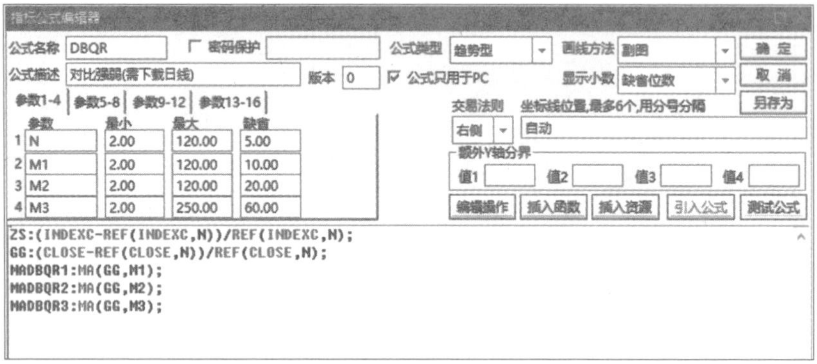

图 4-16　系统公式"DBQR"的公式源代码

对比图 4-13 与图 4-16 中的公式，差异主要有以下两点。

（1）系统公式"DBQR"先画大盘对比强弱指数线，公式名称为 ZS（"走势"的拼音首字母）；后画个股对比强弱指数线，公式名称为 GG（"个股"的拼音首字母）。

（2）系统公式"DBQR"多画的 3 条指标线，均是基于个股对比强弱指数线 GG 作了简单均线平滑，周期分别是 10 日、20 日、60 日。因此 60 日的 MADBQR3 指标线比 20 日的 MADBQR2 指标线更平滑，20 日的 MADBQR2 指标线比 10 日的 MADBQR1 指标线更平滑，10 日的 MADBQR1 指标线比个股对比强弱指数线 GG 更平滑。

那么"我的 DBQR"公式也能画得与系统公式 DBQR 一模一样吗？当然可以。过程就不赘述了，大体还是在图 4-13 的公式后面，继续写三行函数 MA，第一个输入都用"我的 ROC"指标线，第二个输入分别设置 3 个时间周期 10 日、20 日、60 日。保存公式后，就可以看到两个副图画线一致。

下面要讨论的问题是：系统公式 DBQR 画图这么乱，实战中应如何使用呢？这五条指标线都符合原始公式需求吗？

要回答这些问题，必须回到 DBQR 指标的原本定义：比较大盘和个股的变动率，判断个股相对于大盘的强弱情况。

如果个股比大盘的走势更强，那么个股 ROC 指标线的数值应该远远大于大盘 ROC 的数值；如果个股比大盘的走势弱，那么个股 ROC 指标线的数值应该远远小于大盘 ROC 的数值。

换言之，以大盘 ROC 指标线为基准，观察个股 ROC 指标线与大盘 ROC 指标线的距离，更具有指导性意义。

在图 4-13 中的公式后面，继续编写公式，如图 4-17 所示。

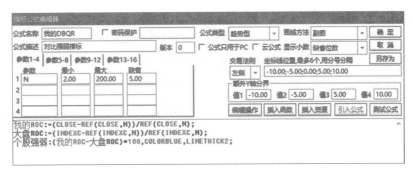

图 4-17　修改我的 DBQR 的公式

增加第 3 行公式，并把差值放大 100 倍显示，然后补上"坐标线位置"和"额外 Y 轴分界"。

画图效果如图 4-18 所示。为了令数据意义更清晰，按快捷键 Ctrl+O（字母 O，不是数字 0），选择叠加的品种。当前以 000006 深振业 A 进行个股测试，在主图叠加深证成指，并将主图的纵坐标改为"百分比坐标"。

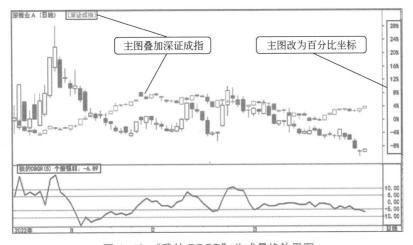

图 4-18　"我的 DBQR"公式最终效果图

观察图4-18，个股与大盘的波动并不是完全同步的，有时个股比大盘涨得多，有时个股比大盘跌得多。而副图指标公式"我的DBQR"作出的指标线"个股强弱"，形象地展示了每日个股与大盘的对比强弱情况。

在此基础上，可以参考ADL腾落指标的逻辑，把"个股强弱"指标线求和，编写指标公式"我的DBQR2"，如图4-19所示。

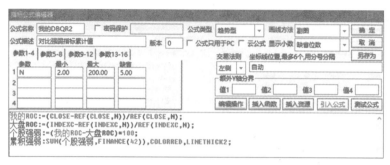

图4-19　新建"我的DBQR2"公式

编写要点：自股票上市之日开始求和，坐标线自动显示，指标线设置为红色2号粗。

保存新公式，显示效果如图4-20所示。按快捷键Alt+3，设置两个副图，第一个副图设置指标为"我的DBQR"，第二个副图设置指标为"我的DBQR2"。相比于单日"个股强弱"指标线，根据求和之后的"累积强弱"指标线，便可以看出个股总体跑赢大盘的情况。

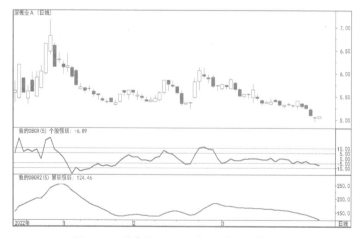

图4-20　"我的DBQR2"公式显示效果图

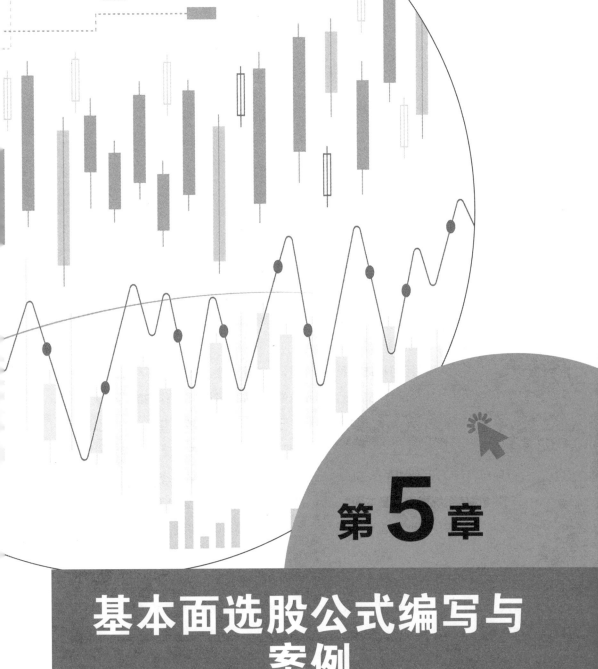

第5章

基本面选股公式编写与案例

5.1　基本面选股公式编写原理

沪深京交易所共计包含几千只股票，投资者在对个股技术分析之前，应先使用基本面选股，筛选出最近一季度或者最近一年基本面表现稳定的股票，避免交易可能出现业绩地雷的个股。除此之外，还要不定时地更新股票池，维持观察百只以内的股票，不要贪多。

实战中无论采用何种选股策略，最好都创建一个与选股策略对应的专用板块，用于存放选股结果，然后设置选股条件。假如近期市场炒作的热门板块是石油、天然气、煤炭、医疗等，并且领涨股已经启动，则后续这些板块的领涨股可能还会继续上涨，或者板块中会有其他股票陆续跟上。先创建一个自定义板块"近期热门"，然后新建条件选股公式，选用板块字符函数编写公式筛选股票。

通达信系统中的"基本面"选股包含低动态市盈率、营业利润率、市净率、次新股、PEG、巴菲特选股、轻资产小型成长股和可能的指标股或标的股这八个系统公式。

其中，低动态市盈率和 PEG 使用了即时行情函数 DYNAINFO(39)，其余公式主要使用财务函数 FINANCE(n) 以及常用时间序列函数收盘价 CLOSE 和成交量 VOL。

5.2　通达信公式系统中最神奇的选股公式

"可能的指标股或标的股"是通达信的系统公式，要求选出的股票同时满足下列三个选股条件：①连续 20 天流通市值均大于 30 亿元；② 60 天累计换手率大于 25%；③流通股本大于 3 亿元。

按快捷键 Ctrl+T，进入"条件选股"窗口，选中"A011 可能的指标股或标的股"，加入选股条件，勾选"剔除当前未交易的品种"和"剔除 ST 品种"，单击"执行选股"按钮，查看选股结果，如图 5-1 所示。

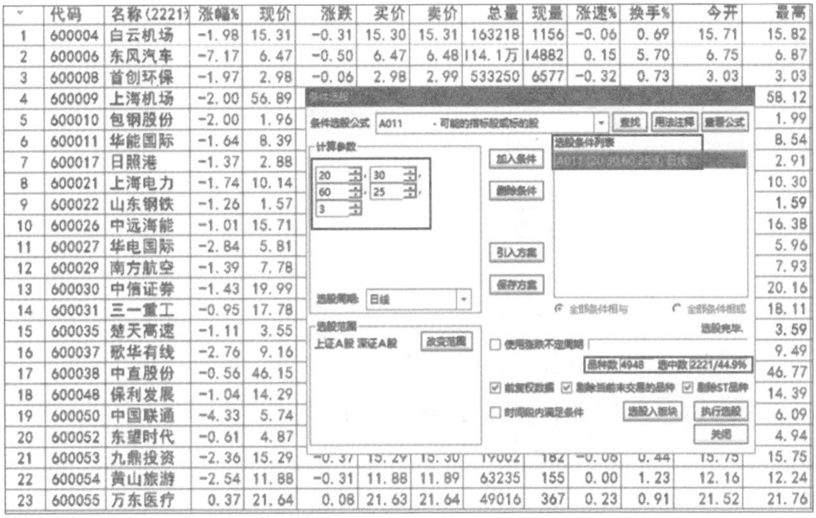

图 5-1 "可能的指标股或标的股"选股

本次选股从 4948 只股票中，选出了 2221 只，选中率为 44.9%。换句话说，在"上证 A 股"和"深证 A 股"有 44.9% 的股票满足选股条件。

细心的读者会发现图 5-1 中的设置"计算参数"选择框中，5 个参数排放整齐，没有相应的提示文字，令不清楚每个参数含义的投资者无从下手。并且接近 50% 的选中率，选出的股票大部分都是成分股，该选股法仅适用于专业投资机构选股的初步筛选器。

单击"查看公式"按钮，打开如图 5-2 所示的公式编辑器，单击"参数精灵"按钮。可以看到 5 个参数采用了最简短的方式表示。这 5 个参数的具体含义分别如下。

参数 1：天数，用于输入统计流通市值的天数。

参数 2：市值，用于设定流通市值的最小值，单位是亿。

参数 3：天数 2，用于输入累计换手率的天数。

参数 4：换手，用于设定累计换手率的最小值。

参数 5：股本，用于设定流通股本的最小值。

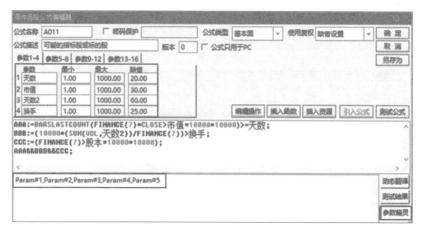

图 5-2 "可能的指标股或标的股"公式编辑器

读者可以根据个人的交易经验，调整上述 5 个参数的数值，筛选股票。通常选股结果在 100 只左右的参数更具有实战性，手动二次选股也更省时省力。

此外，还可以使用后两个条件，编写强势股的选股公式，如图 5-3 所示。注意在"参数精灵"的输入框稍作修改，并将语句名称分别从 BBB、CCC 换成中文名称"近期换手率""股本量"。

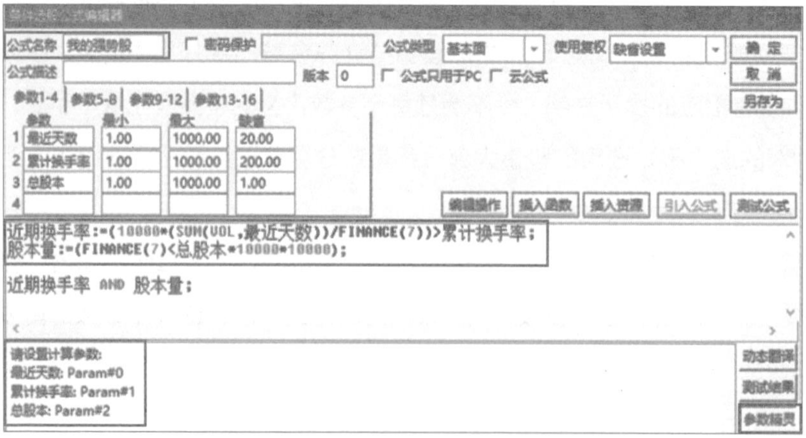

图 5-3 "我的强势股"选股公式编辑器

回到"条件选股"窗口，选中"我的强势股"，加入选股条件，勾选"剔除当前未交易的品种"和"剔除 ST 品种"，单击"执行选股"按钮，查看选股结果，如图 5-4 所示。

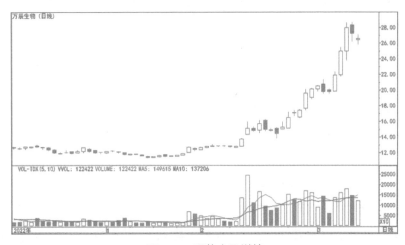

	代码	名称(92)	涨幅%	现价	涨跌	买价	卖价	总量	现量	涨速%	换手%	今开	最高
1	603097	江苏华辰	-3.55	20.91	-0.77	20.90	20.91	41834	478	0.00	10.46	21.08	21.40
2	603130	云中马	-5.21	27.50	-1.51	27.50	27.51	51932	603	0.00	14.84	28.91	28.91
3	603163	圣晖集成	10.01	35.93	3.27	35.93	—	52984	231	0.00	26.49	32.88	35.93
4	603173	福斯达	-0.38	26.55									26.86
5	603182	嘉华股份	-1.84	17.65									17.91
6	603190	亚通精工	-4.34	32.16									33.44
7	603211	晋拓股份	-1.90	16.49									17.00
8	603272	联翔股份	-2.59	18.78									19.25
9	603281	江瀚新材	-0.13	59.88									61.09
10	603307	扬州金泉	-0.67	62.29									63.49
11	605389	长龄液压	-2.32	30.31									31.14
12	688147	微导纳米	4.14	34.99									35.88
13	688207	格灵深瞳-U	-0.69	37.60									38.82
14	688228	开普云	-2.11	46.41									47.87
15	688229	博睿数据	-5.35	55.00									58.68
16	688247	宣泰医药	-0.20	15.16									15.33
17	688253	英诺特	0.86	28.13									28.50
18	688292	浩瀚深度	-4.86	30.37									32.23
19	688307	中润光学	1.68	38.80									39.28
20	688327	云从科技-UW	-4.23	27.64									29.03
21	688362	甬矽电子	0.75	26.71	-0.20	26.70	26.71	43565	1011	0.04	9.58	26.80	27.35
22	688416	恒烁股份	-0.77	47.92	-0.37	47.92	47.94	11936	212	-0.16	6.34	47.82	49.46
23	688419	耐科装备	1.27	39.19	0.49	39.15	39.19	45426	368	-0.12	24.36	39.00	40.86

图 5-4 "我的强势股"选股

本次选股从 4948 只股票中，选出了 92 只，选中率为 1.9%。换句话说，在"上证 A 股"和"深证 A 股"有 1.9% 的股票满足选股条件：20 天内的换手率大于 200%，总股本小于 1 亿股。该公式可以选出近期成交活跃、处于上升趋势的股票，如图 5-5 所示。

图 5-5 强势个股详情

笔者认为，该选股公式是通达信系统公式中最神奇的选股公式。通过对 5 个参数的搭配设置，能够挑选出各种类型的股票。"我的强势股"仅使用了选股公式的后两个条件，其目的是要筛选出最近 20 天内，日均换手率超过 10% 的中小盘股。通常情况下，这个公式能够筛选出近 20 天（当下）市场上最热门的股票。有经验的投资者，可以通过选出来的股票，迅速识别出当下的热门板块和龙头股。

同样的道理，通过调整参数，有经验的投资者可以选出长期底部的个股和底部即将突破的个股，或是基金最爱的长线牛股。

事实上，该选股公式背后的交易逻辑并不是简单的基本面选股，而是利用基本面数据来描述和定义特定个股的阶段性行情特征。该公式再次证明了两点：①通达信的系统公式是一个大宝库，要活学活用；②好的选股公式背后一定有一套赚钱的交易逻辑。

5.3 基本面单数据选股

个股的基本面数据分为财务报表数据和市场交易类数据。通常情况下，个股的财务报表数据是股价中长期运动的源动力，市场交易类数据及时反映了市场对个股的共识和预期。

编写基本面选股公式，应该从基本面单数据开始，逐步熟悉并理解特定单数据与价格运动的关联性。

5.3.1 市盈率选股

市盈率（Price Earning Ratio, PE）是用于衡量股票投资价值的指标之一，其计算公式为

$$市盈率 = \frac{每股市价}{年每股收益} = \frac{每股市价 \times 总股本}{年每股收益 \times 总股本} = \frac{总市值}{年净利润}$$

市盈率作为即时行情函数，分子"每股市价"使用收盘价 CLOSE；分母根据年每股收益的不同算法，通达信中的市盈率分为市盈率（静）、市盈率（动）和市盈率（TTM）这三种，对应函数见表 5-1。这三者分别也称为静态市盈率、动态市盈率、滚动市盈率。由于期间总股本可能存在变动，因此按照表 5-1 的年每股收益公式手动计算出的市盈率数值，可能与函数提取的数值存在少许偏

差，但不影响使用。

表 5-1　三种市盈率函数对应表

市盈率	对应函数	年每股收益的算法
市盈率（静）	DYNAINFO(38)	上年年报中的摊薄每股收益
市盈率（动）	DYNAINFO(39)	根据最新财报中的摊薄每股收益折算成年每股收益： 年每股收益 = 一季报的摊薄每股收益 ×4 年每股收益 = 半年报的摊薄每股收益 ×2 年每股收益 = 三年报的摊薄每股收益 ÷3×4
市盈率（TTM）	DYNAINFO(40)	最近四个季度报告中的摊薄每股收益之和计为年每股收益： 年每股收益 = 当年一季报的摊薄每股收益 + 　　　　　上年二、三、四季度的摊薄每股收益 　　　　 = 一季报的摊薄每股收益 + 　　　　　（上年年报中的摊薄每股收益 – 　　　　　上年一季报的摊薄每股收益） 年每股收益 = 当年半年报的摊薄每股收益 + 　　　　　上年三、四季度的摊薄每股收益 　　　　 = 半年报的摊薄每股收益 + 　　　　　（上年年报中的摊薄每股收益 – 　　　　　上年半年报的摊薄每股收益） 年每股收益 = 当年三季报的摊薄每股收益 + 　　　　　上年四季度的摊薄每股收益 　　　　 = 三季报的摊薄每股收益 + 　　　　　（上年年报中的摊薄每股收益 – 　　　　　上年三季报的摊薄每股收益）

　　系统选股公式"A001 低动态市盈率选股"使用了 DYNAINFO(39) 函数，即市盈率（动），为便于查看选股结果，先在图 2-18 所示的行情报价列表页，分别增加栏目"基本栏目"—"市盈（动）"和"附加栏目"—"行业 PE"，效果如图 5-6 所示。

　　按快捷键 Ctrl+T，进入"条件选股"窗口，选中"A001 低动态市盈率选股"，默认参数动态市盈率小于"20"，单击"加入条件"按钮，然后单击"执行选股"按钮，选股结果如图 5-6 所示。

　　本次选股从 4947 只股票中，选出了 894 只，选中率为 18.1%。换句话说，在"上证 A 股"和"深证 A 股"中有 18.1% 的股票满足"低动态市盈率小于 20"的条件。

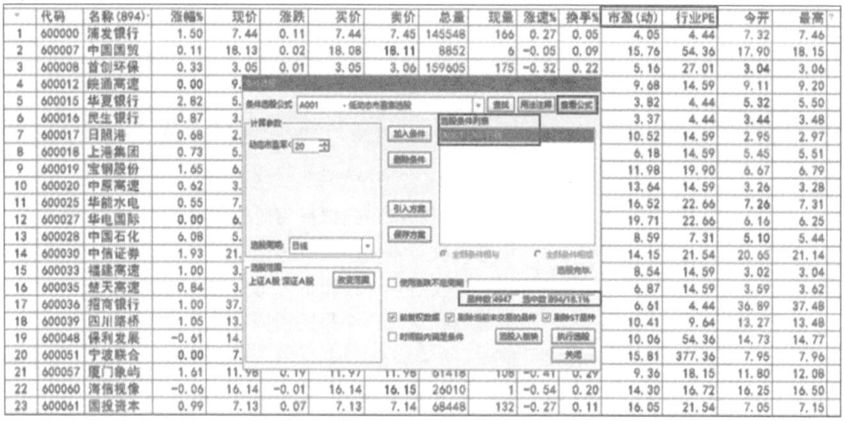

图 5-6　低动态市盈率选股

观察图 5-6，在这些低动态市盈率的股票中，既存在个股 PE 大于或接近行业 PE 的情形，也存在个股 PE 远远小于行业 PE 的情形。一般来说，市场对发展前景好的行业会给出较高的 PE，而成熟行业的 PE 值较低。个股 PE 远低于行业 PE，说明个股被低估；反之亦然。使用市盈率选股时，需在初选结果的基础上，结合个股所在行业，进行二次选股。

另外，市盈率（TTM）可以弥补个股收益的季节性差异，实战中可在系统公式的基础上，使用函数 DYNAINFO(40) 编写公式，针对季节性收益差异较大的板块筛选个股。具体过程如下。

（1）单击图 5-6 中的"查看公式"按钮，打开图 5-7 所示的公式编辑器。

图 5-7　"低动态市盈率选股"公式编辑器

（2）修改公式名称和公式描述，并将 DYNAINFO(39) 改为 DYNAINFO(40)，最后单击"另存为"按钮，如图 5-8 所示。

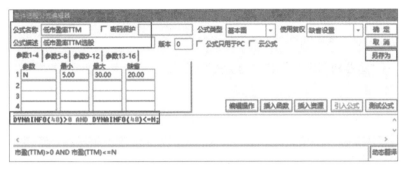

图 5-8 "低市盈率 TTM"选股公式编辑器

使用新公式"低市盈率 TTM"选股时，注意将图 5-6 中的"选股范围"从"上证 A 股"和"深证 A 股"修改为季节性收益差异较大的板块。

5.3.2 营业利润率选股

营业利润率是用于衡量企业经营效率的指标，其计算公式为

$$营业利润率 = \frac{营业利润}{营业收入} \times 100\%$$

分子"营业利润"使用 FINANCE(23) 函数，分母"营业收入"使用 FINANCE(20) 函数，两者均从上市公司最近一期的财报数据中提取。

查看系统公式：按快捷键 Ctrl+T，进入"条件选股"窗口，选中"A003 营业利润率选股"，单击"查看公式"按钮，打开图 5-9 所示的公式编辑器。

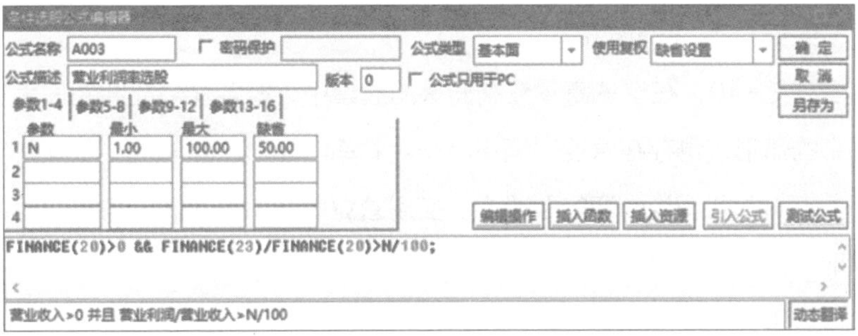

图 5-9 营业利润率选股公式编辑器

分析图 5-9 中的公式，选出的股票必须同时满足两个条件：①作为分母的营业收入大于 0；②营业利润率的计算公式，要求数值大于设置的参数 N（N 的

177

缺省值 50，公式最后除以 100，也就是说营业利润率大于 50%）。

选股之前，先在图 2-18 所示的行情报价列表页，分别增加栏目"财务关联栏目"—"营业利润率 %"和"财务关联栏目"—"毛利率 %"，效果如图 5-10 所示。

	代码	名称(112)	涨幅%	现价	涨跌	买价	卖价	总量	现量	涨速%	换手%	营业利润率%	毛利率%
1	000617	中油资本	2.20	6.50	0.14	6.49	6.50	242.5万	17740	0.31	1.92	2204.20	29.10
2	600390	五矿资本	-0.36	5.47	-0.02	5.46	5.47	657314	15154	0.00	1.46	775.21	-0.12
3	600883	博闻科技	-1.00	7.92	-0.08	7.92	7.93	36998	218	-0.37	1.57	660.22	-14.63
4	600621	华鑫股份	-0.59	11.								397.19	8.54
5	600674	川投能源	-0.68	13.								336.38	37.40
6	600061	国投资本	-1.42	6.								224.93	0.32
7	300059	东方财富	-4.29	20.								218.62	88.73
8	600751	海航科技	-2.20	2.								209.11	4.19
9	600106	重庆路桥	-1.16	5.								172.97	92.63
10	600790	轻纺城	-0.83	4.								150.70	52.93
11	000886	海南高速	-1.99	5.								136.09	58.38
12	300149	睿智医药	-0.29	10.								135.49	36.03
13	600064	南京高科	-1.15	6.								104.66	26.63
14	002466	天齐锂业	-1.81	79.								102.13	85.53
15	000935	四川双马	-2.66	22.								99.57	42.29
16	002836	新宏泽	-2.75	10.								97.47	29.88
17	600865	百大集团	-2.08	9.								97.24	82.58
18	000408	藏格矿业	0.51	27.								84.97	84.35
19	000506	中润资源	4.70	3.								84.13	-12.08
20	002192	融捷股份	-2.02	95.								83.90	39.35
21	000762	西藏矿业	-1.51	39.77	-0.61	39.77	39.78	54383	582	-0.02	1.04	79.79	91.53
22	600643	爱建集团	-1.54	5.74	-0.09	5.74	5.75	68490	411	-0.16	0.42	79.14	35.50
23	600867	通化东宝	-1.25	11.04	-0.14	11.03	11.04	11471	727	-0.08	0.84	78.28	78.52

图 5-10　营业利润率选股

选中"A003 营业利润率选股"，默认参数营业利润率大于"50"，单击"加入条件"按钮，然后单击"执行选股"按钮，结果如图 5-10 所示。

本次选股从 4947 只股票中，选出了 112 只，选中率为 2.3%。换句话说，在"上证 A 股"和"深证 A 股"中有 2.3% 的股票满足最近一期财报数据"营业利润率大于 50%"的条件。

观察图 5-10，在这些高营业利润率的股票中，既存在营业利润率大于或接近毛利率的情形，也存在营业利润率小于毛利率的情形。通常龙头股往往出现在营业利润率与毛利润均较高的个股中。使用营业利润率选股时，也需要在初选结果的基础上，结合毛利率二次选股。

5.3.3　市净率选股

市净率（Price-to-Book Ratio，PB）与市盈率类似，也是用于衡量股票投资价值的指标，其计算公式为

$$市净率 = \frac{每股市价}{每股净资产}$$

其中：分母"每股净资产"使用 FINANCE(34) 函数，从上市公司最近一期财报数据中提取。

查看系统公式：按快捷键 Ctrl+T，进入"条件选股"窗口，选中"A004 市净率选股"，单击"查看公式"按钮，打开图 5-11 所示的公式编辑器。

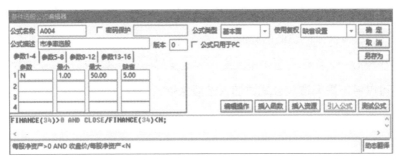

图 5-11　市净率选股公式编辑器

图 5-11 中的公式与图 5-9 类似，选出的股票必须同时满足两个条件：①作为分母的每股净资产大于 0；②市净率的计算公式，要求数值小于设置的参数 5。

选股之前，先在图 2-18 所示的行情报价列表页，增加栏目"财务关联栏目"—"市净率"，效果如图 5-12 所示。

	代码	名称(3967)	涨幅%	现价	涨跌	买价	卖价	总量	现量	涨速%	换手%	市净率
1	600000	浦发银行	-0.27	7.31	-0.02	7.31	7.32	566428	5923	0.14	0.19	0.37
2	600004	白云机场	-2.10	15.41	-0.33	15.40	15.41	354284	3551	0.59	1.50	2.06
3	600006	东风汽车	10.03	6.80	0.62	6.80	—	904041	7459	0.00	4.52	1.70
4	600007	中国国贸	-1.44	17.								2.02
5	600008	首创环保	-1.32	1.								1.16
6	600009	上海机场	-1.60	57.								3.55
7	600010	包钢股份	-1.47	2.								1.71
8	600011	华能国际	-1.33	8.								2.63
9	600012	皖通高速	-2.19	8.								1.27
10	600015	华夏银行	1.13	5.								0.34
11	600016	民生银行	0.59	3.								0.30
12	600017	日照港	-1.02	2.								0.66
13	600018	上港集团	-0.73	5.								1.14
14	600019	宝钢股份	0.45	6.								0.76
15	600020	中原高速	-0.92	3.								0.68
16	600021	上海电力	-2.21	10.								1.87
17	600022	山东钢铁	-1.24	1.								0.79
18	600023	浙能电力	-1.52	3.								0.82
19	600025	华能水电	0.41	7.								2.43
20	600026	中远海能	-3.45	14.								2.28
21	600027	华电国际	-0.65	6.15	-0.04	6.15	6.16	849094	13051	-0.48	1.04	1.57
22	600028	中国石化	3.14	5.26	0.16	5.26	5.27	500.8万	31414	0.00	0.53	0.82
23	600029	南方航空	-1.49	7.93	-0.12	7.93	7.94	427997	1743	-0.12	0.42	2.66

图 5-12　市净率选股

179

选中"A004 市净率选股",默认参数市净率小于"5",单击"加入条件"按钮,然后单击"执行选股"按钮,选股结果如图 5-12 所示。

本次选股从 4947 只股票中,选出了 3967 只,选中率为 80.2%。换句话说,在"上证 A 股"和"深证 A 股"中有 80.2% 的股票满足最近一期财报数据"市净率小于 5"的条件。

在基本面分析中,市净率越低,投资价值越高;相反,投资价值越低。但市净率低于 1 时,俗称"破净",即股价低于净资产,大多是绩差股或垃圾股,只有少量优质股存在被严重低估的情形。

由于图 5-12 所示的选中率太高,因此实战中市净率选股仅适于作为初选过滤器。可以将市盈率选股公式也加入选股条件,默认"全部条件相与",筛选出市盈率和市净率均表现不错的股票。

还可以参照图 5-13,增加市净率的最小数值范围,该公式可用于筛选最近一期财报数据"市净率大于 3,同时小于 6"的股票,具体过程如下。

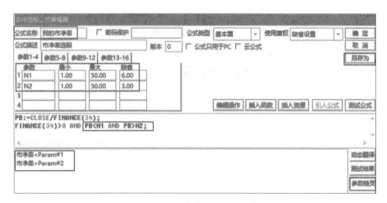

图 5-13　市净率选股公式编辑器 2

(1)在图 5-11 的公式编辑器中,修改公式名称为"我的市净率"。

(2)设置两个参数 N1 和 N2,填写数值范围。

(3)将市净率公式作为赋值语句 PB,并修改选股条件为 PB<N1 AND PB>N2。

(4)修改参数精灵,增加"市净率 >Param#2"。

(5)单击"另存为"按钮。

5.3.4　次新股选股

次新股通常指的是发行上市不到一年的股票。由于上市时间不长，因此业绩变化不会特别大，也不存在历史套牢盘，上方抛压小，机构投资者和个人投资者参与度较大，流动性较好。

按快捷键 Ctrl+T，进入"条件选股"窗口，选中"A005 次新股选股"，默认参数上市天数小于"60"，单击"加入条件"按钮，然后单击"执行选股"按钮，选股结果如图 5-14 所示。

	代码	名称(30)	涨幅%	现价	涨跌	买价	卖价	总量	现量	涨速%	换手%	市盈(动)	市净率	今开	最高
1	601059	信达证券	-0.89	16.79	-0.15	16.78	16.79	196181	47	0.00	6.05	56.42	3.45	16.73	16.92
2	603061	金海通	10.00	112.29	10.21	112.29	—	2287	4	0.00	1.52	43.77	5.07	112.29	112.29
3	603173	福斯达	-0.99	27.04	-0.27	27.03	27.04	18947	1	-0.03	4.74	28.98	3.64	27.30	27.46
4	603190	亚通精工	-0.89	33.								26.67	2.10	33.48	33.71
5	603281	江瀚新材	1.48	58.								14.06	3.68	57.30	58.91
6	603307	扬州金泉	-0.55	63.								15.22	3.87	63.90	64.45
7	688307	中润光学	1.10	35.								97.58	3.98	35.05	36.16
8	688435	英方软件	2.75	112.								1143.49	8.59	110.48	113.20
9	688485	九州一轨	0.68	17.								93.30	2.04	17.57	17.74
10	688486	龙迅股份	3.15	92.								96.61	4.84	89.01	94.00
11	688515	裕太微-U	-2.01	204.								1613.87	8.34	206.00	209.72
12	688522	纳睿雷达	4.83	63.								92.42	4.43	60.60	63.33
13	001225	和泰机电	-0.75	54.								15.85	2.48	54.00	54.75
14	001260	坤泰股份	-2.23	28.								52.22	4.23	28.25	28.40
15	001278	N-—郴	44.00	24.								26.95	2.52	20.40	24.48
16	001311	多利科技	1.25	88.								28.02	3.21	85.88	88.50
17	001314	亿道信息	-2.46	46.								28.57	3.30	46.98	47.16
18	001337	四川黄金	10.04	13.								28.73	4.64	13.59	13.59
19	001366	播恩集团	9.99	14.								30.63	2.82	14.76	14.76
20	301246	宏源药业	—									—	—	—	—
21	301260	格力博	1.32	32.94	0.43	32.93	32.94	31961	11	-0.06	2.80	59.48	3.20	32.31	33.17
22	301303	真兰仪表	-0.26	26.42	-0.07	26.42	26.43	16559	9	-0.10	2.39	43.99	2.81	26.35	26.58
23	301317	鑫磊股份	0.38	23.63	0.09	23.63	23.66	4690	18	-0.12	1.26	48.11	3.43	23.43	23.76

图 5-14　次新股选股

本次选股从 4947 只股票中，选出了 30 只，选中率为 0.6%。换句话说，在"上证 A 股"和"深证 A 股"有 0.6% 的股票满足"上市天数小于 60"的条件。

单击"查看公式"按钮，打开如图 5-15 所示的公式编辑器。系统公式仅有一个语句，使用函数 FINANCE(42)，仅对上市的天数进行了范围限制。注意，此处的上市天数计算的是日历日，包含了节假日，不是仅指交易日。

实战中进行次新股选股时，除了考虑上市天数外，还会考虑股价、流通市值、总股本、市盈率、所属板块、换手率等变量。以常见的次新股战法为例，假定设置以下选股条件。

（1）上市天数在 1～6 个月。

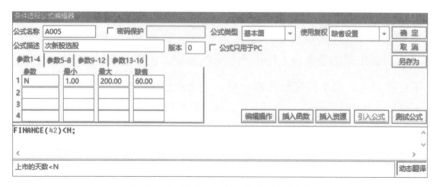

图 5-15　次新股选股公式编辑器 1

（2）动态市盈率略高或者低于行业市盈率。

（3）流通股本小于 5000 万元。

编写公式如图 5-16 所示，具体过程如下。

图 5-16　次新股选股公式编辑器 2

（1）在图 5-15 所示的公式编辑器中，修改公式名称为"次新股战法"。

（2）设置两个参数 N1 和 N2，填写数值范围。

（3）分别编写 3 个选股条件的公式，使用中文作为语句名称，使用 AND 连接。

（4）修改参数精灵，增加"上市天数 <Param#2>"。

（5）单击"另存为"按钮。

在"条件选股"窗口中，选择公式"次新股战法"，使用默认参数，单击 "加入条件"按钮，然后单击"执行选股"按钮，选股结果如图 5-17 所示。

	代码	名称(44)	涨幅%	现价	涨跌	买价	卖价	总量	现量	强弱%	换手%	市盈(动)	行业PE
1	603052	可川科技	-0.17	47.81	-0.08	47.80	47.83	3569	4	0.02	2.08	18.89	40.83
2	603057	紫燕食品	-0.99	28.13	-0.28	28.13	28.15	5896	5	-0.06	1.40	38.19	34.10
3	603151	邦基科技	-1.07	19.38	-0.21	19.36	19.37	4640	3	0.00	1.10	28.16	478.12
4	603173	福斯达	-1.28	26.								28.90	45.72
5	603280	南方路机	0.20	25.								22.08	37.51
6	688061	灿瑞科技	0.39	81.								32.21	53.32
7	688137	近岸蛋白	-0.60	75.								43.88	43.88
8	688152	麒麟信安	2.09	210.								113.48	268.25
9	688252	天德钰	2.83	19								37.74	53.32
10	688275	万润新能	-0.38	180.								14.56	26.13
11	688362	甬矽电子	0.23	25.								38.49	53.32
12	688372	伟测科技	-2.26	107.								42.44	53.32
13	688391	钜泉科技	-0.83	116.								33.94	53.32
14	688398	耐科装备	-0.05	37.								52.73	53.32
15	688420	美腾科技	0.55	43.								34.94	37.51
16	688426	康为世纪	-0.67	48.								23.56	43.88
17	001223	欧克科技	5.23	90.								26.76	37.51
18	001256	炜冈科技	0.52	21.								35.71	37.51
19	001298	好上好	2.02	38.								24.26	31.54
20	001332	锦裳股份	-1.83	69.								32.21	37.51
21	301105	鸿铭股份	0.55	38.40	0.21	38.32	38.40	1050	1	0.18	0.84	32.30	37.51
22	301176	逸豪新材	1.44	18.37	0.26	18.33	18.37	3377	1	0.05	0.88	32.66	40.83
23	301223	中荣股份	0.60	20.20	0.12	20.20	20.21	3645	1	-0.04	0.80	18.91	37.02

图 5-17　次新股选股 2

本次选股从 4947 只股票中，选出了 44 只，选中率为 0.9%。换句话说，在"上证 A 股"和"深证 A 股"中有 0.9% 的股票满足我们设定的次新股战法条件。

初选之后，打开个股详情页查看走势，进行二次选股。为了便于掌握个股走势强弱，首先需要在主图叠加相应指数，图 5-18（a）和图 5-18（b）叠加了创业板指，图 5-18（c）叠加了上证指数，图表的纵坐标自动转换为百分比。对于走势弱于指数的个股，通常表现出个股的 K 线距离指数的 K 线越来越远，原则上不考虑进行交易。

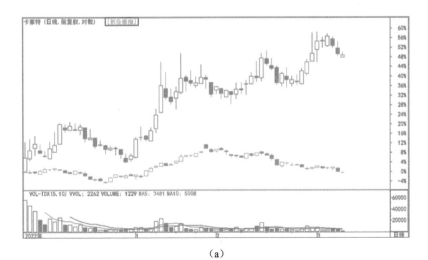

（a）

图 5-18　次新股详情页

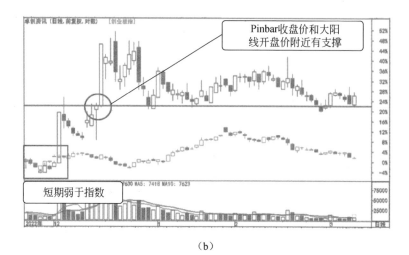

（b）

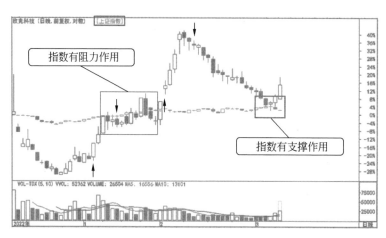

（c）

图 5-18 （续）

图 5-18（a）中的个股自上市之初，走势便强于指数，属于优质次新股。

图 5-18（b）中的个股尽管在上市之初的短时间内，走势弱于指数，但随后凭借 20% 涨停大阳线令其脱离与指数的缠绕。后面的走势比较稳定，以 Pinbar 的收盘价和大阳线开盘价附近作支撑，并且成交量也在逐渐缩小，表现出阳线放量、阴线缩量的特征。

图 5-18（c）中的个股与指数间的关系稍微复杂一些，指数既对个股存在阻力作用，后面也对股价具有支撑作用。该股上市初的一根长上影线 Pinbar，

令其走势明显弱于大盘，半个月内下跌超过 25%。到达底部后，放量上涨，缩量横盘。随后在左数第一根上箭头处的大阳线，收盘高于四天前的最高价，可在收盘时入场，以近三天横盘整理的最低价附近止损。

观察第一根下箭头处的阴线，此时股价已经连续三天没有创新高了，并且走势弱于大盘，此时的指数对股价存在阻力作用，可于收盘之前主动止盈 11%，先离场观望再寻找合适的交易机会。

再看第二根上箭头处的纺锤线，当日跳空高开，并且价格跌至前几日盘整的最高价附近时，迅速回弹。可于当日收盘前入场，止损设置在前几日盘整的最高价附近。

最后观察第二根下箭头处的纺锤线，尽管前三天都是长下影线的 Pinbar，表现出股价拒绝下跌。但股价已经连续三天未创新高，并且以 6 天前的纺锤线收盘价买入计算，该笔交易的收益已超过 20%，此时应于收盘之前主动离场。

以上两笔交易均使用了价格行为学的突破买入法，以及四日法则的主动卖出法。

5.4　基本面多数据选股

基本面的多数据组合通常能够更好地揭示个股的真实价值。需要注意的是，多数据组合不是简单的多数据叠加，而是要先建立一套评估上市公司真实价值的评估模型。这样的模型通常与特定的行业有关，在实战中有一定的约束条件。

5.4.1　彼得林奇使用的 PEG 选股

PEG 指标（Price Earning to Growth Ratio，市盈增长比率）是用于追踪企业成长性的指标，由英国投资大师吉姆·史莱特（Jim Slate）在 20 世纪 60 年代发明，在美国投资家彼得·林奇（Peter Lynch）的推广下被人熟知。其计算公式为

$$PEG = \frac{市盈率}{年盈利增长率}$$

其中：PEG选股系统公式的分子也使用了市盈率（动）的函数 DYNAINFO(39)；分母年盈利增长率使用 FINANCE(43) 函数，从上市公司最近一期财报数据中提取。

查看系统公式：按快捷键 Ctrl+T，进入"条件选股"窗口，选中"A006 PEG 选股"，单击"查看公式"按钮，打开图 5-19 所示的公式编辑器。

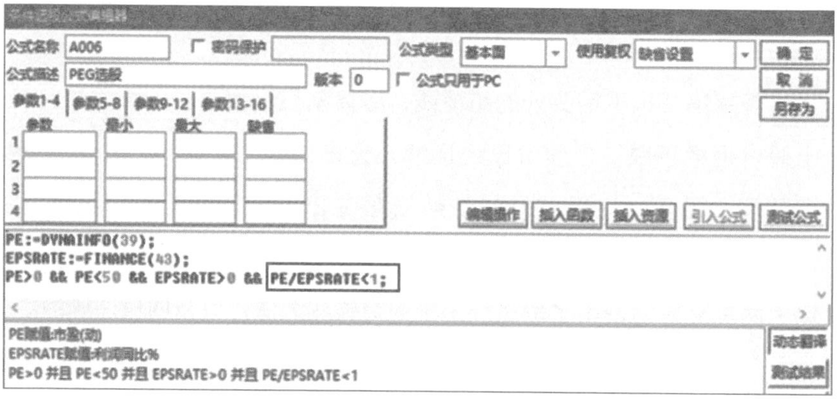

图 5-19　PEG 选股公式编辑器

分析图 5-19 中的公式，选出的股票必须同时满足三个条件：①市盈率 PE 的数值在 0 ~ 50；②年盈利增长率，即利润同比的数值大于 0；③ PEG 值小于 1。

选股之前，先在图 2-18 所示的行情报价列表页，分别增加栏目"基本栏目"—"市盈（动）"和"财务关联栏目"—"利润同比 %"，效果如图 5-20 所示。

将公式"A006 PEG 选股"加入选股条件，单击"执行选股"按钮，查看选股结果。

本次选股从 4947 只股票中，选出了 847 只，选中率为 17.1%。换句话说，在"上证 A 股"和"深证 A 股"中有 17.1% 的股票满足"市盈率小于 50 并且 PEG 小于 1"的条件。

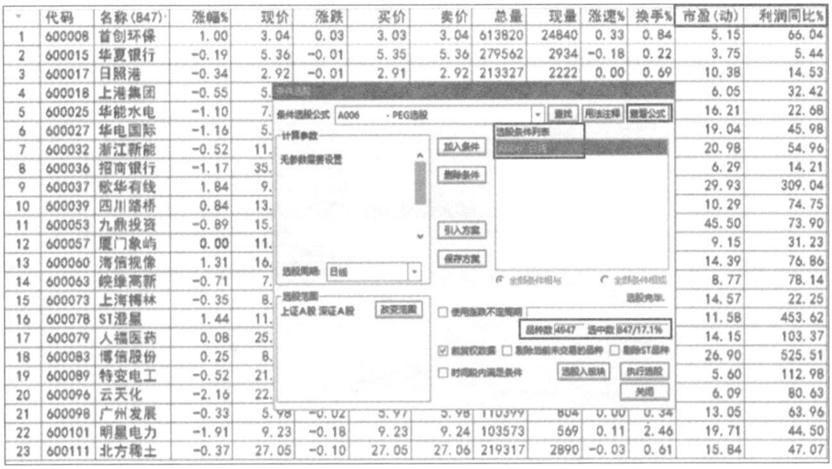

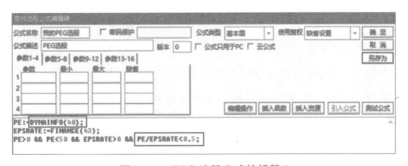

图 5-20　PEG 选股

　　对比图 5-20 与图 5-6 的选股结果，二者选中率相当，且选股时均用到了动态市盈率。但 PEG 选股采用更高的动态市盈率，且增加其与年盈利增长率的对比，可以更好地评估企业动态的成长性。

　　对图 5-19 中的系统公式进行优化，主要有以下几种思路。

　　（1）针对季节性收益差异较大的板块，与图 5-8 的操作类似，将动态市盈率改为滚动市盈率，修改函数 DYNAINFO(39) 为 DYNAINFO(40)。

　　（2）缩小 PEG 的筛选范围，将 PEG 小于 1 改为 PEG 小于 0.5，如图 5-21 所示。

图 5-21　PEG 选股公式编辑器 2

　　通常认为，PEG 大于 1 的股票，估值过高，不宜投资；PEG 小于 1 时，估值偏低，值得投资者关注；而 PEG 小于 0.5 的股票，说明股价被严重低估，具有投资价值。另外，执行选股前，应勾选"剔除当前未交易的品种"和"剔除ST 股票"，如图 5-22 所示。

	代码	名称(505)	涨幅%	现价	涨跌	买价	卖价	总量	现量	涨速%	换手%	市盈(TTM)	利润同比%
1	600008	首创环保	1.00	3.03		3.03	3.04	613820	24840	0.33	0.84	6.17	66.04
2	600018	上港集团	-0.55	5.39	-0.03	5.38	5.39	128520	2459	0.00	0.06	6.83	32.42
3	600036	招商银行	-1.17	35.58	-0.42	35.58	35.60	539996	10711	-0.10	0.26	6.81	14.21
4	600037	歌华有线	1.84	9.								28.16	309.04
5	600039	四川路桥	0.84	13.								10.04	74.75
6	600057	厦门象屿	0.00	11.								9.90	31.23
7	600060	海信视像	1.31	16.								12.95	76.86
8	600063	皖维高新	-0.71	7.								9.84	78.14
9	600079	人福医药	0.08	25.								17.13	103.37
10	600083	博信股份	0.25	8.								24.23	525.51
11	600089	特变电工	-0.52	21.								6.32	112.98
12	600096	云天化	-2.16	22.								7.18	80.63
13	600098	广州发展	-0.33	5.								31.37	63.96
14	600111	北方稀土	-0.27	27.								14.84	47.07
15	600113	浙江东日	0.25	8.								4.91	16.65
16	600123	兰花科创	-0.72	13.								4.26	96.02
17	600141	兴发集团	-0.47	33.								5.69	93.50
18	600157	永泰能源	0.00	1.								18.96	101.36
19	600160	巨化股份	-0.22	18.								19.63	557.25
20	600176	中国巨石	-1.64	14.								8.40	28.17
21	600177	雅戈尔	-0.46	6.52	-0.03	6.52	6.53	75517	1781	-0.30	0.17	5.47	10.96
22	600179	安通控股	0.30	3.38	0.01	3.38	3.39	123895	827	-0.28	0.34	5.32	124.59
23	600188	兖矿能源	-0.93	33.05	-0.31	33.05	33.06	166004	1538	0.06	0.56	5.18	135.25

图 5-22　PEG 选股 2

5.4.2　轻资产小型成长股选股

系统公式"轻资产小型成长股"要求选出的股票同时满足以下五个选股条件。

（1）净利润同比增长率大于 10%，净利润同比增长率使用 FINANCE(43)函数。

（2）收入同比增长率大于 10%，收入同比增长率使用 FINANCE(44)函数。

（3）净利润大于 5000 万元，净利润使用 FINANCE(30) 函数。

（4）员工人数小于 500 人，员工人数使用 FINANCE(56) 函数。

（5）AB 股总市值（不包括在香港等地上市的股份市值）小于 100 亿元，使用 FINANCE(41) 函数。

选股之前，先在图 2-18 所示的行情报价列表页，分别增加栏目"财务关联栏目"—"利润同比 %"、"财务关联栏目"—"收入同比 %"、"财务关联栏目"—"净利润（亿）"、"财务关联栏目"—"员工人数"和"基本栏目"—"AB 股总市值"，效果如图 5-23 所示。

图 5-23　轻资产小型成长股选股

　　按快捷键 Ctrl+T，进入"条件选股"窗口，选中"A010 轻资产小型成长股"，加入选股条件，勾选"剔除当前未交易的品种"和"剔除 ST 品种"，单击"执行选股"按钮，查看选股结果。

　　本次选股从 4948 只股票中，选出了 50 只，选中率为 1.0%。换句话说，在"上证 A 股"和"深证 A 股"中有 1.0% 的股票满足轻资产小型成长股的五个条件。

　　选择轻资产小型成长股进行交易，需要考虑个股的波动性。由于这类股票盘子小，因此容易出现业绩暴涨的情形，导致股价的波动性也不小。选择波动空间更大的个股，可以在短时间内获取丰厚的收益。例如，在选股结果中查看个股 301181 标榜股份，如图 5-24 所示。该股的真实波幅 TR 在顶部区间能达到 15% 的波动率，回落到底部区间时，则会在 3% ~ 5% 进行小幅波动。

　　当双底形态构造完成后，股价的波动性明显上升，可以在颈线位置的上箭头处制订交易计划。以当日收盘价买入，前日的最低价附近止损，跟随后面可能出现的小型上升趋势。基于四日法则，股价没有连续 3 天创出新高，下箭头处收盘之前应主动卖出。这笔交易用 8 个交易日，可获取 20% 左右的收益（为直观展示收益情况，图表的纵坐标采用百分比坐标）。

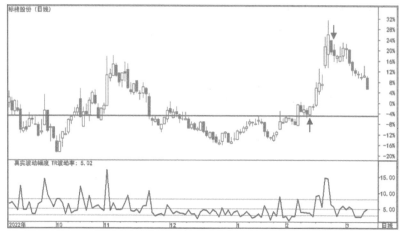

图 5-24　轻资产小型成长股的个股详情

副图的指标公式编写，如图 5-25 所示。该公式使用了引用函数类型下的函数 TR。真实波动幅度 TR 是指标大师威尔斯·威尔德在《技术交易系统新概念》（*New Concepts in Technical Trading Systems*）中讲解趋势平衡点交易系统的一个基础变量。TR 的数值是在当日最高价与当日最低价之差、当日最高价与昨日收盘价之差和当日最低价与昨日收盘价之差中取最大值，用于表示当日的波动幅度。本公式将 TR 与当日收盘价作比较，并乘以 100，将比值放大，更容易观察当日的价格波动幅度情况。

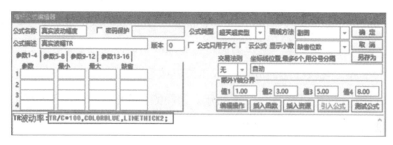

图 5-25　真实波动幅度公式编辑器

5.5　巴菲特选股公式与巴菲特实战案例

巴菲特是公认的价值投资理论践行者和成功者，并公开了自己独特的选股标准。巴菲特的选股标准是价值投资者评估特定企业真实价值的最有效的模型之一。通达信软件提供了系统自带的选股公式。

5.5.1　巴菲特选股

系统公式"巴菲特选股"使用了巴菲特选股策略最重要的三原则：高毛利率、高净利率、高净资产收益率。企业的毛利率高，说明企业"护城河"高，主营业务存在事实垄断地位，从而在市场上具有产品定价优势。巴菲特选股将毛利率的范围设定在 40% 以上。毛利率的计算公式为

$$毛利率 = \frac{营业收入 - 营业成本}{营业收入} \times 100\%$$

其中：营业收入使用 FINANCE(20) 函数；营业成本使用 FINANCE(21) 函数。

净利率在计算时扣除了管理成本、广告、租金、税费等期间的费用，企业的净利率高说明企业能够很好地控制营运成本（管理能力强），综合盈利能力强。巴菲特选股将净利率的范围设定在 5% 以上。净利率的计算公式为

$$净利率 = \frac{净利润}{营业收入} \times 100\%$$

其中：净利润使用 FINANCE(30) 函数。

高净资产收益率（ROE）说明企业为股东带来的收益高，它也是巴菲特选股时最看重的指标。净资产收益率是一个综合考量净利率、周转率、企业偿债能力和财务管理能力的指标。巴菲特选股将净资产收益率的范围设定在 15% 以上。另外，巴菲特也曾提过在选择更为优秀的企业进行投资时，会将范围设定在 20% 以上。净资产收益率的计算公式为

$$净资产收益率 = \frac{净利润}{股东权益（净资产）} \times 100\%$$

其中：股东权益（净资产）使用 FINANCE(19) 函数。

查看系统公式：按快捷键 Ctrl+T，进入"条件选股"窗口，选中"A008巴菲特选股"，单击"查看公式"按钮，打开图 5-26 所示的公式编辑器。注意参数都是整数值，三个公式都乘以 100。

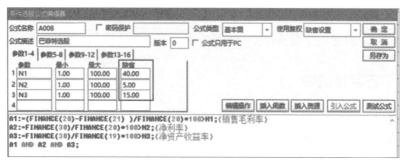

图5-26 巴菲特选股公式编辑器

选股之前，先在图2-18所示的行情报价列表页，分别增加栏目"财务关联栏目"—"毛利率%"、"财务关联栏目"—"净利润率%"和"财务关联栏目"—"净益率%"（净资产收益率的简称），效果如图5-27所示。

	代码	名称(82)	涨幅%	现价	涨跌	买价	卖价	总量	现量	涨速%	换手%	毛利率%	净利润率%	净益率%
1	600132	重庆啤酒	-0.84	129.70	-1.10	129.70	129.71	25562	153	-0.06	0.53	49.70	19.71	60.01(三)
2	600188	兖矿能源	-0.93	33.05	-0.31	33.05	33.06	166004	1538	0.01	0.56	40.61	22.63	29.81(三)
3	600519	贵州茅台	-0.02	1770.02	-0.40	1770.01	1770.02	27612	564	-0.44	0.22	91.87	53.14	21.48(三)
4	600546	山煤国际	-0.18	16.								42.97	23.66	39.75(三)
5	600661	昂立教育	-1.63	10.								41.22	30.40	48.10(三)
6	600702	舍得酒业	-4.32	188.								78.34	26.26	20.87(三)
7	600779	水井坊	-1.31	77.								84.65	27.98	32.06(三)
8	600809	山西汾酒	-0.45	263.								76.52	32.30	35.18(三)
9	600867	通化东宝	0.27	11.								78.52	66.82	22.09(三)
10	601001	晋控煤业	0.08	12.								56.18	36.76	22.52(三)
11	601225	陕西煤业	0.97	19.								40.88	31.71	27.91(三)
12	601699	潞安环能	0.18	22.								52.17	26.78	21.14(三)
13	601919	中远海控	0.36	11.								45.76	36.41	43.87(三)
14	603061	金海通	10.00	123.								57.36	36.13	26.42(三)
15	603281	江瀚新材	0.79	50.								44.31	31.20	38.22(三)
16	603360	百傲化学	-1.07	18.								53.40	33.47	24.12(三)
17	603392	万泰生物	0.30	124.								89.57	46.69	34.13(三)
18	603444	吉比特	-1.53	367.								88.17	34.36	22.37(三)
19	603599	广信股份	0.27	33.								43.15	28.52	22.10(三)
20	603688	石英股份	-0.88	136.								64.08	46.46	20.48(三)
21	603868	飞科电器	-0.60	79.40	-0.48	79.40	79.49	8390	54	0.01	0.19	53.60	19.97	22.17(三)
22	603882	金域医学	-1.21	80.18	-0.98	80.18	80.22	14815	226	-0.05	0.32	44.82	20.77	29.37(三)
23	603938	三孚股份	1.52	36.79	0.55	36.79	36.80	35551	458	0.08	1.30	43.23	30.34	28.99(三)

图5-27 巴菲特选股

将公式"A008巴菲特选股"加入选股条件，参数"净资产收益率"从默认的大于15改为大于20，单击"执行选股"按钮，查看选股结果。

本次选股从4947只股票中，选出了82只，选中率为1.7%。换句话说，在"上证A股"和"深证A股"中有1.7%的股票满足巴菲特选股三原则。

股票列表页中尽管只有"净益率%"一列标记了财报数据源自季度"（三）"或者"（四）"，前两列"毛利率""净利润率"的数据也都提取自同一个财报。

5.5.2　巴菲特长线实战案例——比亚迪的长线买卖点

使用巴菲特选股时，需要采用配套的长线投资策略，以比亚迪（HK01211）为例。巴菲特的进场时机是在 2008 年全球金融危机爆发，雷曼兄弟倒闭一周之后。回看比亚迪的年报，企业自 2002 年港交所上市后，净资产收益率大都处于 20% 以上，详见表 5-2 和图 5-28。

表 5-2　比亚迪 HK01211（1999—2007 年）的净资产收益率表

年度	1999	2000	2001	2002	2003	2004	2005	2006	2007
净资产收益率（%）	56.44	58.39	63.34	25.6	26.34	25.64	12.05	21.11	15.05

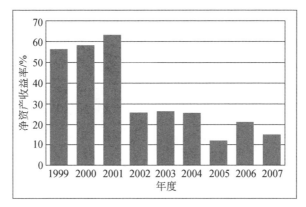

图 5-28　比亚迪 HK01211（1999—2007 年）的净资产收益率柱状图

巴菲特的投资逻辑是选择能够持续稳定地为股东创造收益的企业，并长期持有。一旦企业的净资产收益率能够在 15% ~ 20% 稳定三五年，他才考虑投资。

根据图 5-29 所示的年线图表（采用对数坐标），比亚迪在 2002—2006 年成功构造了双底形态，2007 年股价强势突破颈线，巴菲特是在 2008 年股价回踩颈线并得到有力支撑后才进场买入的。

观察图 5-30 的月线图表（采用对数坐标），巴菲特的进场时间是 2008 年 9 月，以每股 8 港元的价格认购了 2.25 亿。该股在 7 月走出了一根长下影线的 Pinbar，表示出价格拒绝继续下跌。8 月的孕线可以看出价格几乎在 Pinbar 的实体内运动。9 月，巴菲特以 Pinbar 的实体部分上沿附近，即开盘价附近进场。

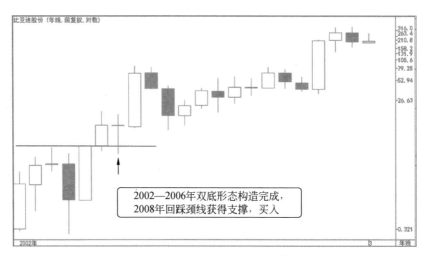

2002—2006年双底形态构造完成，
2008年回踩颈线获得支撑，买入

图 5-29　比亚迪 HK01211 的年线图表

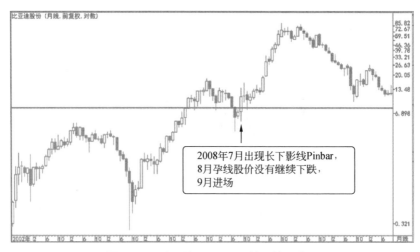

2008年7月出现长下影线Pinbar，
8月孕线股价没有继续下跌，
9月进场

图 5-30　比亚迪 HK01211 的月线图表 1

再看图 5-31 所示的月线图表（采用对数坐标），2022 年 8 月，股价没有继续创新高。此时，既可以视为股价正与前高构造 2B 形态，也可以视为正在构造三重顶的第三个头。在第一个下箭头处，巴菲特首次以 277 港元主动卖出，接近第一头的最高价 278 港元。

2022 年 9 月，巴菲特继续以 262 港元主动卖出。

2022 年 10 月，股价在 161 港元附近止跌，可以视为三重顶形态构造完成。

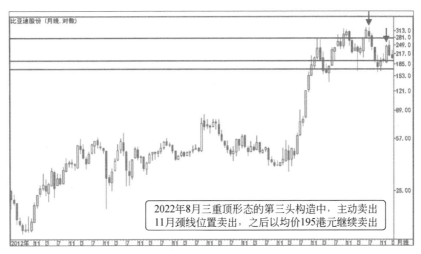

图 5-31　比亚迪 HK01211 的月线图表 2

2022 年 11 月，巴菲特又在三重顶的颈线附近，以 170 港元大量卖出，该笔成交量是前两次卖出的总和。随后股价向上反弹，巴菲特继续以均价 195 港元，多次卖出至第二个下箭头处。

即使是巴菲特，长线投资后，也会择机离场。巴菲特投资比亚迪 14 年（2008—2022 年），最高获利超过 30 倍，值得价值投资者仔细复盘学习。

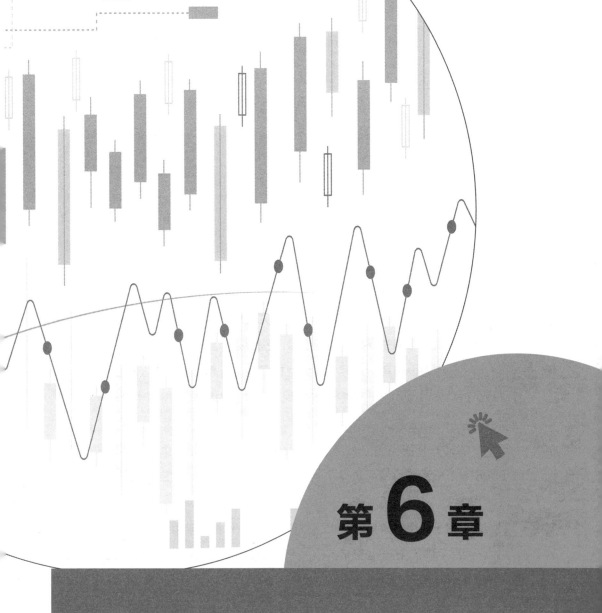

第6章

指标类公式编写与案例

6.1　指标类公式编写原理

实战中的指标战法通常是根据多个指标信号综合研判，按照"过滤器 + 买卖点信号"模式进行搭配。过滤器用于研判当前趋势，通常使用趋势型或路径型指标等；而买卖点信号用于指示买点或卖点，通常使用超买超卖型或能量型指标等。

指标类公式编写首先要搞懂特定指标，包括编制逻辑、具体算法和基础使用规则。但是，作为投资者，尤其是趋势型投资者，则需要根据个人的炒股经验，掌握特定指标在特定价格走势中的独特现象，并作为实战型指标类公式编写的基础。

以 BOLL 布林线指标为例，上轨和下轨的计算方法是正负两个标准差。按照正态分布，95% 的价格运动都会在上轨和下轨之间波动，对应的交易策略就是上轨卖下轨买。

但是，对于采用突破交易策略的投资者来说，价格突破上轨可能是一段强劲趋势的开始。因此，在一些突破交易策略的公式中，可能就会采用 BOLL 布林线突破上轨作为选股的标准之一。

6.2　大势型指标——ADL 腾落指标

大势型指标公式只能用于沪深指数，本节以系统公式 ADL 腾落指标为例。如果当前股票详情页是个股，则该指标并不会画线，只会显示图 6-1 所示的提示。

将交易品种切换到 999999 上证指数，可以看到 ADL 腾落指标有两条指标线，如图 6-2 所示。

ADL 腾落指标是将每天上涨股票数与下跌股票数的差值求和，并绘制成图。ADL 腾落线与大盘指数通常会呈现方向相同的走势，如果出现背离，通常是趋势即将变动。根据 ADL 的定义，应该只有一条指标线，但图 6-2 中有两条指标线，下面来分析公式源代码，如图 6-3 所示。

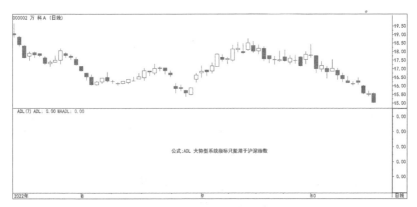

图 6-1 ADL 腾落指标线（无画线）

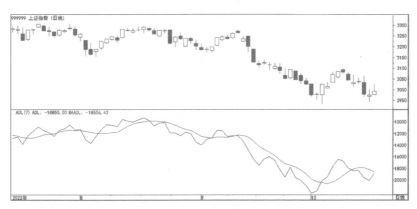

图 6-2 ADL 腾落指标线

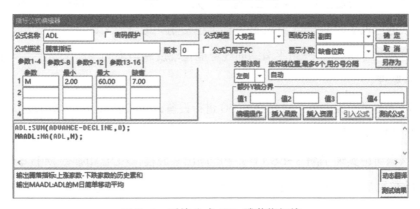

图 6-3 系统公式 ADL 腾落指标线

该公式共有两个语句，两个语句名称都是英文，含义也非常明显，每个语句对应一根指标线。

第一行：

```
ADL:SUM(ADVANCE-DECLINE,0);
```

其中：语句名称为 ADL；输出符为"："；语句内容为 SUM(ADVANCE-DECLINE,0)。

这个语句的最终输出是 SUM 函数，即求和，结果就是 ADL 腾落指标线。

SUM 函数的第一个输入为 ADVANCE-DECLINE，表示第一个数减去第二个数，也就是作差。其中，减号"-"属于操作符类型的函数；第一个数是函数 ADVANCE（上涨家数），属于序列行情函数类型；第二个数是函数 DECLINE（下跌家数），也属于序列行情函数类型。

第二个输入为 0，表示统计从上市第一天以来的总和。如果要得到正确的 ADL 腾落指标线，需要下载自 1990 年 12 月以来的完整数据。

短短一行语句就实现了图 3-58（b）中的画出来流程，ADVANCE 和 DECLINE 函数提取数据，减号和 SUM 函数完成算法，输出符"："指定画线输出，语句名称 ADL 为输出线命名。

第二行：

```
MAADL:MA(ADL,M);
```

其中：语句名称为 MAADL；输出符为"："；语句内容为 MA(ADL,M)。

该语句表示对前面的 ADL 腾落指标线使用"均线"工具平滑处理。相比于单纯的 ADL 腾落线，一条平滑的曲线更能直观反映当前的趋势是向上、向下还是横盘整理。

M 为参数，投资者可以在 2 ~ 60 进行设置，缺省值为 7。M 取值越大，处理后的曲线越平滑。

该语句也实现了图 3-58（b）中的画出来流程，ADL 和参数 M 提取数据，MA 函数完成算法，输出符"："指定画线输出，语句名称 MAADL 为输出线命名。

公式编写熟练之后，不需要逐字逐句分析，通过查看"动态翻译"，就能快速理解公式含义。但逐字逐句分析是公式编写的基本功，投资者要勤加练习。

6.3　超买超卖型指标——KDJ 随机指标

超买超卖型指标公式通常用于分析个股买卖点，并且在指数详情页的副图也能画指标线。另外，应将超买超卖型指标公式与 OBOS 超买超卖指标进行区分。OBOS 属于大势型指标公式。

以超买超卖型指标公式中的 KDJ 随机指标为例，它有 3 条输出线：K 线、D 线和 J 线，如图 6-4 所示。

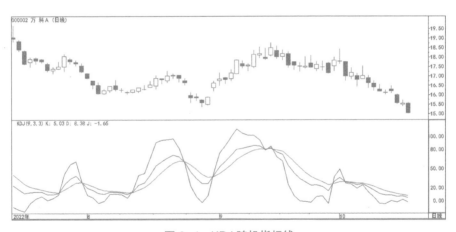

图 6-4　KDJ 随机指标线

KDJ 指标线常用于中短期技术分析，利用价格摆动的统计学特性，认为从长期来看事物都是呈现正态分布，而短期变化总会向着"平衡位置"靠拢。因此，当价格处于超买状态时，市场合力将价格推高，导致股价向上偏离"平衡位置"，若后续高位承接力不足，则价格可能向下调整。当价格处于超卖状态时，市场合力将价格压低，导致股价向下偏离"平衡位置"，若后续低位抛售压力减小，则价格可能向上反弹。

KDJ 随机指标的公式帮助说明介绍了如何使用 KDJ 指标，如图 6-5 所示。

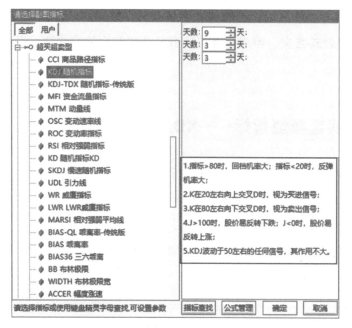

图 6-5　KDJ 随机指标线的公式帮助说明

对照图 6-5 的公式帮助说明与图 6-4 中的三根指标线，逐条分析。

（1）副图中 KDJ 指标的纵坐标的数值有 0、20、50、80、100。

（2）K 线、D 线和 J 线这三条线的数值在 80 以上时，市场处于超买状态，回档概率大；三条线的数值在 20 以下时，市场处于超卖状态，反弹概率大。

（3）K 线在数值 20 附近上穿 D 线，视为买入信号；K 线在数值 80 附近下穿 D 线，视为卖出信号。

（4）J 线大于 100，市场处于超买状态，价格易反转向下；J 线小于 0，市场处于超卖状态，价格易反转向上。

（5）K 线、D 线和 J 线这三条线的数值在 50 附近时，市场处于盘整状态，无交易信号。

因此，可以看到纵坐标存在 5 个关键数值：0、20、50、80、100，如果这几个关键数值不仅显示在副图右侧纵坐标，还能在副图中画出来，就能更好地使用 KDJ 指标线了。

将系统公式 KDJ 另存为"我的 KDJ"，如图 6-6 所示。

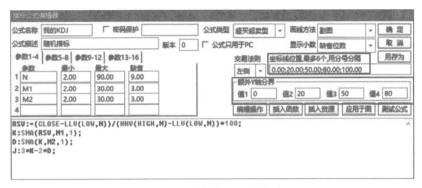

图 6-6 "我的 KDJ"公式

注意公式信息编辑区中的两个输入框:"坐标线位置""额外 Y 轴分界"。坐标线位置是系统公式预先写好的,不用修改。分别填写额外 Y 轴分界的 4 个数值:0、20、50、80。

公式"我的 KDJ"显示效果如图 6-7 所示。系统自动用虚线画出 4 条额外 Y 轴分界线,并且它们不会随着屏幕放大缩小而变化。

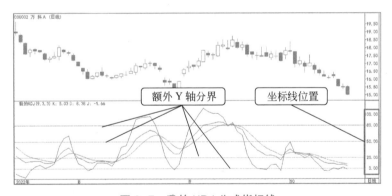

图 6-7 我的 KDJ 公式指标线

由于 K 线、D 线和 J 线这三条线中,K 线和 D 线的金叉死叉可以形成买卖点。把两根线换个颜色,画粗一点,再把 K 线和 D 线的金叉死叉用图标标记,如图 6-8 所示。

编写公式如图 6-9 所示。公式中总共包含 6 个语句,前 4 行是在图 6-6 的系统公式后加上画线设置,新增的两行用于画图标。

尽管公式看上去很复杂,但解构之后,它仍然符合图 3-58(b)的"画出来"流程。

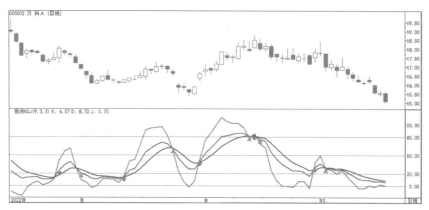

图 6-8 "我的 KDJ"公式指标线个性化画图

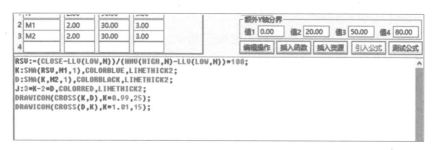

图 6-9 "我的 KDJ"公式编写

公式的输入包含系统数据和参数。公式的输出包含 3 条指标线和 2 个图标。

系统数据有三个：CLOSE 收盘价、LOW 最低价、HIGH 最高价。

参数有三个：N、M1、M2。

第一行的输出符是"：="，表示 RSV 是一个赋值语句。从语句内容看，它属于算法函数。RSV（Raw Stochastic Value，原始随机值）是计算 K 值的中间过程数据。RSV 的计算公式为

$$RSV = \frac{\text{当日收盘价} - N\,\text{日内最低价}}{N\,\text{日内最高价} - N\,\text{日内最低价}} \times 100\%$$

该公式描述的形态如图 6-10 所示。

假设在过去 N 日内，某个交易品种一直在作区间振荡，用虚线表示的振荡过程，说明具体如何振荡不是重点。重点是区间最高价为 N 日内的最高价，区间

最低价为 N 日内的最低价。

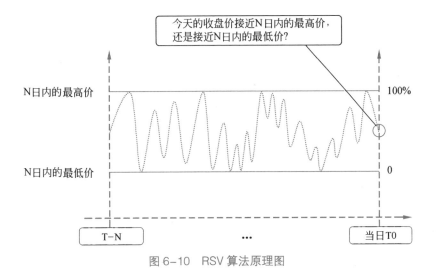

图 6-10　RSV 算法原理图

RSV 的值表示当日收盘价占这个价格区间的百分比。因此，RSV 接近于 0，表示当日收盘价接近 N 日内的最低价；RSV 接近于 100，表示当日收盘价接近 N 日内的最高价。

第一行就是 RSV 计算公式：

```
RSV:=(CLOSE-LLV(LOW,N))/(HHV(HIGH,N)-LLV(LOW,N))*100;
```

其中：HHV 和 LLV 函数都属于引用函数类型；HHV 函数为提取 N 日内的最高价；LLV 函数为提取 N 日内的最低价。

第二行和第三行也是使用"均线"工具"平滑"处理。注意 MA 函数与 SMA 函数都是均线工具，差别在于计算公式不同，感兴趣的投资者可以查阅相关资料。

```
K:SMA(RSV,M1,1),COLORBLUE,LINETHICK2;
D:SMA(K,M2,1),COLORBLACK,LINETHICK2;
```

第二行是将 RSV 值作 M1 周期内的平滑处理，输出为 K 线。

第三行是将 K 线再作一次 M2 周期内的平滑处理，输出为 D 线。因此，D 线要比 K 线更加平缓，即 K 线是快线，D 线是慢线。这正是公式帮助说明中将 K 线 D 线的交叉作为金叉死叉的原因，也是公式第五行和第六行标记图标的依据。

第四行：

```
J:3*K-2*D,COLORRED,LINETHICK2;
```

表示将 K 线与 D 线之间的差值放大 3 倍，为了便于在同一个图中显示，再将 3 倍差值加上 D 线值，调整 J 线的纵坐标，推导过程为

$$J = 3 \times K - 2 \times D$$
$$= 3 \times K - 3 \times D + D$$
$$= 3 \times (K-D) + D$$

因此，J 线的数值越大，表示 K 线与 D 线的距离越远；J 线的数值越小，表示 K 线与 D 线的距离越近。这正是公式帮助说明中将 J 线小于 0 作为买点、J 线大于 100 作为卖点的原因。

在图 6-8 中，可以看到单纯用 K 线 D 线的金叉死叉标记买卖点，信号非常多。这是 KDJ 指标的典型特征：反应快，买卖点明显。同时，它也有明显的不足，当市场极强或极弱时，容易出现指标钝化，可能导致进场太早被套，或者出场太早获利少。

另外，KDJ 指标公式帮助说明，对 K 线 D 线的金叉死叉位置作出建议，金叉出现在 K 线数值 20 附近，死叉出现在 K 线数值 80 附近。这里的 20 和 80 不是标准答案，实战中设置多少全凭个人经验。

设置过程为：将第五行和第六行公式进行修改，主要是对画图条件增加限制。例如，要求出现金叉时，K 线小于 25；要求出现死叉时，K 线大于 60。具体修改如下：

```
DRAWICON((CROSS(K,D) AND K<25),K*0.99,25);
DRAWICON((CROSS(D,K) AND K>60),K*1.03,15);
```

公式修改后，效果如图 6-11 所示。对比图 6-8，图 6-11 中确实过滤掉了很多无用信号，看上去更清爽。再次强调，图 6-11 不是标准答案，金叉死叉的 K 值设置依靠个人实战经验，此处仅介绍调试公式的方法。

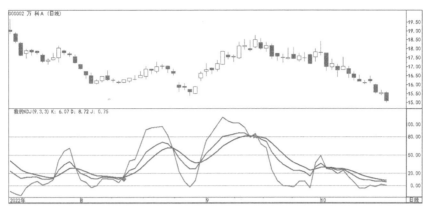

图 6-11　我的 KDJ 公式指标线个性化画图 2

6.4　三种采用 KDJ 指标的专家公式买卖点

　　图 6-4 展示了系统公式 KDJ 随机指标有三条指标线，即 K 线、D 线和 J 线（注意，本节中的"K 线"均不是指蜡烛图"K 线"，而是 KDJ 指标的"K 线"指标线）。对应图 6-5 中的公式帮助说明，KDJ 指标的买卖点用法有以下三种。

　　用法①：K 线、D 线和 J 线这三条线的数值在 80 以上时，市场处于超买状态，回档概率大；三条线的数值在 20 以下时，市场处于超卖状态，反弹概率大。

　　用法②：K 线在数值 20 附近上穿 D 线，视为买入信号；K 线在数值 80 附近下穿 D 线，视为卖出信号。

　　用法③：J 线大于 100 时，市场处于超买状态，价格易反转向下；J 线小于 0 时，市场处于超卖状态，价格易反转向上。

　　通达信系统专家指示功能有三个 KDJ 专家公式，分别采用这三种用法。

6.4.1　KDJ 专家公式买卖点

　　KDJ 专家系统采用了用法③。按快捷键 Ctrl+E，进入"专家系统指示"窗口，选中"KDJ 专家系统"，在主图中调用专家系统指示功能。同时在副图中使用"我的 KDJ"指标公式，效果如图 6-12 所示。

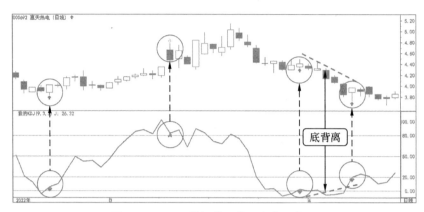

图 6-12　KDJ 指标的 J 线买卖点示意图

副图公式依据用法③只保留了 J 线，按以下操作修改"我的 KDJ"指标公式，如图 6-13 所示。

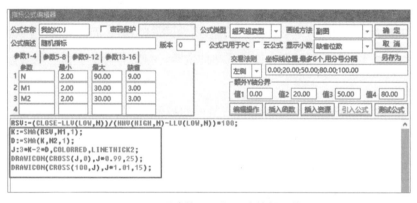

图 6-13　"我的 KDJ"公式编辑 J 线

（1）K 线和 D 线的输出符从 ":" 改为 ":="，删除画线设置。

（2）J 线设置为红色，2 号粗。

（3）J 线上穿 0 轴，用红色钻石图标指示买点。

（4）J 线下穿 100，用逃跑小人图标指示卖点。

图 6-12 中有三个买点信号，由于 J 线的买卖点指示利用了市场超买超卖的特性，因此并不是所有的买点信号都适宜进场。尤其是出现 J 线底背离时，更不能着急进场抄底。

6.4.2　KD 指标专家公式买卖点

KD 指标专家系统采用了用法②。按快捷键 Ctrl+E，进入"专家系统指示"窗口，选中"KD 指标专家系统"，在主图中调用专家系统指示功能。同时在副图中使用"我的 KDJ"指标公式，效果如图 6-14 所示。

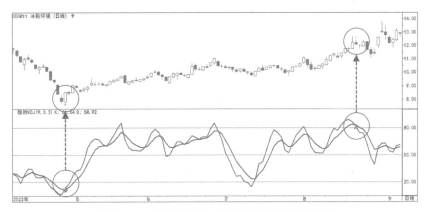

图 6-14　KDJ 指标的 K 线 D 线买卖点示意图

副图公式依据用法②保留 K 线和 D 线，不显示 J 线，按以下操作修改"我的 KDJ"指标公式，如图 6-15 所示。

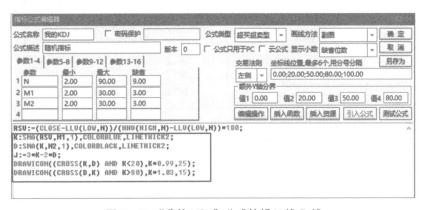

图 6-15　"我的 KDJ"公式编辑 K 线 D 线

（1）J 线的输出符从"："改为"：="，删除画线设置。

（2）K 线和 D 线的输出符从"：="改为"："。

（3）K 线设置为蓝色，2 号粗。

（4）D 线设置为黑色，2 号粗。

（5）K 线上穿 D 线，同时 K 值小于 20，用红色钻石图标指示买点。

（6）K 线下穿 D 线，同时 K 值大于 80，用逃跑小人图标指示卖点。

图 6-14 中的买卖点是利用 K 线和 D 线的金叉死叉进行指示的，可以较好地捕捉一段上升趋势。

6.4.3 DPSJ 大盘随机专家公式买卖点

与前两个专家公式不同，DPSJ 大盘随机专家指示系统的公式使用了大盘指数来指示买卖点。根据用法①且只用大盘指数计算 RSV 值，从而作出 K 线，由于 K 线比 D 线变动更快，因此该公式只将 K 线数值作为买卖点基准。

复制 DPSJ 的专家公式的源码，新建指标公式"我的 DPSJ"，如图 6-16 所示。参数使用系统默认值。

将公式名称 ENTERLONG 改为"买入信号"，同时在逻辑输出语句前加上函数 NOT，并设置指标线为红色，2 号粗。

将公式名称 EXITLONG 改为"卖出信号"，并设置指标线蓝色，2 号粗。

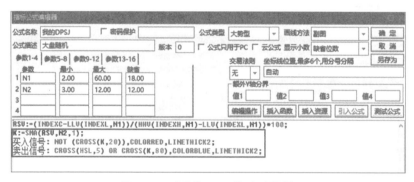

图 6-16 "我的 DPSJ"公式编辑

按快捷键 Ctrl+E，进入"专家系统指示"窗口，选中"DPSJ 大盘随机专家系统"，在主图中调用专家系统指示功能。同时在副图中使用"我的 DPSJ"指标公式，效果如图 6-17 所示。

图 6-17 采用上证指数的周线图，当没有买点信号时，买入信号指标线为 1，一旦出现买点，立刻突变为 0。当没有卖点信号时，卖出信号指标线为 0，

一旦出现卖点，立刻突变为 1。DPSJ 大盘随机专家指示系统的买点信号在指示大盘见底方面效果不错，但卖点信号通常指示的是大盘的摆动高点，并不意味着大盘后续没有上涨空间。

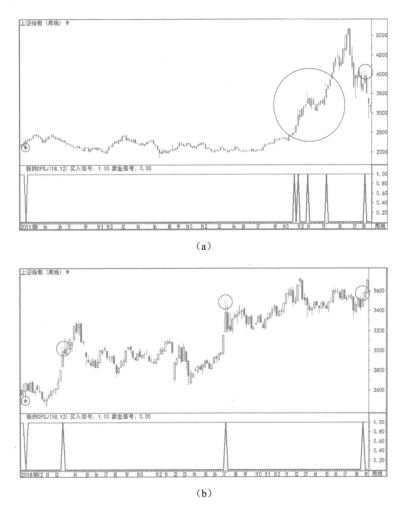

（a）

（b）

图 6-17 "我的 DPSJ" 买卖点示意图

6.5 MACD 专家公式买卖点

MACD 专家系统是利用 MACD 指标来指示买卖点。MACD 指标的全称是平滑异同平均线，属于趋势型指标公式。MACD 指标号称"指标之王"，建议读者深入研究。

6.5.1　综合运用专家公式与指标公式，判定买卖点

实战中使用 MACD 买卖点指示时，需综合使用 MACD 指标的副图指标线功能和主图专家指示功能，使买卖点指示更直观。按快捷键 Ctrl+E，进入"专家系统指示"窗口，选中"MACD 专家系统"，在主图中调用专家系统指示功能。按快捷键 Alt+2 设置一个副图，然后按快捷键 Ctrl+I，在副图设置 MACD 指标，如图 6-18 所示。

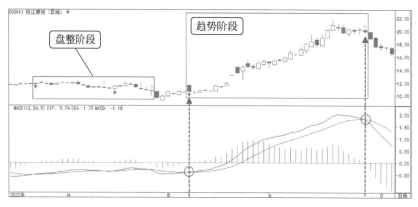

图 6-18　MACD 指标的买卖点示意图

图 6-18 中 MACD 专家公式在盘整阶段指示尚可，指示买点后，如果后续没有形成上升趋势，则提示卖出信号，止损离场。趋势阶段的指示效果较好。

通达信软件分别在两个公式帮助说明中介绍了 MACD 指标用法，如图 6-19 和图 6-20 所示。图 6-19 所示为 MACD 技术指标公式的帮助说明，图 6-20 所示为 MACD 专家公式的帮助说明。

对比 MACD 技术指标公式和专家公式的帮助说明，尽管都是 MACD 公式，并且参数也相同，但是，由于技术指标公式侧重于指标线，专家公式侧重标记买卖点，使用场景不同，因此两者的帮助说明也不同。

副图的 MACD 指标有 3 条指标线，DIF 是黑线，DEA 是蓝线，MACD 是围绕 0 轴上下波动的彩色柱线。图 6-19 中的指标公式帮助围绕 3 条指标线的四种用法，归纳为以下三条。

图 6-19 MACD 指标公式帮助

图 6-20 MACD 专家公式帮助

用法①：根据 DIFF 线和 DEA 线的金叉死叉，作为买卖点信号。

用法②：根据 MACD 柱线的颜色变化，作为买卖点信号。

用法③：根据 DEA 线与 K 线的背离情况，判断行情是否反转。

图 6-20 中专家公式帮助的第一条，表明 MACD 专家公式利用了 MACD 柱线颜色变化作为买卖点信号，即 MACD 指标公式用法②。

此外，专家公式买点信号结合底背离技术后非常有利可图，如图 6-21 所示。形成底背离前的买点信号，被后续盘整阶段的卖出信号提示止损离场。而形成底背离后的买点信号，紧跟了一段上升趋势，买卖点的指示效果均较好。

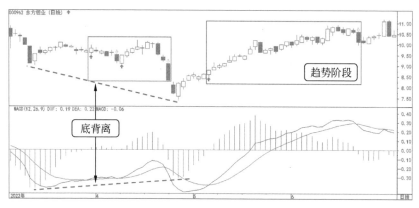

图 6-21 MACD 指标底背离示意图

图 6-22 所示的三重底形态相对复杂一些。形成底背离前的第一个买点信号被卖出信号提示止损离场。随后的第二个买点信号，可以视为双重底的买入信号，基本满足 MACD 柱线与 K 线底背离。但后续出现的小型下降趋势，开始构造第三个底，卖出信号再次提示止损离场。两根长下影线 Pinbar 构造了第三个底，表明此时价格拒绝继续下跌，同时构造了更符合底背离技术的形态。随后出现的第三个买点信号，紧跟一段上升趋势，卖点指示信号确实有利可图。

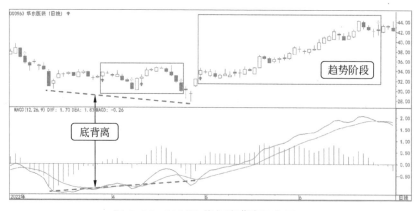

图 6-22 MACD 指标底背离示意图 2

上述两个案例均利用了底背离技术以及 MACD 指标公式用法②，判断趋势逆转效果不错。此处并未采用 MACD 指标公式用法③，而是仅使用了 MACD

柱线与 K 线的底背离。

6.5.2　根据 DIFF 线和 DEA 线的金叉死叉，编写买卖点公式

本节根据 MACD 指标公式用法①编写买卖点公式，结合副图 MACD 指标线指导交易实战。下面编写专家公式"我的 MACD"，如图 6-23 所示。

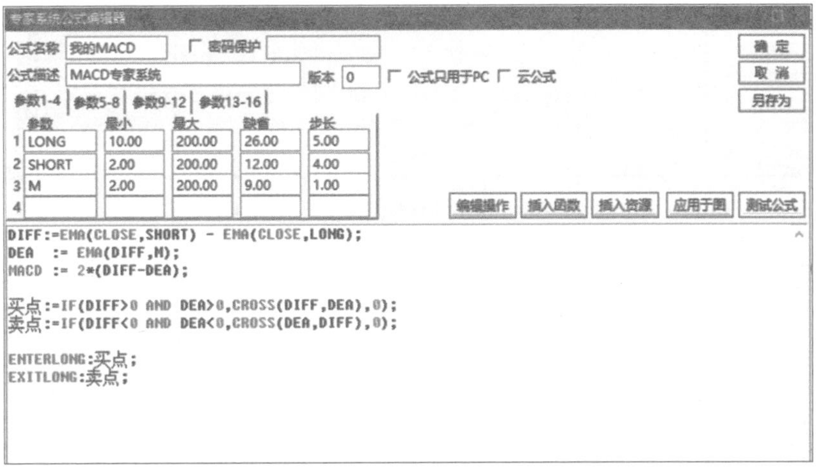

图 6-23　"我的 MACD"公式编辑

公式前三行是 MACD 算法公式，从 MACD 系统公式直接复制过来即可。

第四行的买点，使用"选择函数"类型中的 IF 函数，如果 DIFF 和 DEA 都大于 0，则判断 DIFF 线是否上穿 DEA 线，上穿输出 1，否则输出 0。该语句符合 MACD 指标公式用法①的买点条件，即图 6-19 中公式用法第 1 条——DIFF 线、DEA 线均为正，DIFF 线向上突破 DEA 线。

第五行的卖点，使用"选择函数"类型中的 IF 函数，如果 DIFF 和 DEA 都小于 0，则判断 DEA 线是否上穿 DIFF 线，上穿输出 1，否则输出 0。该语句符合 MACD 指标公式用法①的卖点条件，即图 6-19 中公式用法第 2 条——DIFF 线、DEA 线均为负，DIFF 线向下跌破 DEA 线。

"我的 MACD"专家公式的指示结果如图 6-24 所示。

买点图标为深色上箭头，卖点图标为浅色下箭头，尽管公式编写无误，逻辑符合 MACD 指标公式用法①，但指示效果并不理想。在上升趋势快结束时持续

提示买入，下降趋势尚未结束时不断提示卖出。买卖点指示明显无利可图。

图 6-24 "我的 MACD"买卖点示意图

图 6-23 中的公式编写逻辑符合图 6-19 中公式用法前两条，因此公式是正确的。那么要想买卖点指示更合理，就必须修正买卖点的算法。

将 MACD 指标公式用法①的两个条件进行以下修改，关键是交换"正""负"。

将用法①的买点条件改为：DIFF 线、DEA 线均为负，DIFF 线向上突破DEA 线。

将用法①的卖点条件改为：DIFF 线、DEA 线均为正，DIFF 线向下跌破DEA 线。

公式编写如图 6-25 所示。

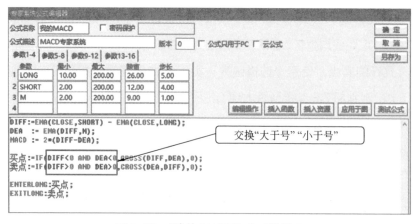

图 6-25 "我的 MACD"公式编辑 2

修改公式后指示效果如图 6-26 所示，从左往右观察有以下发现。

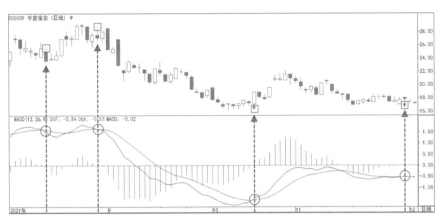

图 6-26　"我的 MACD"买卖点示意图 2

（1）在上升趋势尾声不断有卖出信号提示，指示有效。

（2）下降趋势的第一个买入信号，后面接了一段涨幅 20% 左右的反弹，买入信号有效。尽管没有指示相应的卖出信号，但该买入信号是有效的。

利用 MACD 指标公式用法①可以捕捉中期趋势的启动与结束。实战中要配合适当的加建仓规则以及主动止盈策略才能更加有利可图。

6.6　BOLL 布林带专家公式买卖点

BOLL 布林带专家系统利用 BOLL 布林线来指示买卖点。BOLL 布林线属于路径型指标公式。BOLL 布林线由证券分析专家约翰·布林格（John Bollinger）发明，它利用统计学原理，画出价格运行的"平均价格带"，根据当前走势在价格带中的相对位置，判断风险程度和买卖点。

6.6.1　区分不同的布林线指标公式

通达信系统中与 BOLL 布林线有关的指标公式有三个，然而相关的选股公式和专家公式都是基于同一个 BOLL 布林线指标算法改写而成的。

（1）BOLL-M 布林线传统版，加密公式，主图画线。

（2）BOLL布林线，副图画线，叠加美国线。

（3）BBIBOLL多空布林线，属于均线型指标公式，是BBI多空均线和BOLL布林线组合而成的指标公式。

本节重点解析前两个公式。布林线的构造逻辑如图6-27所示。布林线指标包含三条线：布林带上轨、布林带中轨和布林带下轨。图6-27中的曲线为价格走势示意，当价格冲破布林带上轨，或者冲破布林带下轨时，说明当前价格走势的风险变高，后续可能会发生趋势逆转。当价格冲破布林带下轨时，后续可能出现价格止跌反弹；当价格冲破布林带上轨时，后续可能出现价格下跌。但是如果价格长时间在布林带上轨和布林带中轨之间运动，表明价格正处于上升趋势；如果价格长时间在布林带下轨和布林带中轨之间运动，表明价格正处于下降趋势。

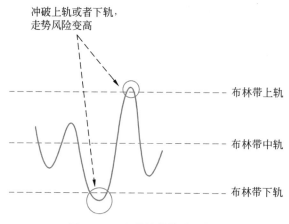

图6-27　布林线的构造逻辑图

实际图表的布林带中轨并不是图6-27中的一条直线，而是一条曲线，通常使用中期20日均线。布林带上轨和布林带下轨跟随布林带中轨运动，也不是直线。布林带上轨与布林带中轨的距离，同布林带下轨与布林带中轨之间的距离是相等的。如图6-28所示，主图同时设置了BOLL-M布林线传统版指标线和BOLL布林线专家系统指示功能，副图使用了BOLL布林线。

从左往右观察图6-28的买卖点信号，专家公式的买卖点指示与主图特征不太一致，更符合副图的特征。

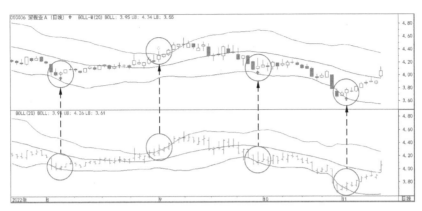

图 6-28　布林线的买卖点示意图

第一个买点，对应副图是前日收盘价跌破布林带下轨，当日的小阳线收于布林带下轨之上，即价格回到布林带之中。但主图中的收盘价并没有表现出前日跌破布林带下轨，当日收于布林带之中。主图中收盘价一直在布林带之中运动。

第二个卖点，对应副图是当日收盘价突破布林带上轨，即收于布林带之外。但主图中收盘价与布林带上轨的价格相等，均为 4.31 元。

第三个买点与第一个买点的情况类似，在副图中前日收盘价跌破布林带下轨之下，当日收于布林带中。但主图中前日和当日的收盘价均在布林带中。

第四个买点，在主图和副图的表现基本一致。三日前的大阴线收盘于布林带下轨之下，随后两日价格持续在布林带下轨附近运动，当日收回到布林带之中。

根据以上分析，可以得出结论：当前通达信系统的布林带专家指示与副图指标的算法一致，副图指标与主图指标的算法不同，因此主图和副图的指标线也不同。

6.6.2　编写指示一致的布林线指标公式

通过查阅资料，加密的主图指标对布林带中轨采用了 SMA 均线工具，而副图指标的布林带中轨采用的是 MA 均线工具，同时系统中的专家公式和买卖点选股公式也采用 MA 均线工具，如图 6-29 所示。主图指标公式与副图指标公式中布林带中轨的算法差异，导致了图 6-28 中的专家买卖点信号指示与主图指标线特征不一致。

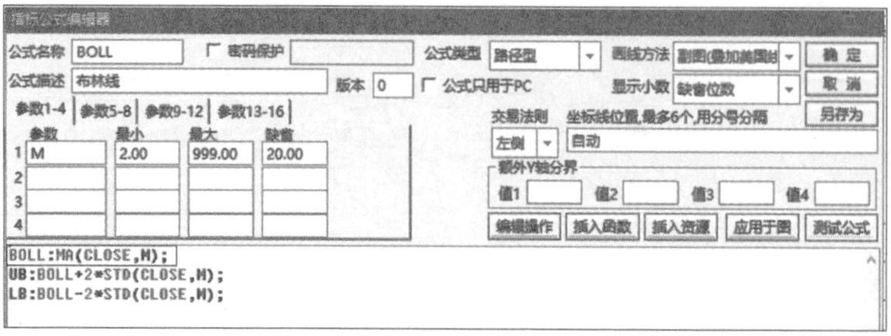

（a）

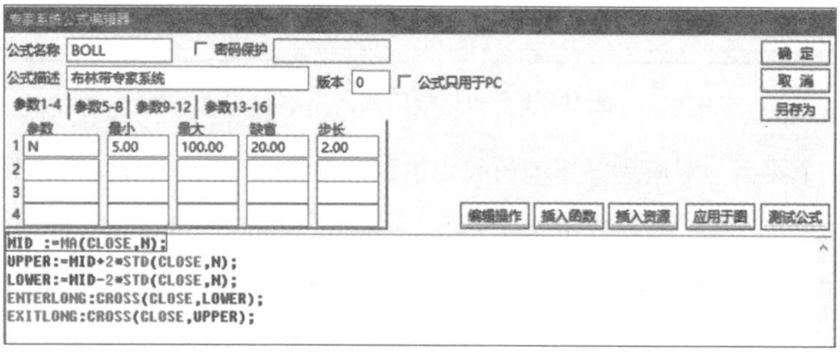

（b）

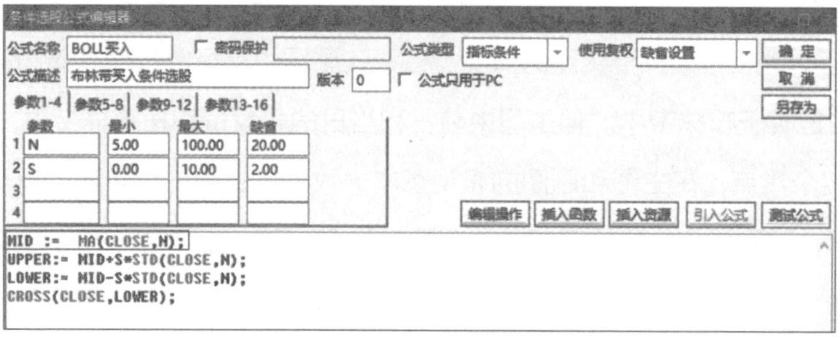

（c）

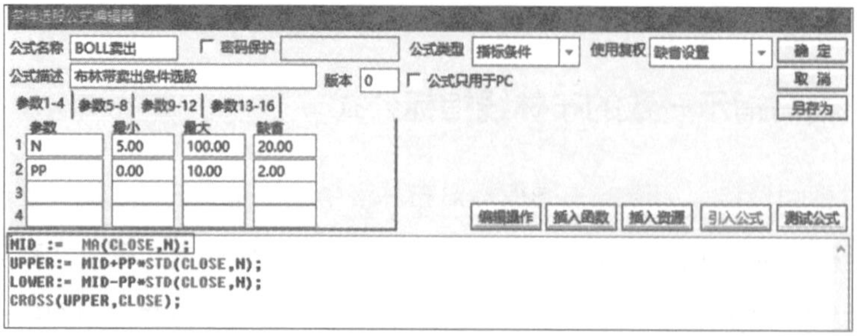

（d）

图 6-29　布林线系统公式源代码

（a）副图指标公式；（b）专家公式；（c）买点选股公式；（d）卖点选股公式

要使布林带主图指标线与专家公式买卖点信号指示一致的结果，关键是主图指标线的布林带中轨算法也使用 MA 均线工具。将副图指标公式"BOLL 布林线"另存为"我的 BOLL"，画线方法改为"主图叠加"，公式编写如图 6-30 所示。

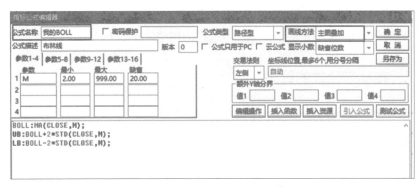

图 6-30　"我的 BOLL"公式编辑

"我的 BOLL"主图指标线如图 6-31 所示。此时前三个买卖点标记与指标线特征保持一致。

图 6-31　"我的 BOLL"买卖点示意图

那么，为何不选择将专家公式的布林带中轨算法改用 SMA 均线工具呢？

回到图 6-28，如果新建一个专家公式，使布林带中轨的算法与主图指标线保持一致，也就是使用 SMA 均线工具，那么主图只会标记第四个买点信号，前三个买卖点信号都不会标记。这将令投资者损失不少有利可图的交易机会，因此选择了主图指标线的布林带中轨算法采用 MA 均线工具的方式，保证指标线与买卖点指示一致。

另外，指标公式"我的 BOLL"还可以配合选股功能一起使用。执行"BOLL 买入"或"BOLL 卖出"条件选股公式后，逐只查看股票时，配合主图指标和专家指示标记，所见即所得。算法的一致性保证了买卖点标记的一致性，还节省了一个副图窗口，便于显示其他指标，如成交量或 MACD 等。

6.6.3　布林带公式的算法解析

对比图 6-29 的几个系统公式，图 6-29（a）中为技术指标公式，布林线指标的三条线各用一个公式画出，公式名称对应画线名称，公式内容是算法公式。

BOLL 表示布林带中轨，直接使用收盘价 CLOSE 的 20 均线，参数 M 缺省值为 20。

UB 表示布林带上轨（UPPER BOLL 的首字母），LB 表示布林带下轨（LOWER BOLL 的首字母），计算公式分别为

布林带上轨 = 布林带中轨 +2× 标准差

布林带下轨 = 布林带中轨 −2× 标准差

标准差是统计学术语，计算公式为

$$\sigma = \sqrt{\frac{\sum_{i=1}^{N}(x_i - \mu)}{N}}$$

其中：μ 为均值，即布林带中轨的数值；N 为样本数，即均值的周期。

通达信公式系统中，求标准差可以直接使用函数 STD，其用法是：

```
STD(X,N)
```

表示对序列 X 在 N 个周期内估算标准差。由于计算布林带中轨使用收盘价 CLOSE，因此计算标准差时，X 也用收盘价 CLOSE 替换。

此处的 N 由参数 M 表示。

图 6-29（b）中的专家公式是在图 6-29（a）中指标公式的基础上，先把

三条指标线改为赋值语句，输出符从"："改为"：="，然后再增加买卖点公式。

买点为收盘价线上穿布林带下轨，捕捉的时刻是价格从跌破布林带下轨后，又涨回至布林带之中。

卖点为收盘价线上穿布林带上轨，捕捉的时刻是价格从正常的布林带之中运动到布林带上方。

图 6-29（c）中的买点选股公式是在图 6-29（b）中专家公式的基础上，删除卖点公式，只保留买点公式，并删除买点标记函数 ENTERLONG 及操作符"："。

图 6-29（d）中的卖点选股公式是在图 6-29（b）中专家公式的基础上，删除买点公式，只保留卖点公式，并删除卖点标记函数 EXITLONG 及操作符"："。

6.6.4 布林带公式的实战建议

BOLL 布林线作为路径型指标公式，作出的指标线是沿着布林带中轨，也就是沿着均线运动的价格带。实战中研判买点时还需结合趋势综合判断，不能完全参照买卖点标记进行"傻瓜式"交易。

如图 6-32 所示，左侧小型上升趋势的买点标记与随后的卖点标记，可以盈利离场。但之后的上升趋势由于没有标记买点，因此，如果完全参照布林线买卖点指示，就会错过这段行情，因为这段行情只标记了很多卖点，一个买点信号也没有。

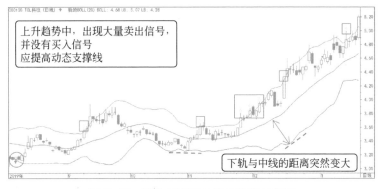

图 6-32 综合运用布林线与趋势示意图

223

如何使用布林线指标跟随这段上升趋势呢?

布林线构造逻辑表明在震荡行情中,布林带下轨起着动态支撑的作用,布林带上轨起着动态阻力的作用。而上升趋势的价格会逐渐远离布林带下轨,并经常触碰布林带上轨发出卖出信号,不能使用布林带下轨作为动态支撑线。跟随图6-32中的上升趋势,可将布林带中轨视为动态支撑线,当价格回调至布林带中轨附近时就考虑买入。

还可以观察布林带下轨与布林带中轨的距离,如果距离突然变大,也说明此时上涨力度变大,应考虑抬高动态支撑线。

对应地,在下降趋势中出现买点信号时,如果价格大部分时间都在布林带中轨和布林带下轨之间运动,说明此时下跌力度很大。即使出现买点信号,也不应考虑买入。

6.7　DMI 趋向专家公式买卖点

DMI 趋向专家系统是利用 DMI 趋向指标来指示买卖点。DMI 趋向指标属于趋势型指标公式。DMI 指标(Directional Movement Index,趋向指标或动向指标)由技术分析大师威尔斯·威尔德发明,用于研判中长期的趋势。

6.7.1　使用 PDI 和 MDI 指标线标记买卖点

通达信系统只有一个 DMI 指标公式和对应的专家公式。DMI 专家公式根据 PDI 指标线和 MDI 指标线出现金叉死叉标记买卖点。

按快捷键 Ctrl+E,进入"专家系统指示"窗口,选中"DMI 趋向专家系统",在主图中调用专家系统指示功能,效果如图6-33所示。同时将指标公式"DMI 趋向指标"另存为"我的 DMI",只保留指标线 PDI 和 MDI,在副图画线。

编写"我的 DMI"指标公式,如图6-34所示。"额外 Y 轴分界"添加数值:30、40、50、60。PDI 和 MDI 指标线分别添加颜色和粗细设置。

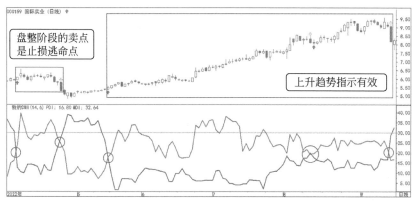

图 6-33　DMI 趋向指标的买卖点示意图

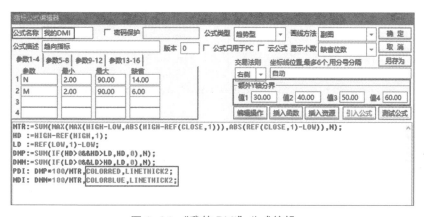

图 6-34　"我的 DMI"公式编辑

在图 6-33 的副图中，红线是 PDI 指标线，表示上升趋势的动能，又称为上升动向；蓝线是 MDI 指标线，表示下降趋势的动能，又称为下降动向。纵坐标表示趋势动能的百分比数值，可以看出，大部分时间 PDI 和 MDI 指标线在 30 以下运动。当数值超过 50 时，表明此时趋势动能非常强，实战中要注意趋势方向线 PDI 或者 MDI 突然掉头向下。

图 6-33 的买卖点标记在盘整阶段的买点指示效果尚可，注意盘整阶段的卖点信号是最后的止损点，再不"逃命"，可能被套。而趋势阶段的买卖点指示效果良好。

DMI 指标的买点规则是：PDI 指标线上穿 MDI 指标线，说明此时上升趋势的动能比下降趋势的动能更强，后续依靠惯性还有一段上升趋势。

DMI 指标的卖点规则是：PDI 指标线下穿 MDI 指标线，说明此时下降趋势的动能比上升趋势的动能更强，后续依靠惯性还有一段下降趋势。

6.7.2　显示趋势强度的 ADX 指标线

ADX 指标线是利用 PDI 和 MDI 指标线计算出来的，实战中也可以单独使用。复制系统指标公式"DMI 趋向指标"中的 ADX 指标线公式，粘贴在图 6-34 中公式的最后一行，如图 6-35 所示，设置 ADX 指标线为黑色，2 号粗。

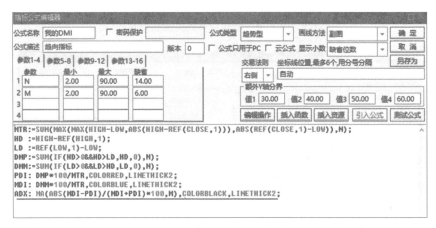

图 6-35　"我的 DMI"公式编辑 2

包含 PDI、MDI 和 ADX 三条指标线的"我的 DMI"指标公式如图 6-36 所示。

图 6-36　DMI 趋向指标的 ADX 指标线示意图

ADX 指标线又称为趋向平均值，它用数值显示出当前趋势力量更强的一方"到底有多强"。

当 PDI 指标线上穿 MDI 指标线之后，此时买方力量更强，ADX 指标线的数值就表示上升趋势的强度。

当 PDI 指标线下穿 MDI 指标线之后，此时卖方力量更强，ADX 指标线的数值就表示下降趋势的强度。

尤其是当 ADX 指标线出现突然上冲，又突然回落的情况时，表明多空双方正在激战，持有多单的投资者此时要提高警惕。

6.7.3　显示评估 ADX 的 ADXR 指标线

ADXR 指标线是利用 ADX 指标线计算出来的，实战中也可以单独使用。继续复制系统指标公式"DMI 趋向指标"中的 ADXR 指标线公式，粘贴在图 6-35 中公式的最后一行，如图 6-37 所示，设置 ADXR 指标线为灰色，2 号粗。

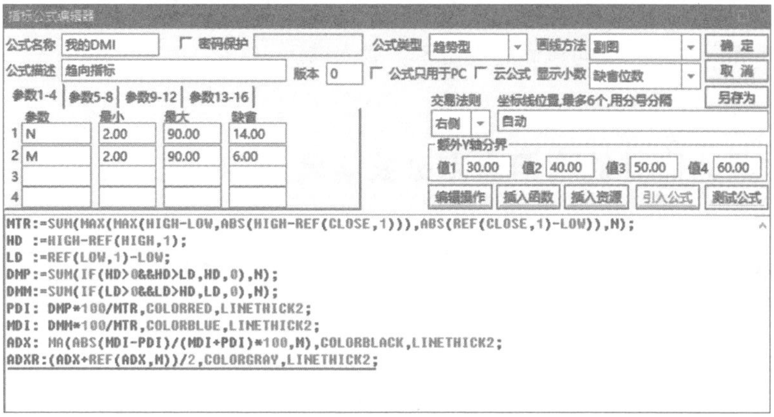

图 6-37　我的 DMI 公式编辑 3

包含 PDI、MDI、ADX 和 ADXR 四条指标线的"我的 DMI"指标公式如图 6-38 所示。

观察图 6-38 中的副图，ADXR 指标线的波动比 ADX 指标线更平缓，它能对 ADX 指示的趋势强度改变进行二次确认。

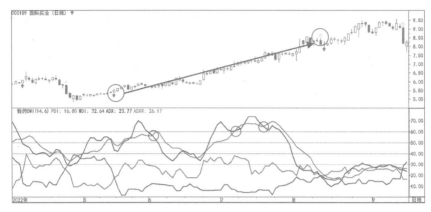

图 6-38　DMI 趋向指标的 ADXR 指标线示意图

在上升趋势中，当 ADX 指标线向下掉头后，如果投资者还想继续跟随趋势，那么当后续出现 ADX 指标线下穿 ADXR 指标线时，可考虑止盈离场。到底选择继续跟随趋势，还是及时止盈离场，取决于投资者的主观判断。

由于系统公式"DMI"趋向指标具有四条指标线，并且默认画线不易辨认，因此可能导致投资者因记忆不清各条指标线的意义，增加研判难度。实战中可以只用 PDI 和 MDI 指标线，也可以只用 ADX 指标线和 ADXR 指标线，通过修改"我的 DMI"指标公式可以满足投资者实战需求。

6.8　通达信其他常用专家公式买卖点

通达信软件还有一些基于常用指标的专家公式，系统提供了公式买卖点的说明。

6.8.1　RSI 相对强弱专家公式买卖点

RSI 相对强弱专家系统是利用 RSI 相对强弱指标来指示买卖点。RSI 相对强弱指标属于超买超卖型指标公式。

本书在第 4 章详细讲解了 RSI 指标线的算法和公式编写过程。下面直接在主图中调用"RSI 相对强弱专家系统"，如图 6-39 所示。同时，在副图中使用"我的 RSI"指标公式，只保留一条指标线"我的 RSI 快线"，设置"我的 RSI

快线"为蓝色，2号粗。

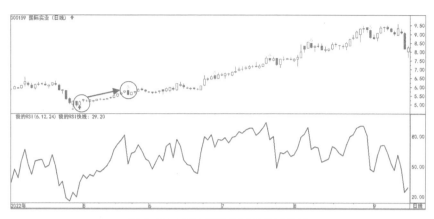

图 6-39　RSI 指标的买卖点示意图

对比图 6-38 和图 6-39 中主图的买卖点标记，可以看出使用 RSI 指标比使用 DMI 指标明显会"买得早，卖得也早"。

使用 RSI 指标捕捉趋势逆转点，效果明显。这是由于它将每一次价格由跌变涨，都认为是可能的逆转，并进行标记。对应地，它将每一次价格由涨变跌也进行标记，于是导致上升趋势中卖点信号较多。

实战中研判 RSI 指标卖点信号是否有效，还需结合成交量、MACD 等指标综合使用，尽量"卖得晚一点"。

6.8.2　ROC 变动速率专家公式买卖点

ROC 变动速率专家系统是利用 ROC 变动率来指示买卖点。ROC 变动率属于超买超卖型指标公式。

本书在第 4 章详细讲解了 ROC 指标线的算法和公式编写过程。下面直接在主图中调用"ROC 变动速率专家系统"，同时在副图中使用"我的 ROC"指标公式，如图 6-40 所示。

对应修改副图指标公式"我的 ROC"，如图 6-41 所示。

（1）额外 Y 轴分界添加数值：0。

（2）我的 ROC 指标线设置为蓝色，2号粗。

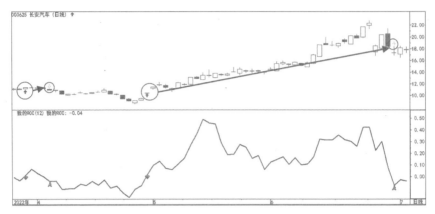

图 6-40　ROC 指标的买卖点示意图

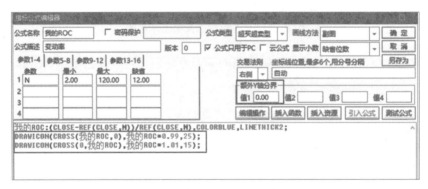

图 6-41　修改"我的 ROC"指标公式

（3）我的 ROC 指标线上穿 0 轴，用红色钻石图标指示买点。

（4）我的 ROC 指标线下穿 0 轴，用逃跑小人图标指示卖点。

图 6-40 中的 ROC 指标在盘整阶段有与买点对应的止损离场指示，捕捉上升趋势的指示效果尚可。

ROC 指标用途广泛，除了用于指示买卖点外，它还是很多指标的基础数据。基于 ROC 指标衍生的对比强弱指标，如图 4-20 所示的"我的 DBQR"和"我的 DBQR2"两个指标公式，可以用于比较个股与大盘在单日或累积表现的走势强弱。

6.8.3　CCI 专家公式买卖点

CCI 专家系统利用 CCI 指标来指示买卖点。CCI 商品路径指标属于超买超卖型指标公式。CCI 指标由证券分析专家唐纳德·兰伯特（Donald Lambert）发明，最早用于外汇、期货交易，也能用于股票。它也利用了统计学原理，但采用了价格的平均绝对偏差，用于捕捉短期内暴涨暴跌的交易机会。

普通的指标公式计算出的数值范围在（−100，100），而 CCI 指标的数值范围是（−∞，+∞）。它捕捉的交易机会是市场的短期剧烈波动，在 CCI 数值上穿 −100 时买入，下穿 100 时卖出。

按快捷键 Ctrl+E，进入"专家系统指示"窗口，选中"CCI 专家系统"，在主图中调用专家系统指示功能。同时，在副图中打开 CCI 指标，使用默认的参数，如图 6-42 所示，CCI 指标线设置为蓝色，2 号粗。

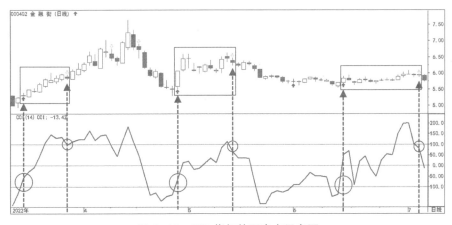

图 6-42　CCI 指标的买卖点示意图

图 6-42 中有多组买卖点标记，显示出 CCI 指标在横盘震荡区间，指示效果良好。一次完整的买卖交易，持续时间通常在 10 根 K 线左右。

由于 CCI 指标本身的特性，当交易品种的 CCI 指标数值长时间运动在（−100，100）期间，或长时间运动在 100 以上，或长时间运动在 −100 以下时，都不太适合使用 CCI 指标来指示买卖点。CCI 指标捕捉的就是从 −100 短期快速运动到 100 的交易机会。如果冲到 100 后，还能在 100 以上持续几天，那就继续持有。一旦向下跌破 100，则应及时离场。另外，如果长时间没有上冲至100，CCI 指标便向下掉头，也必须及时离场。

如图 6-43 所示，图中有三组完整的买卖点指示，均显示出 CCI 指标的短期有效性。但是有一个买点没有对应的卖点指示。观察出现买点之后的 CCI 指标线，微微突破 0 值之后，就向下掉头，没有表现出短期内要上冲 100 的势头，此时一定要及时离场。

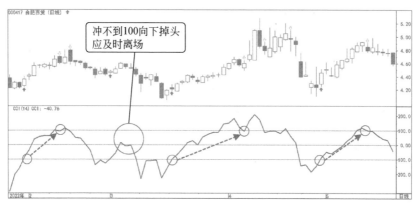

图 6-43　CCI 指标的买卖点示意图 2

6.8.4　BIAS 乖离率专家公式买卖点

BIAS 乖离率专家系统利用 BIAS 乖离率来指示买卖点。BIAS 乖离率属于超买超卖型指标公式。通达信系统中与 BIAS 乖离率相关的指标公式有以下三个。

（1）BIAS-QL 乖离率 – 传统版。

（2）BIAS 乖离率。

（3）BIAS36 三六乖离。

另外，还有以下两个选股公式。

（1）BIAS 买入：乖离率买入条件选股。

（2）BIAS 卖出：乖离率卖出条件选股。

另外，还有一个 BIAS 乖离率专家系统指示。

其中，选股公式和专家公式都使用了 BIAS 乖离率的 BIAS2 指标线，参数值取 12。

按快捷键 Ctrl+E，进入"专家系统指示"窗口，选中"BIAS 乖离率专家系统"，在主图中调用专家系统指示功能，效果如图 6-44 所示。同时将指标公式"BIAS 乖离率"另存为"我的 BIAS"，只保留指标线 BIAS2，设置为蓝色，

2 号粗，在副图画线。

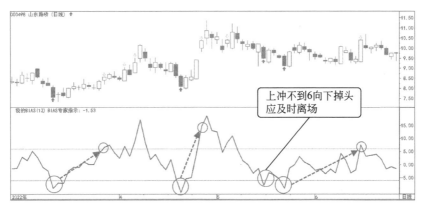

图 6-44　BIAS 乖离率的买卖点示意图

编写"我的 BIAS"指标公式，如图 6-45 所示。只保留一个参数 N，缺省值为 12。为便于对照主图的专家系统指示，"额外 Y 轴分界"增加"-6"和"6"。

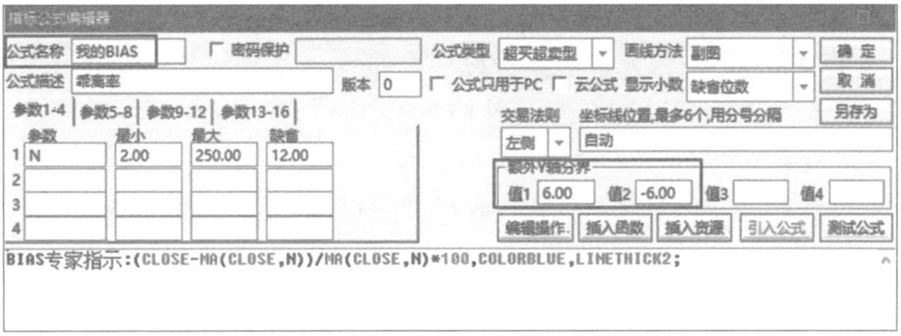

图 6-45　"我的 BIAS"公式编辑

图 6-44 中有三组完整的买卖点指示，显示出 BIAS 指标的短期指示有效性，但有两个买点无对应的卖点指示。观察买点出现之后的 BIAS 指标线数值，没有上冲到 6 就向下掉头了，此时一定要及时离场。

查看 BIAS 乖离率专家系统指示的公式源代码，如图 6-46 所示。BIAS 乖离率的买点为乖离率指标线下穿 -6。BIAS 乖离率的卖点为乖离率指标线上穿 6。

需要注意的是：BIAS 乖离率的买卖点逻辑与 CCI 指标是相反的。CCI 指标的买点为 CCI 指标线上穿 -100。CCI 指标的卖点为 CCI 指标线下穿 100。

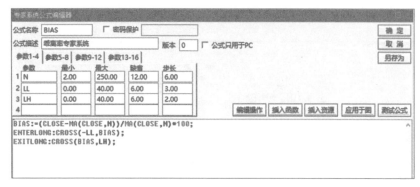

图 6-46　BIAS 专家公式

另外，BIAS 乖离率的 LL 买点标准 −6 和 LH 卖点标准 6 是可调的，与均线的时间周期有关。不同周期的买卖点标准不同，周期越长，数值越大。

为便于投资者日常使用，可以创建一套 BIAS 乖离率的技术指标公式和对应的专家公式，保持两个公式的均值周期 N 一致，参考表 6-1 设置专家公式的买卖点数值。

表 6-1　乖离率买卖点参考数值表

乖离值的均值周期	LL 买点参考数值	LH 卖点参考数值
6 日	−3.5	4
12 日	−5	5.5
24 日	−7.5	8.5
72 日	−11.5	12.5

6.8.5　MTM 动力指标专家公式买卖点

MTM 动力指标专家系统利用 MTM 动量线来指示买卖点。MTM 动量线属于超买超卖型指标公式。MTM 指标（Momentum Index，动量指标或动力指标）也由技术分析大师威尔斯·威尔德发明，用于研判中短期的价格波动。

通达信系统只有一个 MTM 指标公式和对应的专家公式。MTM 专家公式根据 MTM 指标线与 0 轴出现金叉死叉，进行买卖点标记。

将指标公式"MTM 动量线"另存为"我的 MTM"，只保留指标线 MTM，在副图画线，如图 6-47 所示。

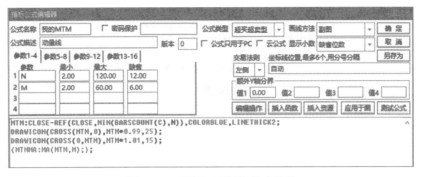

图 6-47 "我的 MTM"公式编辑

（1）MTM 指标线设置为蓝色，2 号粗。

（2）MTM 指标线上穿 0 轴，用红色钻石图标指示买点。

（3）MTM 指标线下穿 0 轴，用逃跑小人图标指示卖点。

（4）在系统公式的"MTMMA"指标线语句前后分别加上大括号"{}"，变成注释语句，不执行计算和画线功能。

按快捷键 Ctrl+E，进入"专家系统指示"窗口，选中"MTM 动力指标专家系统"，在主图中调用专家系统指示功能，效果如图 6-48 所示。

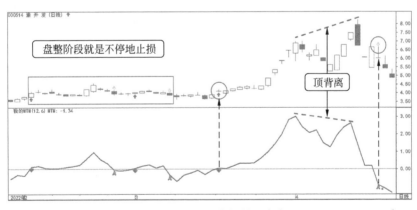

图 6-48 MTM 指标的买卖点

图 6-48 的 MTM 指标在盘整阶段频繁指示买卖点，说明如果按照 MTM 指标进行交易，盘整阶段就会不停地止损，而在捕捉上升趋势的启动和结束方面效果尚可。

这种指示方式合理吗？

其实，这种指示方式理论上是可以接受的。因为 MTM 指标线跟踪的是价格波动的速度，指标线向上抬头，说明价格正在加速向上运动；指标线向下掉头，说明价格正在加速向下运动。而 0 轴又将价格波动的力量方向进行分类：当指标线在 0 轴下方运动时，说明在指定的观测周期内，下跌的动力强于上涨的动力；当指标线在 0 轴上方运动时，说明上涨的动力强于下跌的动力。

实战中还可结合顶背离技术，实现"卖得早一点"。如图 6-48 所示，MTM 指标出现"顶背离"时，尽管价格还在不停创新高，但却表现出上涨动力不足，尤其是指标线突然上冲，后续也有可能突然回落，需要投资者提高警惕。当然也可以反向利用，指标线突然下跌，后续也有可能突然反弹，胆大的投资者可以制订反弹交易计划，快进快出。

6.8.6　PSY 心理线专家公式买卖点

PSY 心理线专家系统利用 PSY 心理线来指示买卖点。PSY 心理线属于能量型指标公式。PSY 心理线（Psychological Line）又称为大众指标（Majority Rule，MJR），用于跟踪投资偏好，利用量化数值显示市场在指定周期内倾向于买方还是卖方。

通达信系统只有一个 PSY 指标公式和对应的专家公式。PSY 专家公式根据 PSY 指标线和极端心理数值出现金叉死叉，进行买卖点标记。

将指标公式"PSY 心理线"另存为"我的 PSY"，只保留指标线 PSY，在副图画线，如图 6-49 所示。

图 6-49　"我的 PSY"公式编辑

（1）额外 Y 轴分界添加数值：25、50、75。

（2）PSY 指标线设置为红色，2 号粗。

（3）在系统公式的"PSYMA"指标线语句前后分别加上大括号"{}"，变成注释语句，不执行计算和画线功能。

按快捷键 Ctrl+E，进入"专家系统指示"窗口，选中"PSY 心理线专家系统"，在主图中调用专家系统指示功能，效果如图 6-50 所示。

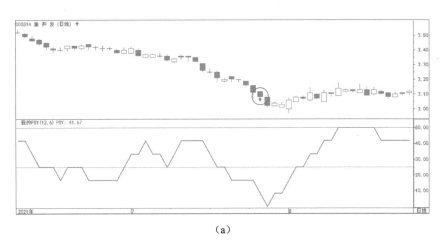

（a）

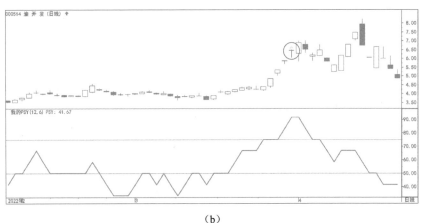

（b）

图 6-50　PSY 指标的买卖点示意图

（a）PSY 指标的买点；（b）PSY 指标的卖点

图 6-50 中的 PSY 指标买卖点信号很难在短期内成对出现，短期内不是单独指示买点，就是单独指示卖点。

PSY 指标线的数值范围是（0，100），正常情况下围绕中位数 50 小幅波动。当 PSY 数值低于 25 时，说明市场处于超卖状态，投资者倾向于买入；当 PSY 数值高于 75 时，说明市场处于超买状态，投资者倾向于卖出。

PSY 专家公式将买点设置在 PSY 心理线下穿 10，卖点设置在 PSY 心理线上穿 85，属于极端的市场心理阶段，这是 PSY 指示的买卖点数量不多的因素之一。

既然 PSY 指标线仅能指示出当前市场倾向于买入还是卖出，并且图 6-50 表明买卖点在短期内难以成对出现。下面换一种方式，利用 PSY 指标线捕捉盘整阶段的买卖点。

将系统专家公式"PSY 心理线专家系统"另存为"我的 PSY"，如图 6-51 所示，修改参数 LL 和 LH，将 LL 缺省值改为 30，LH 缺省值改为 70。

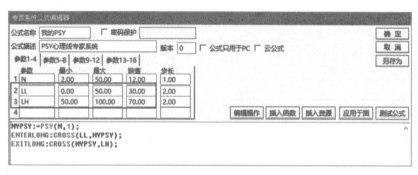

图 6-51 "我的 PSY"公式编辑

按快捷键 Ctrl+E，进入"专家系统指示"窗口，选中"我的 PSY 心理线专家系统"，效果如图 6-52 所示。

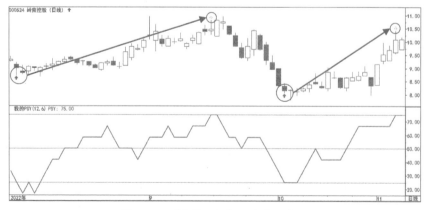

图 6-52 "我的 PSY"买卖点示意图

图 6-52 中捕捉了两段常见的上升趋势，买卖点尚可。新的专家公式将买点设置为 PSY 心理线下穿 30；卖点设置为 PSY 心理线上穿 70。

总之，由于 PSY 心理线与价格的关系很微妙，它没有直接取用价格进行计算，而是统计一段时间内，价格朝着某个方向运动的次数占统计期间 K 线总数的比例。可以理解为：它是将持续观测趋势的"神奇九转"，转换成统计特定周期内小型趋势的指标。实战中不应单独使用 PSY 心理线进行投资决策，仅可以将其作为辅助指标。

6.8.7　VR 容量比率专家公式买卖点

VR 容量比率专家系统利用 VR 成交量变异率来指示买卖点。VR 成交量变异率属于能量型指标公式。VR 指标（Volumn Ratio，成交量比率或成交量变异率），用于比较指定时间周期的买方力量和卖方力量的强弱变化。它的设计理念来源于"量价齐升"与"量价齐跌"，以及"量在价前"，因此会用到交易量求和的算法。

将指标公式"VR 成交量变异率"另存为"我的 VR"，只保留指标线 VR，在副图画线，如图 6-53 所示。

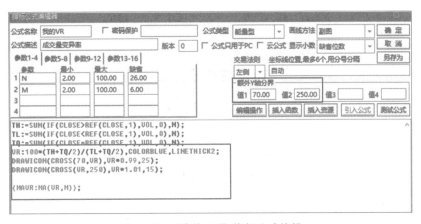

图 6-53　"我的 VR"指标公式编辑

（1）额外 Y 轴分界添加数值：70、250。

（2）VR 指标线设置为蓝色，2 号粗。

（3）VR 指标线下穿 70，用红色钻石图标指示买点。

（4）VR 指标线上穿 250，用逃跑小人图标指示卖点。

（5）在系统公式的"MAVR"指标线语句前后分别加上大括号"{}"，变成注释语句，不执行计算和画线功能。

按快捷键 Ctrl+E，进入"专家系统指示"窗口，选中"VR 容量比率专家系统"，在主图中调用专家系统指示功能，效果如图 6-54 所示。

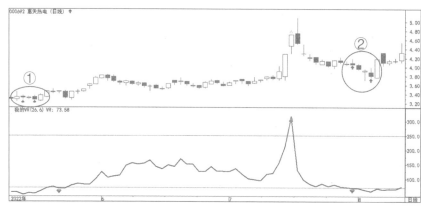

图 6-54　VR 指标的买卖点示意图

图 6-54 中有三处买卖点指示对应不上，怀疑可能是由于两个 VR 指标的系统公式算法不一致造成的。打开"VR 容量比率专家系统"的专家公式，如图 6-55 所示，检查出现问题的原因。

图 6-55　VR 指标的专家系统公式

对比图 6-53 和图 6-55 中的两个 VR 指标线公式。图 6-53 中的公式用了 4 个语句计算 VR 指标线，前三个语句是赋值语句，第四个是计算 VR 指标线。

图 6-55 中的公式仅用了一个语句直接计算 VR 指标线。

VR 的计算公式为

$$VR = \frac{N\ 日内上涨日的成交量之和\ \times 2 + N\ 日内平盘日的成交量之和}{N\ 日内下跌日的成交量之和\ \times 2 + N\ 日内平盘日的成交量之和} \times 100\%$$

对照数学公式可知，图 6-53 和图 6-55 中的两个 VR 指标线公式，算法都是正确的。

图 6-54 中标记不一致的原因，可能是计算机在运行图 6-53 和图 6-55 的两个公式时，计算顺序存在细节差异。

为了令主图和副图的标记一致，有以下两种方法。

方法一：把"我的 VR"指标线算法公式，改为与图 6-55 中的公式一致。

方法二：新建一个"我的 VR 容量比率专家系统"专家公式，算法公式与图 6-53 中的公式一致。

下面使用方法二举例。如图 6-56 所示，将系统公式加上大括号"{}"，作为注释。复制图 6-53 中的公式，粘贴至公式编辑区，注意修改买卖点公式，只分别保留函数 DRAWICON 的第一个输入，它是买卖点的出现条件。

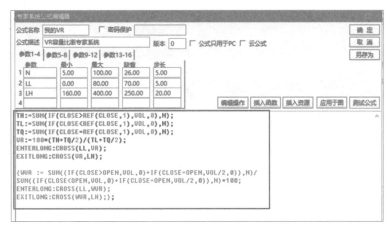

图 6-56　"我的 VR"专家公式编辑

然后修改参数。既可以与图 6-53 保持一致，直接使用数值 70 和 250，也可使用参数表已经设定的 LL 和 LH。关键是保持买卖点数值与图 6-53 指标公式中的"额外 Y 轴分界"的数值一致。

在主图调用"我的 VR 容量比率专家系统",如图 6-57 所示,此时主图和副图的买卖点标记一致。

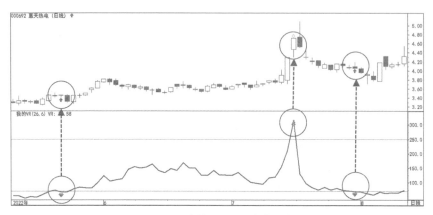

图 6-57 "我的 VR"买卖点示意图

依据 VR 数值,通常将市场划分为低价区、安全区、获利区和警戒区,详见表 6-2。由于 VR 指标线是一个成交量指标,因此实战中进行投资决策时应仅将其作为辅助指标。

表 6-2 VR 值对应的市场交易参考区间

参考区间	VR 数值	交易动作
低价区	40 ~ 70	可以买进
安全区	80 ~ 150	持有股票
获利区	160 ~ 450	考虑获利了结
警戒区	450 以上	伺机卖出

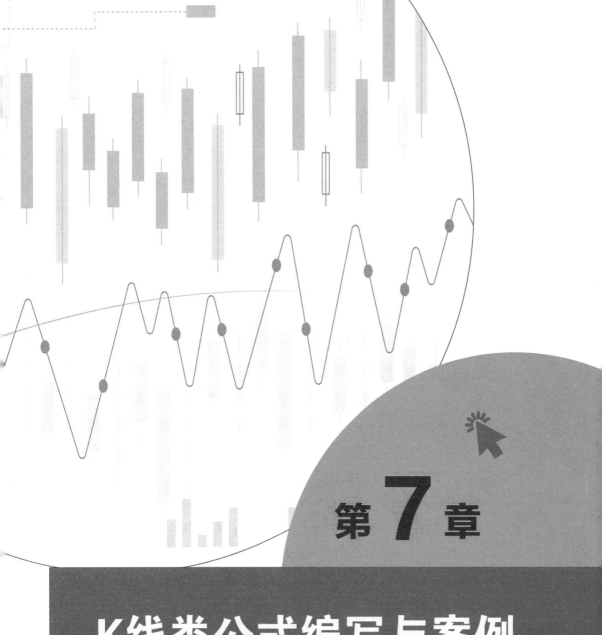

第7章

K线类公式编写与案例

7.1 K 线形态类公式编写原理

K 线是一种图形化的行情记录和表达方式，又称蜡烛图。交易进入电子化时代后，由于 K 线能够用最直观的方式传递丰富的价格信息，同时速度最快，因此成为价格行为学和裸 K 线交易技法的重要基础。

五彩 K 线是通达信公式系统中自动标记 K 线形态的工具，投资者选中某个五彩 K 线公式后，主图会自动高亮显示 K 线组合。K 线组合与技术指标类似，也运用了数学计算公式，通过对 K 线的 4 个基础价格数据进行比较分析，从而归纳走势特征。K 线组合与技术指标的横坐标都是时间，但纵坐标却不一样。技术指标的纵坐标可以是价格、成交量、百分比或特征数值等，而 K 线图表的纵坐标通常使用价格，有时也使用百分比。

例如，用日 K 线概括一天的行情走势，无论日内走势是先涨后跌再拉回还是先跌后涨，形成的日 K 线是一样的，但在更小时间周期存在明显差异，如图 7-1 所示。分析单根 K 线就是对指定时间周期内的价格走势进行归纳，提取四个基础价格，忽略细节走势。与 KDJ 指标的基础数据 RSV 原理类似，单根 K 线只关注时间周期形成的价格空间，不关注周期内的运动过程。

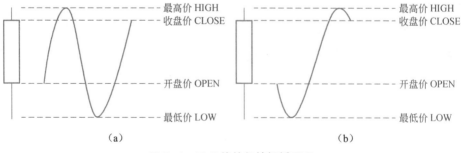

图 7-1 日 K 线的行情概括原理

编写公式描述 K 线形态，制定的价格标准都是主观的。要确定该形态中"必须精确比较哪几个价格"，则要在明确时间周期的前提下，完成以下两点。

（1）同一个时间点上，确定四个基础价格分别具有什么标准，也就是 K 线形态的绝对标准。

（2）指定的时间段内，确定最关键的价格标准是什么，期间哪些价格走势可以笼统概括，哪些特征无须描述。还可以结合价格指标线描述 K 线的相对标准，如使用均线作为辅助，要求 Pinbar 出现的位置在 5 日均线以下，或者在 20 日均线附近。在价格行为学中，一根特定形态的 K 线只有结合辅助价位，才可能成为交易用的"信号 K 线"。

K 线组合是指由两根及以上 K 线组成具有特殊价格行为的 K 线组合。与单根 K 线一样，下面的 K 线组合公式也是基于系统公式有修改，读者也可以创建五彩 K 线指示公式验证标记。五彩 K 线指示功能通常标记 K 线组合的最后一根 K 线，若要标记多根 K 线，则需使用未来函数 BACKSET。

多根 K 线的计数与命名规则如图 7-2 所示。假如 K 线组合由三根 K 线组成，从左向右，第一根叫"前 2"，第二根叫"前 1"，当前 K 线叫"T0"。当三根 K 线都满足 K 线组合的价格标准时，五彩 K 线指示会自动高亮显示 T0 对应的 K 线。

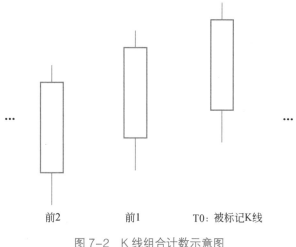

图 7-2　K 线组合计数示意图

7.2 单根 K 线基本元素公式表

下面先介绍单根 K 线的基本元素，然后将基本元素与算法和逻辑函数组合，形成典型的单根 K 线。

除了图 7-1 所示的四个基础价格外，单根 K 线还有一些其他元素，对应公式见表 7-1。

表 7-1 单根 K 线基本元素公式表

开盘价	OPEN，或 O
收盘价	CLOSE，或 C
最高价	HIGH，或 H
最低价	LOW，或 L
前一日开盘价	REF(OPEN,1)，或 REF(O,1)
前一日收盘价	REF(CLOSE,1)，或 REF(C,1)
前一日最高价	REF(HIGH,1)，或 REF(H,1)
前一日最低价	REF(LOW,1)，或 REF(L,1)
前 N 日开盘价	REF(OPEN,N)，或 REF(O,N)
前 N 日收盘价	REF(CLOSE,N)，或 REF(C,N)
前 N 日最高价	REF(HIGH,N)，或 REF(H,N)
前 N 日最低价	REF(LOW,N)，或 REF(L,N)
成交量	VOL，或 V
成交额	AMOUNT，或 AMO
上影线	HIGH−MAX(OPEN,CLOSE)
下影线	MIN(OPEN,CLOSE)−LOW
实体部分	ABS(OPEN−CLOSE)，或 ABS(CLOSE−OPEN)
振幅	ABS(HIGH−LOW)，或 ABS(LOW−HIGH)
阳线	CLOSE>OPEN
阴线	CLOSE<OPEN
一字线或十字星线	CLOSE=OPEN

7.3 常用的 13 种单 K 线公式编写

以下 13 种单根 K 线公式均由表 7-1 的基本元素与算法、逻辑函数组合而成，部分公式辅助了附近 K 线的特定价格。读者可以创建五彩 K 线指示公式验证标记。这些公式并不是标准答案，就像系统公式也是为投资者提供思路，实战中需根据交易策略适当调整数值一样。

7.3.1　大阳线 / 大阴线

大阳线价格标准：实体部分占前一日收盘价 7 个点及以上，且为阳线。

公式如下：

```
(ABS(CLOSE-OPEN)/REF(CLOSE,1)>=0.07) AND
    (CLOSE>OPEN);
```

大阴线价格标准：实体部分占前一日收盘价 7 个点及以上，且为阴线。

公式如下：

```
(ABS(CLOSE-OPEN)/REF(CLOSE,1)>=0.07) AND
    (CLOSE<OPEN);
```

7.3.2　一字线

一字线价格标准：无上影线、无下影线、无实体，开盘价等于收盘价。一字线是"涨 / 跌停板"交易规则下的特殊 K 线，代表了最强劲的趋势方向和动能，可以视为特殊的大阳线 / 大阴线或大型缺口，通常有助涨助跌的效应。

公式如下：

```
OPEN=CLOSE AND
    HIGH=LOW AND
    OPEN=HIGH;
```

7.3.3　缺口

上行缺口价格标准：最低价大于前一日最高价。

公式如下：

```
LOW>REF(HIGH,1);
```

下行缺口价格标准：最高价小于前一日最低价。

公式如下：

```
HIGH<REF(LOW,1);
```

7.3.4　锤子线 / 倒锤子线

锤子线价格标准：下影线是实体部分的 2 倍及以上，上影线短于实体部分，阳线、阴线均可。

公式如下：

```
(MIN(OPEN,CLOSE)-LOW>=2*ABS(CLOSE-OPEN)) AND
    (HIGH-MAX(OPEN,CLOSE)<ABS(CLOSE-OPEN));
```

倒锤子线价格标准：上影线是实体部分的 2 倍及以上，下影线短于实体部分，阳线、阴线均可。

公式如下：

```
(HIGH-MAX(OPEN,CLOSE)>=2*ABS(CLOSE-OPEN)) AND
    (MIN(OPEN,CLOSE)-LOW<ABS(CLOSE-OPEN));
```

7.3.5　十字星线 / 纺锤线

十字星价格标准：上影线是下影线长度的 0.5 ~ 2 倍，下影线长度大于 0，开盘价等于收盘价。

公式如下：

```
(HIGH-MAX(OPEN,CLOSE)>=(MIN(OPEN,CLOSE)-LOW)*0.5) AND
    (HIGH-MAX(OPEN,CLOSE)<=(MIN(OPEN,CLOSE)-LOW)*2) AND
    MIN(OPEN,CLOSE)-LOW>0 AND
    (CLOSE=OPEN);
```

纺锤线价格标准：上影线是下影线长度的 0.7 ~ 1.5 倍，下影线大于等于实体部分，实体长度大于 0，实体长度小于等于前一日收盘价 2 个点。

公式如下：

```
(HIGH-MAX(OPEN,CLOSE)>=(MIN(OPEN,CLOSE)-LOW)*0.7) AND
    (HIGH-MAX(OPEN,CLOSE)<=(MIN(OPEN,CLOSE)-LOW)*1.5) AND
    MIN(OPEN,CLOSE)-LOW>=ABS(CLOSE-OPEN) AND
    ABS(CLOSE-OPEN)>0 AND
    ABS(CLOSE-OPEN)<=REF(CLOSE,1)*0.02;
```

7.3.6　T 字线 / 倒 T 字线

T 字线价格标准：实体部分小于等于前一日收盘价 1 个点，上影线比实体更短，下影线是实体的 3 倍及以上。

公式如下：

```
(ABS(CLOSE-OPEN)/REF(CLOSE,1)<=0.01) AND
    (HIGH-MAX(OPEN,CLOSE)<ABS(CLOSE-OPEN)) AND
    (MIN(OPEN,CLOSE)-LOW>=ABS(CLOSE-OPEN)*3);
```

倒 T 字线价格标准：实体部分小于等于前一日收盘价 1 个点，下影线比实体更短，上影线是实体的 3 倍及以上。

公式如下：

```
(ABS(CLOSE-OPEN)/REF(CLOSE,1)<=0.01) AND
    (MIN(OPEN,CLOSE)-LOW<ABS(CLOSE-OPEN)) AND
    (HIGH-MAX(OPEN,CLOSE)>=ABS(CLOSE-OPEN)*3);
```

7.3.7　伪阳线 / 伪阴线

伪阳线价格标准：收盘价低于前一日实体下沿，且为阳线。
公式如下：

```
CLOSE<MIN(REF(OPEN,1),REF(CLOSE,1)) AND
    CLOSE>OPEN;
```

伪阴线价格标准：收盘价高于前一日实体上沿，且为阴线。
公式如下：

```
CLOSE>MAX(REF(OPEN,1),REF(CLOSE,1)) AND
    CLOSE<OPEN;
```

7.4　K线组合公式编写原理及典型公式

传统的日本蜡烛图技术衍生出了很多战法，如酒田战法。所谓战法通常定义多根K线的组合形态，并作为判断趋势和买卖交易的依据。

7.4.1　K线组合——三个白武士

三个白武士价格标准：连续三根阳线，每根阳线的收盘价大于等于最高价的99.5%，最后一根阳线（T0）的实体部分大于等于前一日收盘价3个点。

公式如下：

```
T0实体占比:=(CLOSE-OPEN)/REF(CLOSE,1);
UPNDAY(CLOSE,3) AND
    NDAY(CLOSE,OPEN,3) AND
    NDAY(CLOSE,HIGH*0.995,3) AND
    T0实体占比>=0.03;
```

五彩K线指示标记三个白武士，如图7-3所示。图7-3中连续两根K线被标记，说明三个白武士K线组合连续出现了两次。

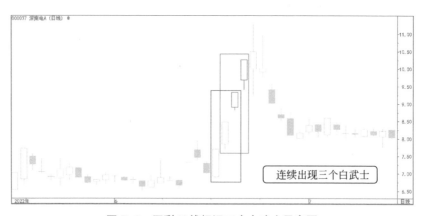

图7-3　五彩K线标记三个白武士示意图

7.4.2　K线组合——升势停顿红三兵

升势停顿红三兵价格标准：连续三根阳线，前两根阳线（前1和前2）的实体部分大于等于前一日收盘价 3 个点，第三根阳线（T0）的实体部分小于等于 1 个点。

公式如下：

```
T0 实体占比 :=(CLOSE-OPEN)/REF(CLOSE,1);
前 1 实体占比 :=(REF(CLOSE,1)-REF(OPEN,1))/REF(CLOSE,2);
前 2 实体占比 :=(REF(CLOSE,2)-REF(OPEN,2))/REF(CLOSE,3);
UPNDAY(CLOSE,3) AND
    NDAY(CLOSE,OPEN,3) AND
    前 1 实体占比 >=0.03 AND
    前 2 实体占比 >=0.03 AND
    T0 实体占比 <=0.01;
```

五彩 K 线指示标记升势停顿红三兵如图 7-4 所示。

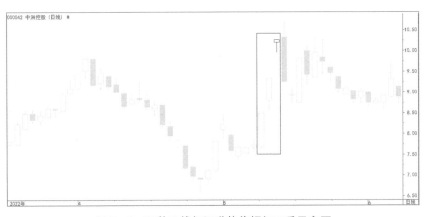

图 7-4　五彩 K 线标记升势停顿红三兵示意图

7.4.3　K 线组合——升势受阻红三兵

升势受阻红三兵价格标准：连续三根阳线，前 2 的实体部分大于等于前一日收盘价 3 个点，其余两根阳线的实体部分逐渐缩小，T0 的上影线是实体部分的 1.5 倍以上，T0 的下影线比上影线短。

公式如下：

```
T0 实体 :=CLOSE-OPEN;
前 1 实体 :=REF(CLOSE,1)-REF(OPEN,1);
```

```
前 2 实体 :=REF(CLOSE,2)-REF(OPEN,2);
UPNDAY(CLOSE,3) AND
    NDAY(CLOSE,OPEN,3) AND
    前 2 实体 /REF(CLOSE,3)>=0.03 AND
    前 1 实体 < 前 2 实体 AND
    T0 实体 < 前 1 实体 AND
    HIGH-MAX(OPEN,CLOSE)>T0 实体 *1.5 AND
    HIGH-MAX(OPEN,CLOSE)>MIN(OPEN,CLOSE)-LOW;
```

五彩 K 线指示标记升势受阻红三兵如图 7-5 所示。

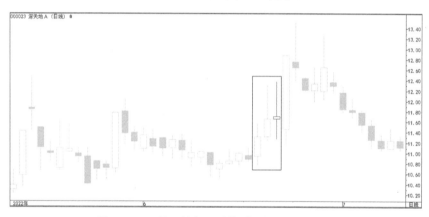

图 7-5　五彩 K 线标记升势受阻红三兵示意图

7.4.4　K 线组合——三只乌鸦

三只乌鸦价格标准：连续三根阴线，前 1 的开盘价在前 2 的实体部分之内，T0 的开盘价在前 1 的实体部分之内。

公式如下：

```
DOWNNDAY(CLOSE,3) AND
    NDAY(OPEN,CLOSE,3) AND
    REF(OPEN,1)>=REF(CLOSE,2) AND
    REF(OPEN,1)<=REF(OPEN,2) AND
    OPEN>=REF(CLOSE,1) AND
    OPEN<=REF(OPEN,1);
```

五彩 K 线指示标记三只乌鸦如图 7-6 所示。图 7-6 中连续三根 K 线被标记，说明三只乌鸦形态连续出现。

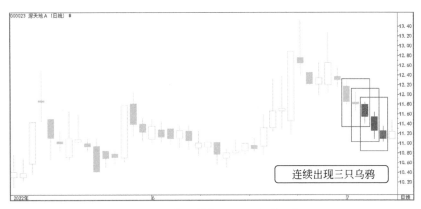

图 7-6　五彩 K 线标记三只乌鸦示意图

7.4.5　K 线组合——启明星

启明星价格标准：前 2 是中阴线，实体部分有 3% 以上；前 1 是向下跳空的十字星线，T0 是中阳线，实体部分有 3% 以上，T0 的收盘价大于前 2 的收盘价。

公式如下：

```
REF(CLOSE,2)/REF(OPEN,2)<0.97 AND
    REF(OPEN,1)<REF(CLOSE,2) AND
    REF(OPEN,1)=REF(CLOSE,1) AND
    CLOSE/OPEN>1.03 AND
    CLOSE>REF(CLOSE,2);
```

五彩 K 线指示标记启明星如图 7-7 所示。

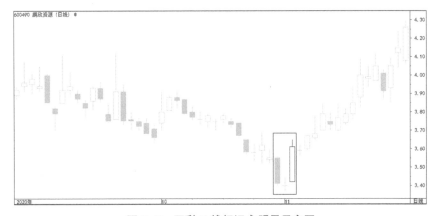

图 7-7　五彩 K 线标记启明星示意图

7.4.6 K 线组合——黄昏星

黄昏星价格标准：前 2 是中阳线，实体部分有 3% 以上；前 1 是向上跳空的十字星线，T0 是中阴线，实体部分有 3% 以上，T0 的收盘价小于前 2 的收盘价。

公式如下：

```
REF(CLOSE,2)/REF(OPEN,2)>1.03 AND
    REF(OPEN,1)>REF(CLOSE,2)  AND
    REF(OPEN,1)=REF(CLOSE,1)  AND
    CLOSE/OPEN<0.97 AND
    CLOSE<REF(CLOSE,2);
```

五彩 K 线指示标记黄昏星如图 7-8 所示。

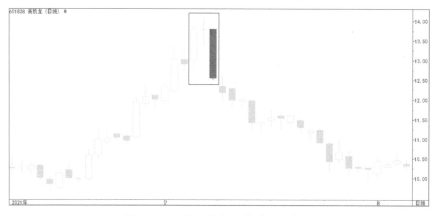

图 7-8　五彩 K 线标记黄昏星示意图

7.4.7 K 线组合——曙光降临

曙光降临，又称看涨刺透形态、斩回线形态。曙光降临价格标准：两根 K 线，第一根中阴线（前 1），实体部分有 3% 以上；第二根中阳线（T0），实体部分有 3% 以上，T0 的开盘价低于前 1 的最低价，T0 的收盘价高于前 1 实体的一半以上。

公式如下：

```
BACKSET(
    REF(CLOSE,1)/REF(OPEN,1)<0.97 AND
    CLOSE/OPEN>1.03 AND
    OPEN<REF(LOW,1) AND
    CLOSE> (REF(CLOSE,1)+(REF(OPEN,1)-REF(CLOSE,1))/2)
,2);
```

其中：BACKSET 为未来函数，BACKSET(X,N) 表示将满足条件 X 的 K 线及前面 N−1 根 K 线都设为 T0。

五彩 K 线指示标记曙光降临如图 7−9 所示。图 7−9 中标记了两处曙光降临形态，每处各标记了两根 K 线。从左向右，第一处的 T0 反弹力度更大，又称看涨吞没形态；第二处是典型的看涨刺透形态。

图 7−9　五彩 K 线标记曙光降临示意图

7.4.8　K 线组合——乌云盖顶

乌云盖顶又称看跌刺透形态、乌云线形态。乌云盖顶价格标准：两根 K 线，第一根中阳线（前 1），实体部分有 3% 以上；第二根中阴线（T0），实体部分有 3% 以上，T0 的开盘价高于前 1 的最高价，T0 的收盘价低于前 1 实体的一半以上。

公式如下：

```
BACKSET(
    REF(CLOSE,1)/REF(OPEN,1)>1.03 AND
```

```
CLOSE/OPEN<0.97 AND
OPEN>REF(HIGH,1) AND
CLOSE<(REF(CLOSE,1)-(REF(CLOSE,1)-REF(OPEN,1))/2)
, 2);
```

五彩 K 线指示标记乌云盖顶如图 7-10 所示。

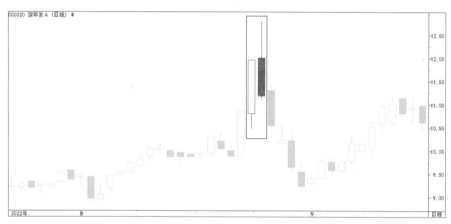

图 7-10　五彩 K 线标记乌云盖顶示意图

7.4.9　K 线组合——穿头破脚阳线

穿头破脚阳线价格标准：两根 K 线，第一根阴线（前 1）；第二根中阳线
（T0），前 1 的实体部分小于 3%，T0 的实体部分有 4% 以上，T0 的实体部分
必须包裹住前 1 的实体部分，是否包裹前 1 的上影线和下影线并无要求。

公式如下：

```
BACKSET(
    REF(CLOSE,1)/REF(OPEN,1)>0.97 AND
    REF(CLOSE,1)/REF(OPEN,1)<1 AND
    CLOSE/OPEN>1.04 AND
    CLOSE>REF(OPEN,1) AND
    OPEN<REF(CLOSE,1)
,2);
```

五彩 K 线指示标记穿头破脚阳线如图 7-11 所示。图 7-11 中的阳线包裹了前一日阴线的实体，但未包住前一日的下影线。

图 7-11　五彩 K 线标记穿头破脚阳线示意图

7.4.10　K 线组合——好友反攻线

好友反攻线价格标准：两根 K 线，第一根中阴线（前 1），实体部分有 3%
以上；第二根中阳线（T0），实体部分有 3% 以上，T0 的收盘价与前 1 的收盘
价的价差不超过前 1 收盘价的 0.1%。

公式如下：

```
BACKSET(
    REF(CLOSE,1)<REF(OPEN,1) AND
    (REF(OPEN,1)-REF(CLOSE,1))/REF(CLOSE,1)>0.03 AND
    CLOSE>OPEN AND
    (CLOSE-OPEN)/OPEN>0.03 AND
    ABS(CLOSE-REF(CLOSE,1))/REF(CLOSE,1)<=0.001
,2);
```

五彩 K 线指示标记好友反攻线如图 7-12 所示。好友反攻线在技术分析上，
暗示当前的下降趋势基本结束，卖方力量已消耗殆尽。

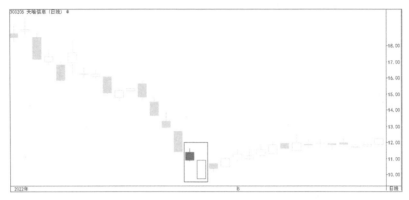

图 7-12　五彩 K 线标记好友反攻线示意图

7.4.11　K 线组合——阳孕十字星线

阳孕十字星线价格标准：两根 K 线，第一根中阳线（前 1），实体部分有 3% 以上；第二根十字星线（T0），T0 的开盘价位于前 1 实体之中，T0 的最高价和最低价不需要在前 1 的实体中。

公式如下：

```
BACKSET(
    (REF(CLOSE,1)-REF(OPEN,1))/REF(CLOSE,1)>0.03 AND
    CLOSE=OPEN AND
    CLOSE<REF(CLOSE,1) AND
    CLOSE>REF(OPEN,1)
,2);
```

五彩 K 线指示标记阳孕十字星线如图 7-13 所示。

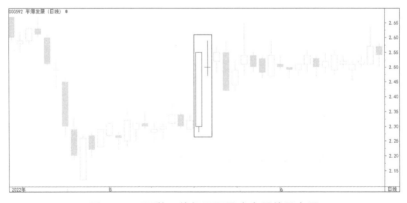

图 7-13　五彩 K 线标记阳孕十字星线示意图

7.5　K 线与均线的组合——出水芙蓉

出水芙蓉价格标准：长期下跌或盘整过程中出现的一根大阳线，实体部分有 6.18% 以上，开盘价在中期 20 日均线和长期 200 日均线以下，收盘价在短期 5 日均线、中期 20 日均线和长期 200 日均线以上。

公式如下：

```
CLOSE>OPEN AND
    CLOSE>MA(CLOSE,5) AND
    CLOSE>MA(CLOSE,20) AND
    CLOSE>MA(CLOSE,200) AND
    OPEN<MA(CLOSE,20) AND
    OPEN<MA(CLOSE,200) AND
    (CLOSE-OPEN)>CLOSE*0.0618;
```

五彩 K 线指示标记出水芙蓉如图 7-14 所示。出水芙蓉既使用了大阳线的绝对标准，又使用了 K 线相对标准的典型形态。

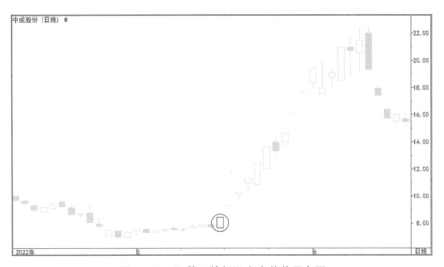

图 7-14　五彩 K 线标记出水芙蓉示意图

打开图 2-55 编写的主图指标"我的均线指示"，如图 7-15 所示。可以明显看到，五彩 K 线标记的这根高亮 K 线的开盘价同时低于 5 日均线、20 日均线和 200 日均线，而收盘价同时高于 5 日均线、20 日均线和 200 日均线。

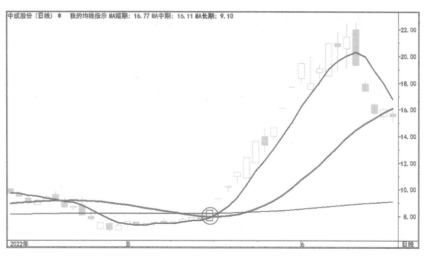

图 7-15　五彩 K 线标记的出水芙蓉叠加均线的示意图

7.6　基于价格行为学的 RST 指标——辅助 K 线判定精确买卖点的综合案例

本节介绍一个适用于价格行为学的 RST 指标，RST 是三条辅助线的首字母缩写。R 代表 Resistance Level，即 RL 阻力线或阻力位；S 代表 Support Level，即 SL 支撑线或支撑位；T 代表 Trend Direction Line，即 TDL 趋势方向线。

这三条辅助线包含两条横线、一条斜线，两条横线分别是 RL 阻力线和 SL 支撑线，一条斜线是 TDL 趋势方向线。RST 指标可以用来标记最近价格的运动空间，跟踪当前价格的走势方向。

7.6.1　RST 指标的原理

图表的底部形态或顶部形态在构造完成之后都是一目了然的，而在构造完成之前却永远是未定的。无论图表的底部形态最终构造为双重底还是三重底，或者顶部形态最终构造为双重顶还是三重顶，"颈线"在实战中都具有重要的指导意义。

在底部形态，颈线是关键阻力位，一旦价格有效突破颈线，后续将可能一飞冲天，此时做多非常具有交易优势。RST 指标依据"颈线"的核心理念，将底部形态的摆动高点视为阻力位，在构造底部的过程中，摆动低点便是合适的做多进场点。

在顶部形态，颈线是关键支撑位，一旦价格有效跌破颈线，后续将可能一泻千里，此时做空非常具有交易优势。RST 指标将顶部形态的摆动低点视为支撑位，在构造顶部的过程中，摆动高点便是合适的做空进场点。

价格行为学的交易策略除了顺势做突破外，还有区间震荡交易策略。根据二八法则，价格只有不到 20% 的时间在走趋势行情，其余大都是区间震荡。区间震荡行情的交易策略就是在摆动高点和摆动低点之间低买高卖，摆动高点是重要的阻力位，摆动低点是重要的支撑位。

RL 阻力线和 SL 支撑线利用通达信系统的基本函数，作出指定价格波动空间的摆动高点和摆动低点。通过观察市场在摆动高点和摆动低点价位附近的运动规律，主观选择采用突破策略还是区间策略。

选择策略后，再用 TDL 趋势方向线辅助判断，可以提高胜算。TDL 趋势方向线的意义与常用的趋势线不完全一致。采用趋势线分析价格运动的周期更长，通过对历史价格数据的重要转折点作辅助线，提前对价格回到辅助线附近做交易计划。

TDL 趋势方向线的分析周期相对更短。它以最小价格摆动空间为基准，如果价格运动超过最小价格摆动基准值，则视为价格正在朝该方向运动。因此，TDL 趋势方向线的最近一段折线是动态的，盘中随着价格运动而上下变动，只有当价格朝另一方向的摆动值超过最小基准值时，才视为近期趋势方向变化。

7.6.2　编写 RST 指标使用的函数

RST 指标的 RL 阻力线、SL 支撑线和 TDL 趋势方向线三条辅助线分别使用 PEAK 函数、TROUGH 函数和 ZIG 函数编写公式，三者都是未来函数，即价格的未来波动将影响指标线的最新绘制结果。其中 ZIG 函数又称为"之字转向"，是 PEAK 函数和 TROUGH 函数的基础数据。

1. ZIG 函数——TDL 趋势方向线

使用 ZIG 函数作出 TDL 趋势方向线，其用法如下：

```
ZIG(K,N)
```

表示指定的序列价格 K 朝某个方向的运动幅度超过了 N%，视为价格运动方向变更为当前方向。该函数能过滤掉价格变化幅度小于 N% 的价格运动，这些小幅波动对于投资者而言，几乎没有交易价值。K 可以设置的值如下：

```
K={0: 开盘价 OPEN,
   1: 最高价 HIGH,
   2: 最低价 LOW,
   3: 收盘价 CLOSE,
   其他：只要能代表时间序列的数组名称
};
```

2. PEAK 函数——RL 阻力线

使用 PEAK 函数作出 RL 阻力线，其用法如下：

```
PEAK(K,N,M)
```

表示之字转向 ZIG(K,N) 的前 M 个波峰的数值，M 必须大于等于 1。例如：PEAK(HIGH,10,1) 表示提取最高价 10% 运动幅度的 ZIG 转向，其上一个波峰的数值。K 值的选项与 ZIG 函数相同，该语句也可写为 PEAK(1,10,1)。

3. TROUGH 函数——SL 支撑线

使用 TROUGH 函数作出 SL 支撑线，其用法如下：

```
TROUGH(K,N,M)
```

表示之字转向 ZIG(K,N) 的前 M 个波谷的数值，M 必须大于等于 1。例如：TROUGH(LOW,10,1) 表示提取最低价 10% 运动幅度的 ZIG 转向，其上一个波谷的数值。K 值的选项与 ZIG 函数相同，该语句也可写为 TROUGH(2,10,1)。

7.6.3　RST 指标的公式编写

编写公式"RST 指标"，如图 7-16 所示。公式源代码如下：

```
TDL:ZIG(3, 摆动空间 ),COLORBLACK,LINETHICK2;
SL 支撑线 :TROUGH(LOW, 摆动空间 ,1),COLORRED,LINETHICK2;
DRAWNUMBER(CURRBARSCOUNT=28,SL 支撑线 *1.015,SL 支撑线 ),COLORRED;
```

```
    DRAWTEXT(CURRBARSCOUNT=28,SL 支撑线 *1.025,' 最近的支撑价为: '),
COLORRED;
    RL 阻力线 :PEAK(HIGH, 摆动空间 ,1),COLORBLUE,LINETHICK2;
    DRAWNUMBER(CURRBARSCOUNT=28,RL 阻力线 *0.97,RL 阻力线 ),COLORBLUE;
    DRAWTEXT(CURRBARSCOUNT=28,RL 阻力线 *0.98,' 最近的阻力价为: '),
COLORBLUE;
    DRAWNUMBER(CURRBARSCOUNT=28,RL 阻力线 *0.92, 摆动空间 ),COLORBLACK;
    DRAWTEXT(CURRBARSCOUNT=28,RL 阻力线 *0.93,' 当前摆动空间 (%) 为: '),
COLORBLACK;
```

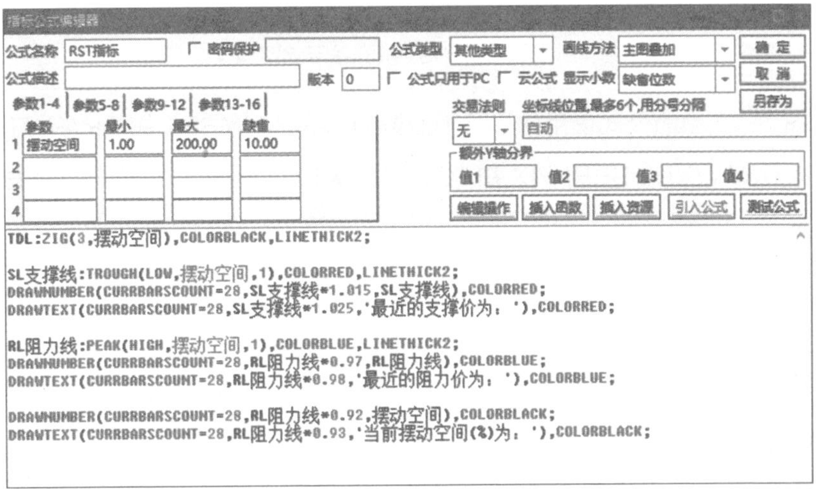

图 7-16 编写公式 "RST 指标线"

该公式只有一个参数，即摆动空间，用于对函数 ZIG、PEAK 和 TROUGH 设置摆动幅度的最小值。尽管三个函数的摆动空间都设置为 10%，但摆动价格不同。函数 ZIG 用的是收盘价（K=3），函数 TROUGH 用的是最低价 LOW（也可使用 K=2），函数 PEAK 用的是最高价 HIGH（也可使用 K=1）。

如图 7-17 所示，RL 阻力线、SL 支撑线之间便是近期的价格摆动区间。

黑线表示以收盘价摆动空间 10% 为基准作出的"之字转向"。图 7-17 中最后一个周期正在向下运动，但当前画线是动态的，必须等到下一个转折点出现，当前最后一个周期成为"最后一个周期的前一个周期"，本周期的画线才能确定。

蓝线表示以最高价摆动空间 10% 为基准的波峰值，即当前的 RL 阻力线。

红线表示以最低价摆动空间 10% 为基准的波谷值，即当前的 SL 支撑线。

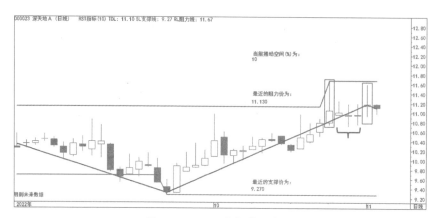

图 7-17　RST 指标线示意图

图 7-16 中的公式使用的是绘图函数 DRAWNUMBER 和 DRAWTEXT，与函数 DRAWNUMBER_FIX 和 DRAWTEXT_FIX 不同。它们不以画布为基准，而是以 K 线位置为参考。

第一个输入 CURRBARSCOUNT=28，表示从右侧最后一根 K 线开始往前数，第 14 根 K 线是写字的开始位置，也就是横坐标。

第二个输入是写字的价位，也就是纵坐标。支撑位是以 SL 支撑线为基准进行定位，阻力位和摆动空间都是以 RL 阻力线为基准进行定位。

在价格行为学中，不应将 RL 阻力线、SL 支撑线视为绝对价位的"一条线"，而应看作"价格带"，一段超小型的价格区间，通常也称为 Key Level 目标打击区，如图 7-18 所示。当价格再次摆动到价格带中，需执行相应的交易策略。

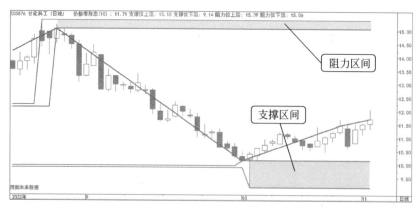

图 7-18　价格带示意图

支撑区间的上沿是函数 TROUGH 以收盘价作出的，支撑区间的下沿是函数 TROUGH 以最低价作出的。

阻力区间的上沿是函数 PEAK 以最高价作出的，阻力区间的下沿是函数 PEAK 以收盘价作出的。

指标公式"价格带形态"如图 7-19 所示，公式源代码如下。与图 7-16 的公式相比，该公式仅作了指标线，没有在主图上显示价格信息。

```
ZIG(3,摆动空间),COLORBLACK,LINETHICK2;
支撑位上沿:TROUGH(CLOSE,摆动空间,1),COLORRED,LINETHICK2;
支撑位下沿:TROUGH(LOW,摆动空间,1),COLORRED,LINETHICK2;
阻力位上沿:PEAK(HIGH,摆动空间,1),COLORBLUE,LINETHICK2;
阻力位下沿:PEAK(CLOSE,摆动空间,1),COLORBLUE,LINETHICK2;
```

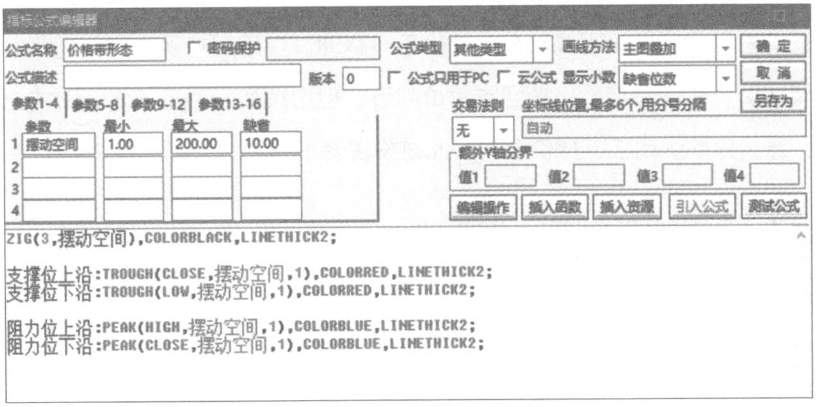

图 7-19　指标公式"价格带形态"

7.6.4　RST 指标的实战技巧

在个股图表上显示 RST 指标的三条辅助线，既可以帮助价格行为交易者节省手工画线的时间，还可以作为基本面选股、周线选股、技术指标选股后的个股筛选工具。综合信号 K 线与辅助线进行价格定位，可以找到具有价格优势的优质交易机会。

例如，图 7-17 中，当价格运动到最近的阻力价位附近时，可以卖出吗？

谨慎的投资者可以考虑在此附近卖出。由于倒数第二根 K 线与倒数第 6 根

K线具有较长的上影线，说明阻力价附近存在不小卖压。并且前一段TDL趋势方向线持续了21根K线，也就是1个月左右，市场可能积聚了不少希望短期获利的投资者。再看这两根K线之间的三根小K线，也表现出多空双方正在激烈争夺。此时止盈离场，待局势明朗之后再进场，实为稳健操作。一旦后续价格再创新高，说明上升趋势持续，仍要找机会进场做多。另外，图7-17中最近的阻力价显示的是前一个波峰值，这并不影响RST指标对当前价格走势的判断。

RST指标与常见的指标公式不同，它以特定摆动空间为基准，需要投资者观察当前K线形态与"三条辅助线"之间的运动关系。然后判断价格可能的走势方向，在价格优势区制订交易计划，这是价格行为学的高级实战技巧。

如图7-20所示，尽管当前价格贴着最近的支撑线附近运动，但TDL趋势方向线已掉头向下。另外，最后连续4根阴线，尽管第一根还能收于最近的支撑价附近，但后面三根小阴线都在支撑价下方运动。说明起初买方力量还可以与卖方力量抗衡，有能力将价格推回支撑价附近，但后续买方力量不足，价格无法继续往上涨，只能运动在支撑价下方。此时投资者不能着急进场做多。

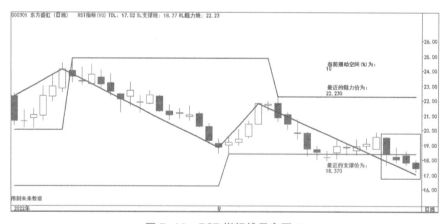

图7-20　RST指标线示意图2

如图7-21所示，TDL趋势方向线已略微向上抬头，表明前面的下降趋势可能结束，后续可能不再下跌，但有可能进行横盘整理。此时也应继续观察，不能着急进场。一旦出现大阴线有效跌破支撑价，那么后续仍可能继续下降趋势。但如果价格不断创新高，则说明趋势已经改变，可以考虑进场做多。

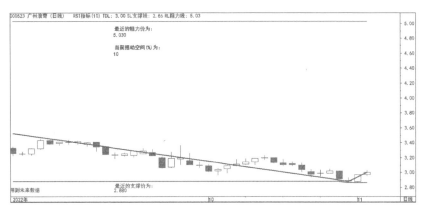

图 7-21   RST 指标线示意图 3

如图 7-22 所示，中阳线突破了前面的小型阻力区间，表明当前买方力量比卖方力量更强。这是价格行为学典型的小周期"压力变支撑"，可在此价格区间制订做多交易计划。

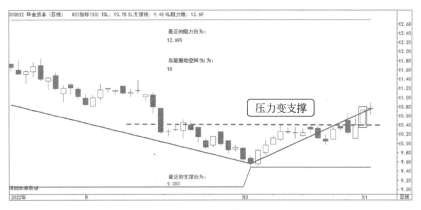

图 7-22   RST 指标线示意图 4

通过以上分析，可以发现 RST 指标能够帮助价格行为交易者更方便地判断价格运动的特征。不同交易品种的指标线走势不同，表现的价格行为也各不相同，投资者可以根据自己的交易策略灵活应对。

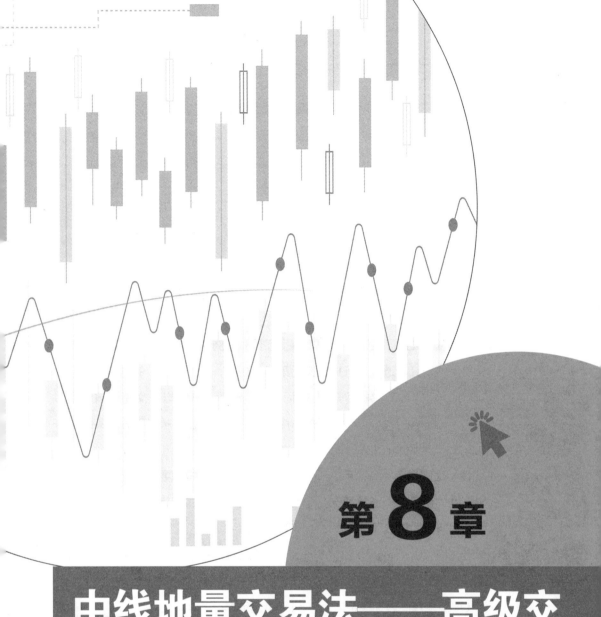

第8章

中线地量交易法——高级交易策略公式编写的综合案例

8.1 拆解交易策略，量化规则

通达信公式系统强大的功能能够用公式编写实现几乎所有的交易策略，以量化的方式实现特定交易策略的精准选股，并且能够把该策略的交易要点直观呈现出来，成为投资者炒股的利器。

以中线地量交易法（俗称"中线地量法则"）为例，综合利用通达信公式系统进行交易策略研究。通过逐条拆解交易策略的规则，把"模糊"的语句转化为可量化编写公式的语言，编写对应的指标公式、选股公式，以及交易型指标公式，随后评测程序交易系统，并从实战角度优化评测系统。实操过程分为策略建模、公式编写、测评优化和人工筛选四个主要阶段。

中线地量法则是专业操盘手常用的选股策略之一，其技术要点是在大盘下跌阶段找出抗跌的逆势股。通常情况下，大盘企稳后，抗跌的逆势股就是第一阶段率先领涨的强势股。该选股策略规则有以下几条。

（1）选择（10，20，30）MA 经六个月稳定向上的个股，其间大盘下跌均表现抗跌，一般只短暂跌破 30MA。

（2）OBV 能量潮指标稳定向上，不断创出新高。

（3）在大盘见底时地量出现，以 3000 万流通盘日成交 10 万股为标准。

（4）在地量出现当日收盘前 10 分钟逢低分批介入。

（5）短线以 5% ～ 10% 为获利出局点。

（6）中线以 50% 为出货点。

（7）以 10MA 为止损点。

规则中涉及的均线、OBV 能量潮指标、地量等术语是可以编写为选股公式的。例如，按照以下标准对规则进行量化（此处仅作示例，投资者可根据个人经验，完善量化标准）。

标准①：过去半年期间，10 日均线、20 日均线、30 日均线粘合。量化设置为 120 日内的收盘价在 30 日均线的 80% ~ 120% 波动，且突破价格区间不超过 5 次。

标准②：三条均线当前向上发散。量化设置为收盘价高于 10 日均线，10 日均线高于 20 日均线，20 日均线高于 30 日均线。

标准③：OBV 能量潮指标稳定向上。量化设置为当日 OBV 高于 OBV 的 5 日均线。

标准④：个股地量。量化设置为个股当日成交量低于成交量的 90 日均线。

另外，针对选出的个股可制订如下交易计划。

（1）地量当日以收盘价买入。

（2）目标止盈位为地量当日收盘价的 120%，即收益达到 20%。

（3）止损设置在收盘价连续 3 天跌破 10 日均线。

8.2　分步编写指标公式

在编写选股公式，使公式能够选出同时满足标准①②③④的股票之前，先分别编写标准①②③④的指标公式，确认指标公式编写无误。下面分步编写指标公式"MY 中线地量"。

（1）按快捷键 Ctrl+F，在公式管理器的"技术指标公式"下，新增公式类型"选股策略探讨"。

（2）新建指标公式。单击"引入公式"按钮，弹出"是否覆盖现有公式名称"提示框，选择"否"。如图 8-1 所示，选中"MA 均线"，单击"确定"按钮。

如图 8-2 所示，指标公式编辑器自动填入 MA 系统公式的公式类型、画线方法、参数表和公式源代码。

（3）完善公式信息。修改参数表，只保留 M1、M2 和 M3 这三个参数，分别修改缺省值为 10、20、30。公式编辑区对应保留含参数 M1、M2、M3 的语句，如图 8-3 所示。公式信息如下：

图 8-1　新建指标公式，引入 MA 均线

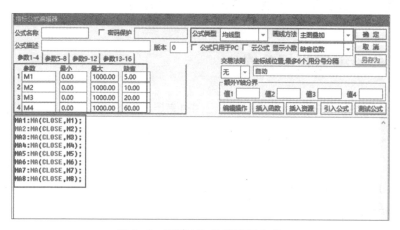

图 8-2　预填 MA 均线指标公式

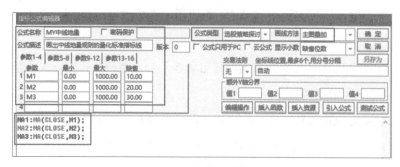

图 8-3　完善公式信息

公式名称："MY 中线地量"。

公式描述："画出中线地量规则的量化标准指标线"。

公式类型："选股策略探讨"。

画线方法："主图叠加"。

M1 缺省值："10.00"。

M2 缺省值："20.00"。

M3 缺省值："30.00"。

（4）编写标准①和标准②的公式，如图 8-4 所示。

图 8-4　编写公式标准①和标准②

使用注释语句记录标准①和标准②的内容。

在标准①的注释语句下方，编写"均线 30 上下限"指标线，当收盘价突破波动空间（30 日均线的 80% 至 120%）时，指示为 1。

在标准②的注释语句下方，编写"标准 2"指标线。当日收盘价高于 10 日均线，10 日均线高于 20 日均线，20 日均线高于 30 日均线时，指示为 1。

公式语句如下：

```
MA1: MA(CLOSE,M1),COLORBLACK,LINETHICK2;
MA2: MA(CLOSE,M2),COLORRED,LINETHICK2;
MA3: MA(CLOSE,M3),COLORBLUE,LINETHICK2;
{标准 1: 120 日内的收盘价波动空间为 30 日均线的 80% 至 120%}
均线 30 上下限 : CLOSE>MA3*1.2 || CLOSE<MA3*0.8, COLORRED, LINETHICK2;
```

> {标准 2：均线发散，当日收盘价大于 10 日均线，10 日均线大于 20 日均线大于 30 日均线 }
>
> 标准 2：CLOSE>MA1 AND MA1>MA2 AND MA2>MA3, COLORBLUE, LINETHICK2;

单击"确定"按钮，保存指标公式。标准①的中间数据和标准②的指标线显示效果如图 8-5 所示。

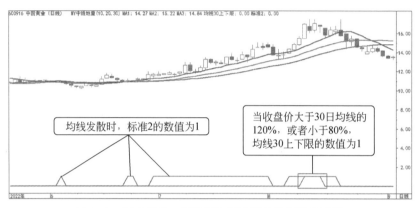

图 8-5　标准①的中间数据和标准②的指标线效果图

图 8-5 中的"标准 1"数值为 1 时，表示当日收盘价小于 30 日均线的 80%，或者当日收盘价大于 30 日均线的 120%。指标线"标准 1"是实现标准①的中间数据，不是最终的指标线，可以视为该日收盘价的波动空间较大，价格已经从底部上涨了一段空间。因此，"标准 1"数值为 1 的天数越少越好。

"标准 2"数值为 1 时，表示当日收盘价高于 10 日均线，10 日均线高于 20 日均线，20 日均线高于 30 日均线。标准②验证无误后，可改为赋值语句，将输出符从":"改为":="，删除画线设置。

继续完善标准①。先将中间数据指标线"均线 30 上下限"改为赋值语句，将输出符改为":="，删除画线设置。

然后使用 COUNT 函数，统计最近 120 根 K 线出现"均线 30 上下限"指标线数值为 1 的次数。由于突破价格区间不超过 5 次，如图 8-6 所示，公式语句如下：

> 均线 30 上下限 :=CLOSE>MA3*1.2 || CLOSE<MA3*0.8;
> 标准 1: COUNT(均线 30 上下限 ,120)<5,COLORBLUE,LINETHICK2;

图 8-6　编写公式完善标准①

标准①的指标线显示效果如图 8-7 所示。

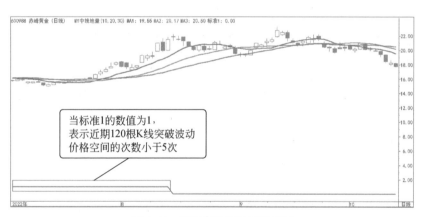

图 8-7　标准①的指标线效果图

图 8-7 中的"标准 1"数值为 1 时，表示含当日的 120 个交易日内，小于 5 个交易日，即最多只有 4 个交易日的收盘价没有在 30 日均线的 80% ~ 120% 价格范围内波动。标准①验证无误后，改为赋值语句，将输出符改为":="，删除画线设置。

（5）编写标准③，如图 8-8 所示。

使用注释语句记录标准③的内容。

通达信系统将 OBV 能量潮指标称为"OBV 累积能量线"。复制系统公式 "OBV 累积能量线"的公式源代码，粘贴至注释语句"{ 标准 3…}"的下方。

图8-8 编写公式完成标准③

将后两行 OBV 和 MAOBV 改为赋值语句，语句名称 MAOBV 改为 MA5OBV，同时参数 M 改为 5。

最后添加"标准 3"指标线语句，当日 OBV 高于 OBV 的 5 日均线。公式语句如下：

```
标准3:OBV>MA5OBV,COLORBLUE,LINETHICK2;
```

验证公式"标准 3"的正误前，先将副图指标设置为"OBV 累积能量线"，同时将参数设置为 5，如图 8-9 所示。

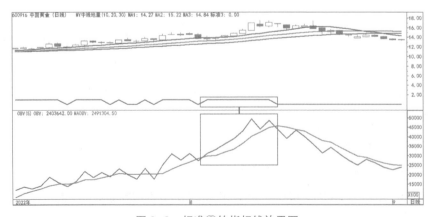

图8-9 标准③的指标线效果图

对比主图指标线"标准 3"和副图的两条指标线，当副图的 OBV 指标线高于 MAOBV 时，"标准 3"数值为 1。OBV 能量潮指标呈现稳定向上的形态。标准③验证无误后，改为赋值语句，将输出符改为"∶="，删除画线设置。

（6）编写标准④，如图 8-10 所示。使用注释语句记录标准④的内容。

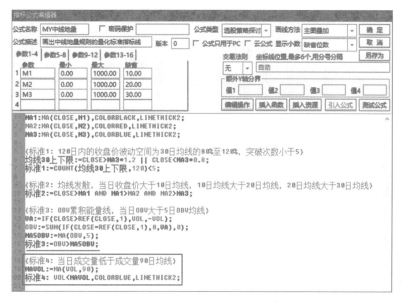

图 8-10　编写公式完成标准④

参考系统公式"VOL 成交量"的公式源代码，在注释语句"{ 标准 4 … }"的下方编写公式。语句名称 MAVOL 表示成交量的 90 日均线。"标准 4"指标线表示个股当日成交量低于成交量的 90 日均线。公式语句如下：

```
MAVOL:=MA(VOL,90);
标准4:VOL<MAVOL,COLORBLUE,LINETHICK2;
```

验证公式"标准 4"的正误前，先将副图指标设置为"VOL 成交量"，同时将参数设置为（5，90），如图 8-11 所示。

对比主图指标线"标准 4"和副图的成交量及 90 日均线，当日成交量 VOLUME 低于 MA90 时，"标准 4"数值为 1。个股呈现明显的缩量。标准④验证无误后，改为赋值语句，将输出符改为"∶="，删除画线设置。

（7）在完成标准①②③④的指标公式编写后，编写用于验证选股结果，以及交易计划设置相关的指标公式。

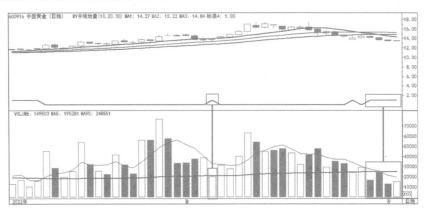

图 8-11　标准④的指标线效果图

选股结果的验证需将标准①②③④分拆成 4 个副图指标，在指定的选股日，4 个副图指标数值均为 1。

设置交易计划需在主图标记选股日，并作出止损参考线和止盈参考线。

假定选股日为 2022 年 7 月 7 日，如图 8-12 所示，指标线的要点如下。

（1）副图 1 显示标准①的指标线，在选股日"标准 1"数值为 1。

（2）副图 2 显示标准②的指标线，在选股日"标准 2"数值为 1。

（3）副图 3 显示标准③的指标线，在选股日"标准 3"数值为 1。

（4）副图 4 显示标准④的指标线，在选股日"标准 4"数值为 1。

（5）主图中，在选股日下方标记红色小三角图标，上方作一根垂直的蓝线。

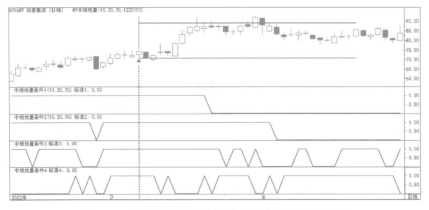

图 8-12　验证选股结果以及交易计划的显示效果图

（6）在主图中，以选股日的 10 日均线，作一根红色止损参考线。

（7）在主图中，以选股日收盘价的 1.2 倍，作一根蓝色止盈参考线。

首先将图 8-10 中的公式"MY 中线地量"分拆成四个公式，完成选股结果的验证，如图 8-13 所示，分别"另存为"新的副图指标公式。

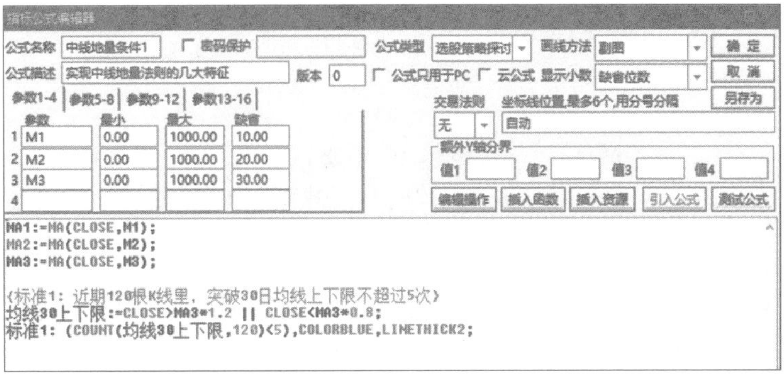

（a）

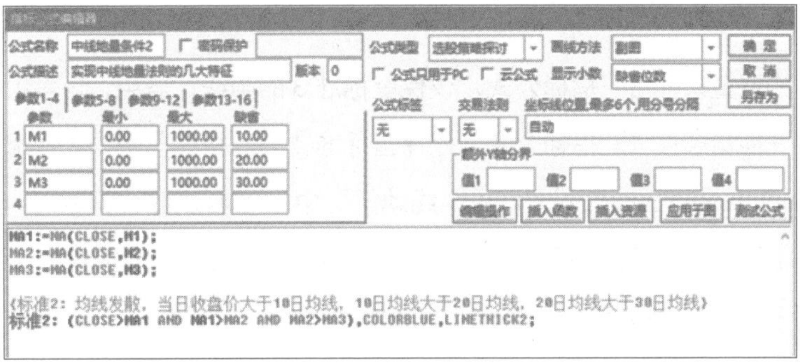

（b）

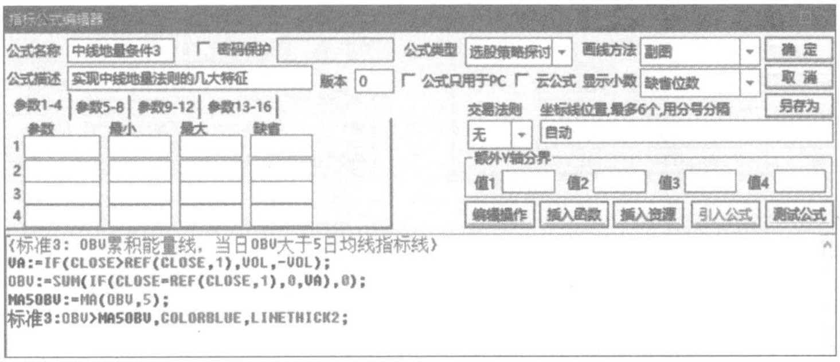

（c）

图 8-13　分拆指标线的公式编辑

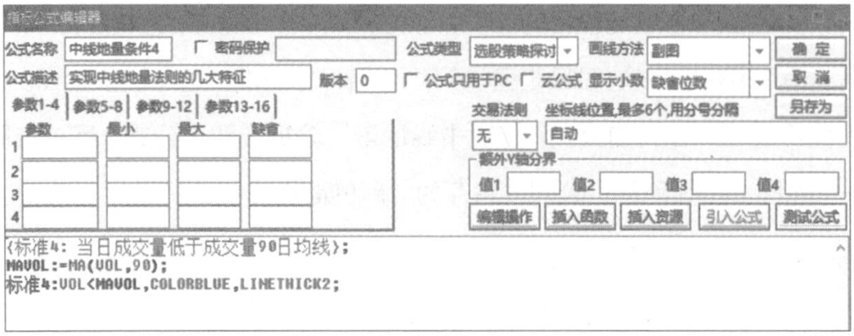

（d）

图 8-13 （续）

（a）中线地量指标线标准①；（b）中线地量指标线标准②；

（c）中线地量指标线标准③；（d）中线地量指标线标准④

"中线地量条件 1"指标公式，保留参数设置及标准①的画线，蓝色，2 号粗。

"中线地量条件 2"指标公式，保留参数设置及标准②的画线，蓝色，2 号粗。

"中线地量条件 3"指标公式，仅保留标准③的画线，蓝色，2 号粗。

"中线地量条件 4"指标公式，仅保留标准④的画线，蓝色，2 号粗。

然后在图 8-10 的公式"MY 中线地量"中，增加参数"日期"，日期最小值为 901220，最大值为 1341231，缺省值为 1220707。如图 8-14 所示，新增以下 4 行语句，完成交易计划设置相关的指标线。

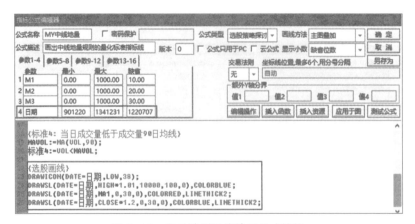

图 8-14 交易计划画线效果公式编辑

```
DRAWICON(DATE= 日期 ,LOW,38);
DRAWSL(DATE= 日期 ,HIGH*1.01,10000,100,0),COLORBLUE;
DRAWSL(DATE= 日期 ,MA1,0,30,0),COLORRED,LINETHICK2;
DRAWSL(DATE= 日期 ,CLOSE*1.2,0,30,0),COLORBLUE,LINETHICK2;
```

第 23 行，对选股日标记图标，判断选股日期使用 DATE 函数。由于公式系统限制，无法输入 20220707，参考 DATE 函数的输入范围。将 20220707 的前两位数字 20 减去 19，得到 1，后 6 位数字不变，得到 1220707(1220707= 20220707-19000000)。

第 24 行，在选股日上方作一根垂直的蓝线，便于根据选股日识别止盈参考线。

第 25 行，以选股日的 10 日均线为基准，向右作一根红色止损参考线，用于提示如果收盘价连续 3 天低于 10 日均线，则应及时止损离场。

第 26 行，以选股日收盘价的 1.2 倍为基准，向右作一根蓝色止盈参考线，用于提示如果价格涨过此线，则应及时止盈离场。

8.3　编写选股公式

完成标准①②③④的指标公式"MY 中线地量"编写后，编写相应的选股公式，选出同时满足标准①②③④的股票。

按快捷键 Ctrl+F，在公式管理器的"条件选股公式"下，新增公式类型"选股策略探讨"。

新建条件选股公式，如图 8-15 所示，单击"引入公式"按钮，弹出"是否覆盖现有公式名称"提示框，选择"是"，选中"MY 中线地量"（ 即图 8-14 中的公式 ），单击"确定"按钮。

如图 8-16 所示，条件选股公式编辑器会自动填入"MY 中线地量"指标公式的所有信息。

如图 8-17 所示，完善选股公式。删除参数"日期"，并删除最后 4 行指标线。添加选股语句，在"标准 1""标准 2""标准 3""标准 4"之间使用逻辑连接词"AND"或"&&"。单击"确定"按钮，保存选股公式。

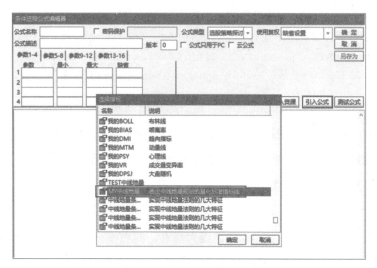

图 8-15　中线地量选股公式编辑

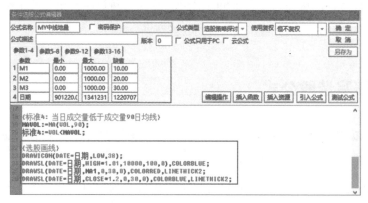

图 8-16　中线地量选股公式编辑（预填公式）

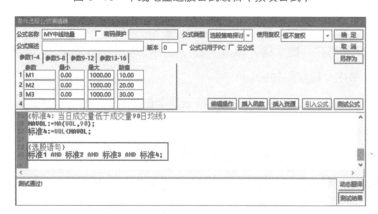

图 8-17　中线地量选股公式编辑（完善公式）

　　打开"条件选股"窗口，选择"MY 中线地量"选股公式，将选股时间设置为 2022 年 7 月 7 日，执行选股，如图 8-18 所示。

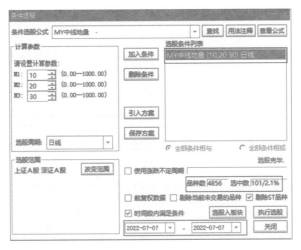

图 8-18　执行中线地量选股

　　本次选股从 4856 只股票中，选出了 101 只，选中率为 2.1%。换句话说，在"上证 A 股"和"深证 A 股"有 2.1% 的股票符合 2022 年 7 月 7 日这一天的中线地量规则。选股结果中有图 8-12 所示的 601689 拓普集团，说明选股正确。

　　如图 8-19 所示，选出的股票走势各不相同。图 8-19（a）所示为止损出局；图 8-19（b）所示在第 14 个交易日实现目标止盈 20%；图 8-19（c）所示也为止损出局，后续价格再次收于止损参考线之上，快速上涨 10%。

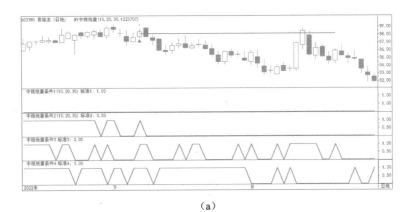

（a）

图 8-19　中线地量选股结果

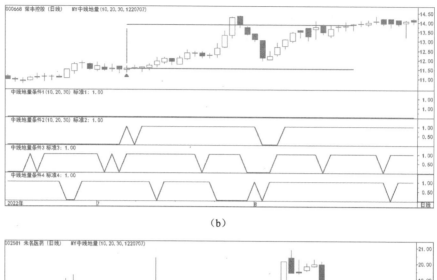

（b）

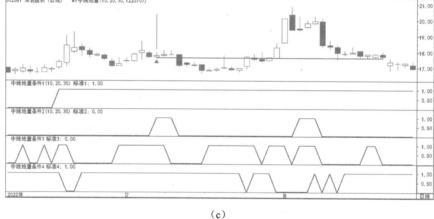

（c）

图 8-19 （续）

（a）止损离场，后接小型下降趋势；（b）实现目标，止盈离场；（c）止损离场，后接小型上升趋势

8.4　评测交易系统

　　本节将对选出的 101 只股票进行程序交易评测。按照中线地量法则的交易计划，假定对选出的每只股票都买入，评测盈利次数、胜率、收益率等数据。

8.4.1　如何测试交易系统

　　通达信提供了两个与交易系统相关的功能：程序交易评测系统和探索最佳专

家系统。具体说明可查阅通达信官方文档。

程序交易评测系统是用于构建个性化交易系统的工具，进入方式为：选择菜单"公式"—"程序交易评测系统"，或按快捷键 Ctrl+S。

如图 8-20 所示，在"程序交易评测系统"窗口中，逐步设置评测系统。单击"上一步"或者"下一步"按钮，进行步骤切换。注意：使用时必须完成每一步设置，构建完整的评测系统，才能"开始评测"。

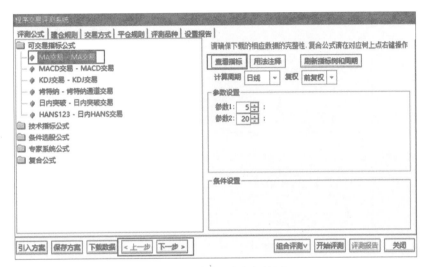

图 8-20　程序交易评测系统窗口

设置评测系统的操作流程及注意要点如图 8-21 所示。

构建出用于实战的交易系统并不容易，需要反复优化评测系统的设置，过程如图 8-22 所示。

即使是同一个交易指标公式，应用在不同的交易时段时，也要设定不同的止损止盈规则，甚至针对不同的交易品种进行评测，都可能会产生不同的评测结果。

交易公式属于特殊的指标公式，通用入口在图 1-4 所示的"公式管理器"窗口，选中"技术指标公式"中的"交易型"，公式树将展示系统中所有的交易型公式。

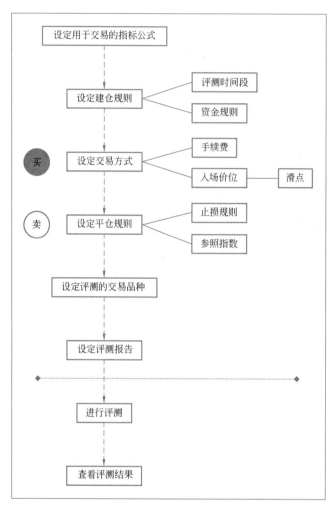

图 8-21　程序交易评测系统流程图

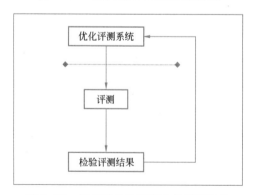

图 8-22　反复优化的程序交易评测系统

　　另一个入口是，在图 8-20 所示的公式树中，选中"可交易指标公式"—"MA 交易"，单击右侧的"查看指标"按钮，也可以进入指标公式编辑器，如图 8-23 所示。

图 8-23　交易型指标公式编辑器（修改公式）

　　观察图 8-23 的公式，它使用了以下特殊的交易信号函数。

　　BUYSHORT_BUY：先平空仓再开多仓。

　　SELL_SELLSHORT：先平多仓再开空仓。

　　AUTOFILTER：自动过滤交易信号。

　　查阅函数帮助说明，如图 8-24 所示，可以看到交易信号函数类型下有很多交易函数，并且支持多空双向的交易指令。

图 8-24　交易信号函数帮助说明

使用交易信号函数时要注意，自定义的交易型公式一定要在公式编写专用的股票软件中评测过关，才能将其视为实战函数，安装到日常交易的股票软件上，防止误操作造成资金损失。

8.4.2　编写交易公式

在进行中线地量交易策略的评测之前，先新建用于评测的交易型指标公式。交易型指标公式需要在选股公式输出逻辑值的基础上，增加买入信号的语句。复制图 8-17 中的选股公式源代码，粘贴至新建的指标公式，填写如下公式信息，参数 M1、M2、M3 分别用 10、20、30 替代，如图 8-25 所示。

公式名称："评测中线地量"。
公式描述："评测 20220707 交易结果"。
公式类型："交易型"。

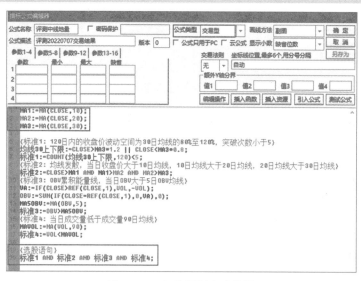

图 8-25　交易评测公式编辑

将输出逻辑值的选股语句修改为买入信号，如图 8-26 所示，保存公式"评测中线地量"。公式语句如下：

```
{ 买入信号 }
买入 := 标准 1 AND 标准 2 AND 标准 3 AND 标准 4;
BUY( 买入 ,CLOSE);
```

图 8-26　修改公式输出

8.4.3　设置评测系统

创建完用于评测的交易型指标公式后，先重启股票软件，然后按照图 8-21 所示的流程，逐项设置评测规则。

（1）按快捷键 Ctrl+S，打开"程序交易评测系统"窗口，选中"评测中线地量"可交易指标公式，选择"后复权"，如图 8-27 所示。

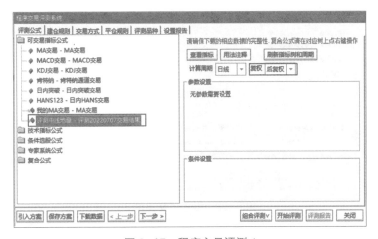

图 8-27　程序交易评测 1

（2）设置建仓规则，如图 8-28 所示。

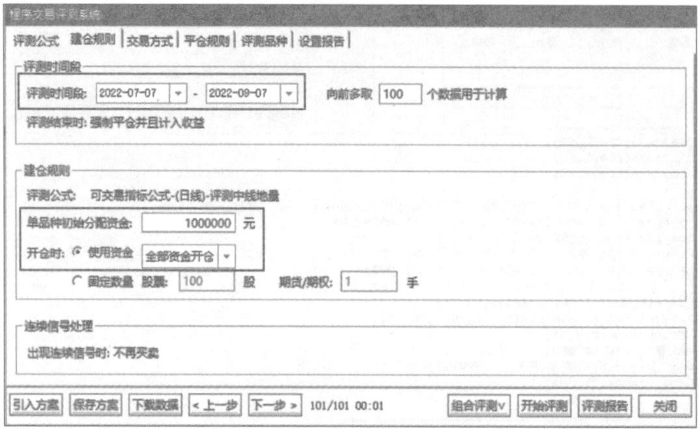

图 8-28　程序交易评测 2

评测时间段设置为 20220707 至 20220907，即评测两个月。

单品种初始分配资金，默认值为 1000000。该数值会影响综合统计的初始资金，它等于单品种初始资金乘以品种数量。品种数量由"评测品种"的数量确定。

选择开仓时使用"全部资金开仓"。还可以设置为"固定资金开仓"或"固定百分比开仓"。

（3）设置交易方式，使用默认设置，如图 8-29 所示。

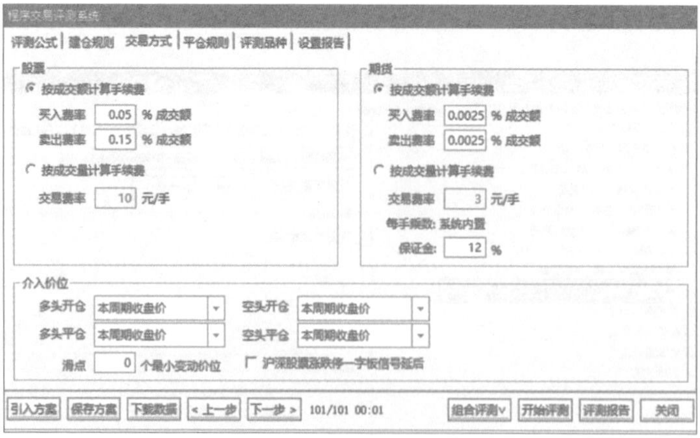

图 8-29　程序交易评测 3

（4）设置平仓规则，如图 8-30 所示。

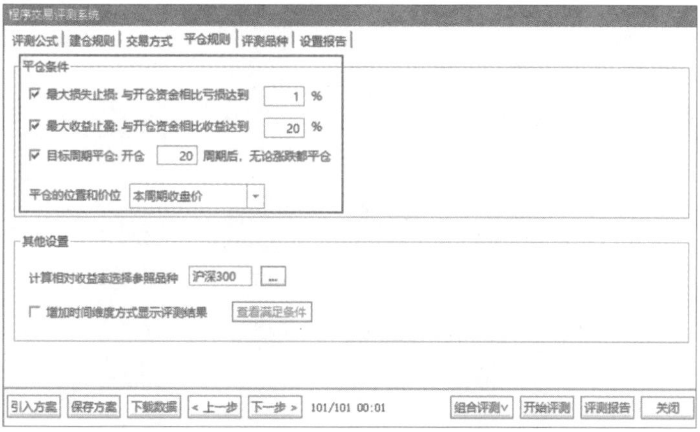

图 8-30　程序交易评测 4

最大止损设置为 1%。表示一旦出现次日低收便止损离场。

最大止盈设置为 20%。

目标周期平仓，设置为开仓 20 个周期后，无论涨跌都平仓。

平仓价位设置为"本周期收盘价"，其他选项有："本周期最高价""本周期开盘价""本周期中价""次周期开盘价"。由于本周期收盘价属于投资者实际可成交价格，因此此处设置的是本周期收盘价。

（5）设置评测品种。初始状态如图 8-31（a）所示，没有评测品种。单击"添加"按钮，弹出如图 8-31（b）所示的"选择品种"提示框。

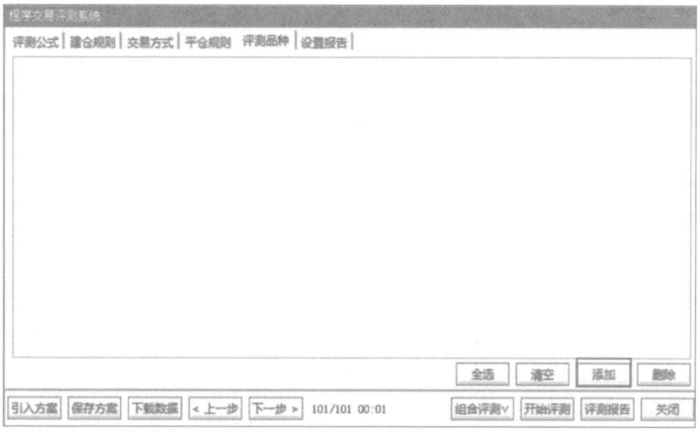

（a）

图 8-31　程序交易评测 5

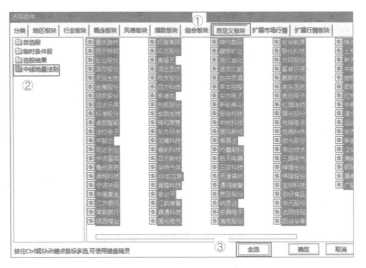

（b）

（c）

图 8-31 （续）

（a）空的评测品种；（b）选择评测品种；（c）已选好评测品种

先选择"自定义板块"，然后选择左侧的"中线地量法则"，右侧对应显示使用"MY 中线地量"选股公式选出的 101 只股票，单击"全选"按钮，选中所有股票。

单击"确定"按钮，如图 8-31（c）所示，待评测品种已选好。在图 8-31

（c）中，可以选中任意品种进行删除，以及清空所有已选品种。

（6）设置评测报告，使用默认报告，如图 8-32 所示。

图 8-32　程序交易评测 6

8.4.4　查看评测报告

评测结束后可以立即查看评测报告。单击"开始评测"按钮，执行自动评测。如果当前股票软件的数据不完整，系统会提示自动下载数据，等待数据下载完成后，再执行评测。

评测报告如图 8-33（a）所示。评测报告主要分为上下两部分，上方是品种和指标数据列表，下方是评测详情。在品种列表中，选中某个品种，下方便会显示其评测指标详情。选择"评测指标说明"标签，还可以查看每个评测指标的计算公式，如图 8-33（b）所示。

图 8-33（a）的综合统计结果为：本次评测总计交易 221 次，其中盈利 45 次，胜率为 20.36%；总收益为 1.05%，年化收益率为 6.16%。

个股"神州数码"收益率为 19.38%。由于在建仓规则中设置开仓时使用全部资金开仓，因此通常会使得"期末权益"与"净利润"数值相等。图 8-33（a）中两数相差 1 分钱，与系统计算顺序有关。

评测20220707交易结果·评测中线地量

品种代码	品种名称	盈利数	总次数	胜率(%)	手续费(元)	净利润(元)	收益率(%)	年化收益率(%)	相对收益率α/β(%)	最大回撤(元)	最大回撤比(%)
□-----	综合统计	45	221	20.36	442586.02	1056212....	1.05	6.16	5.96/9.79	210345.75	21.03
□ 000034	神州数码	1	2	50.00	4767.06	193760.14	19.38	114.07	25.89/28.12	42037.50	3.40
□ 000408	藏格矿业	0	1	0.00	1966.94	-23144.15	-2.31	-13.63	-0.12/6.43	23144.13	2.31
□ 000422	湖北宜化	0	1	0.00	1955.75	-30669.95	-3.07	-18.06	-2.54/5.68	30669.94	3.07
□ 000593	德龙汇能	0	3	0.00	5780.04	-55006.38	-5.50	-32.38	3.43/3.24	55006.38	5.50
□ 000596	吉井贡酒	0	2	0.00	3881.89	-43600.25	-4.36	-25.67	-1.14/4.38	43600.25	4.36
□ 000668	荣丰控股	3	3	100.00	7662.41	346096.80	34.61	203.75	40.21/43.35	0.00	0.00

评测指标详情   评测指标说明

指标名称	全部交易	多头	空头
评测品种	000034-神州数码		
初始资金	1000000.00		
评测日期	2022/07/07-2022/09/07		
有效天数	62		
评测周期数	145		
期末权益	1193760.13		
盈亏时间比	3.25	3.25	0.00
总盈利	238153.78	238153.78	0.00
总亏损	39626.58	39626.58	0.00
净利润	193760.14	193760.14	0.00
年化收益	1140684.69	1140684.69	0.00
收益率	19.38%	19.38%	0.00%
年化收益率	114.07%	114.07%	0.00%
收益率(阿尔法)	25.89%	25.89%	0.00%
收益率(贝塔)	28.12%	28.12%	8.74%
平均利润	4.52	4.52	0.00

（a）

评测20220707交易结果·评测中线地量

品种代码	品种名称	盈利数	总次数	胜率(%)	手续费(元)	净利润(元)	收益率(%)	年化收益率(%)	相对收益率α/β(%)	最大回撤(元)	最大回撤比(%)
□-----	综合统计	45	221	20.36	442586.02	1056212....	1.05	6.16	5.96/9.79	210345.75	21.03
□ 000034	神州数码	1	2	50.00	4767.06	193760.14	19.38	114.07	25.89/28.12	42037.50	3.40
□ 000408	藏格矿业	0	1	0.00	1966.94	-23144.15	-2.31	-13.63	-0.12/6.43	23144.13	2.31
□ 000422	湖北宜化	0	1	0.00	1955.75	-30669.95	-3.07	-18.06	-2.54/5.68	30669.94	3.07
□ 000593	德龙汇能	0	3	0.00	5780.04	-55006.38	-5.50	-32.38	3.43/3.24	55006.38	5.50
□ 000596	吉井贡酒	0	2	0.00	3881.89	-43600.25	-4.36	-25.67	-1.14/4.38	43600.25	4.36
□ 000668	荣丰控股	3	3	100.00	7662.41	346096.80	34.61	203.75	40.21/43.35	0.00	0.00

评测指标详情   评测指标说明

期末权益	评测结束时的可用资金
盈亏时间比	盈利周期数/亏损周期数
总盈利	绝对值，所有盈利交易盈利金额之和
总亏损	绝对值，所有亏损交易亏损金额之和
净利润	总盈利-总亏损-手续费
年化收益	净利润/总交易的天数 * 365
收益率	净利润/初始资金
年化收益率	年化收益/初始资金
相对收益率α	分别计算单次交易：收益率-同期所选参照品种涨跌幅 然后累加
相对收益率β	评测完成后计算整体评测时间段：收益率-同期所选参照品种涨跌幅
平均利润	净利润/交易量
胜率	盈利次数/总次数
最大回撤比	从测试开始到结束，资金曲线从高点到低点回撤比的最大值；回撤比=(前期高点-低点)/前期高点
最大回撤	最大回撤比出现时的最大回撤值（回撤值=前期高点-低点）

（b）

图8-33　查看程序交易评测报告1

（a）个股评测指标；（b）指标计算公式

在品种列表分别按"收益率"进行正序和倒序排列。收益率最高的是

000668 荣丰控股，收益率为 34.61%，如图 8-34（a）所示；收益率最低的是 00**68××生化，收益率为 -21.03%，如图 8-34（b）所示。

品种代码	品种名称	盈利数	总次数	胜率(%)	手续费(元)	净利润(元)	收益率(%)	年化收益率(%)	相对收益率α/β(%)	最大回撤(元)	最大回撤比(%)
000668	荣丰控股	3	3	100.00	7662.41	346096.80	34.61	203.75	40.21/43.35	0.00	0.00
002796	世嘉科技	1	2	50.00	4389.76	279505.50	27.95	164.55	31.66/36.69	17028.88	1.70
002112	三变科技	1	1	100.00	2379.18	251099.71	25.11	147.82	29.28/33.85	0.00	0.00
300787	海能实业	1	1	100.00	2373.46	247309.04	24.73	145.59	27.71/33.47	0.00	0.00
002871	伟隆股份	1	2	50.00	4260.00	214316.57	21.43	126.17	27.57/30.17	32925.38	3.29
600916	中国黄金	1	1	100.00	2314.87	208274.69	20.83	122.61	25.97/29.57	0.00	0.00
002992	宝明科技	1	1	100.00	2309.46	204696.80	20.47	120.51	22.71/29.21	0.00	0.00

（a）

品种代码	品种名称	盈利数	总次数	胜率(%)	手续费(元)	净利润(元)	收益率(%)	年化收益率(%)	相对收益率α/β(%)	最大回撤(元)	最大回撤比(%)
		0	3	0.00	5247.11	-210345...	-21.03	-123.83	-18.95/-12.29	210345.75	21.03
		0	3	0.00	5407.31	-145353...	-14.54	-85.57	-12.72/-5.79	145353.81	14.54
		0	5	0.00	9205.60	-119212...	-11.92	-70.18	-1.71/-3.18	119212.00	11.92
		0	2	0.00	3764.97	-109864...	-10.99	-64.68	-7.75/-2.24	109864.25	10.99
		0	4	0.00	7503.54	-108962...	-10.90	-64.15	-5.43/-2.15	108962.69	10.90
		0	4	0.00	7485.71	-108948...	-10.89	-64.14	-5.34/-2.15	108948.06	10.89
		0	4	0.00	7579.60	-100342...	-10.03	-59.07	-3.27/-1.29	100342.13	10.03

（b）

图 8-34　查看程序交易评测报告 2
（a）收益率正序；（b）收益率倒序

双击图 8-34（a）中的"荣丰控股"，弹出如图 8-35（a）所示的评测图表。

勾选上方的"K 线图上显示信号"，可以看到买卖信号。单击右上角的"导出结果"按钮，可导出 Excel 表格数据。

逐笔分析交易详情。

2022 年 7 月 7 日买入，7 月 27 日止盈卖出，收益率为 23.65%。

2022 年 8 月 5 日买入，9 月 2 日，满足 20 个交易日到期卖出，收益率为 8.29%。

2022 年 9 月 5 日买入，9 月 7 日，评测时间段结束卖出，收益率为 1.13%。

图 8-35（b）所示是每日的浮动盈亏曲线。图 8-35（c）所示是月度盈亏表，总共评测两个月，时间跨度是 2022 年 7 月、2022 年 8 月、2022 年 9 月，2022 年 7 月收益较高，2022 年 8 月小亏，2022 年 9 月小赚。

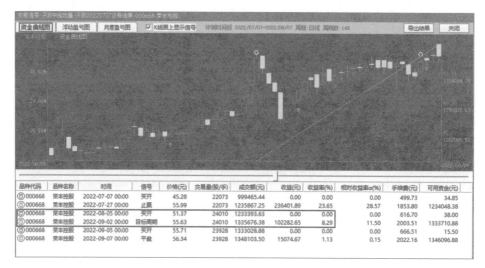

（a）

（b）

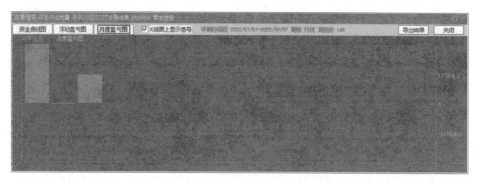

（c）

图 8-35　查看程序交易评测报告 3

（a）资金曲线图；（b）浮动盈亏图；（c）月度盈亏图

双击图 8-34（b）中的跌幅最大的个股，弹出如图 8-36（a）所示的评测图表。

该股的走势表明设置不恰当的平仓规则容易错过强势股。将止损设置成 1%，导致 2022 年 7 月 18 日第二次买入小幅止损离场，从而错过了后续的大行情。

该股在 2022 年 7 月 18 日买入至 2022 年 7 月 29 日启动连板之前，回撤幅度接近 10%。若以 10% 止损，如图 8-36（b），则该笔交易盈利接近 60%。

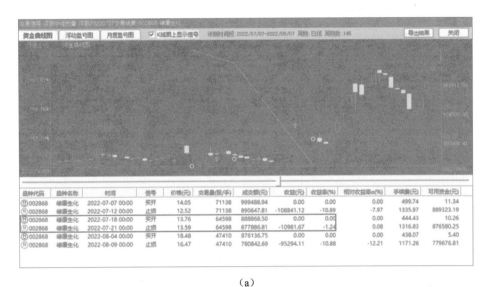

图 8-36　查看程序交易评测报告 4

8.5 利用中线地量法则交易强势股

交易强势股的关键是设置适当的止损，强势股的波动性比普通股更大，不宜把止损设得太窄。如图 8-37 所示，修改平仓规则，将最大止损改为 10%，最大止盈改为 50%，取消勾选"目标周期平仓"。

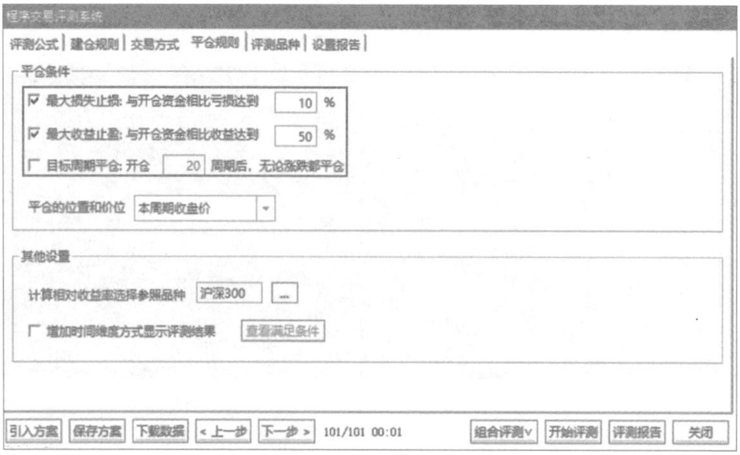

图 8-37 修改平仓规则

单击"开始评测"按钮，重新评测。如图 8-38（a）所示，"综合统计"结果为：本次评测总计交易 107 次，其中盈利 61 次，胜率为 57.01%；总收益为 6.37%，年化收益率为 37.48%。

对比上一次评测的结果，胜率和收益率都有了明显提高。

在品种列表分别按"收益率"正序和倒序排列。收益率最高的是 000593 德龙汇能，收益率为 61.21%，如图 8-38（b）所示；收益率最低的是 00××01×× 股份，收益率为 −23.05%，如图 8-38（c）所示。

图 8-38（b）中，收益率在 50% 以上的强势股数量不少。分别双击个股查看"资金曲线图"，勾选"K 线图上显示信号"，如图 8-39 所示。

图 8-39（a）中的个股在买点标记出现后，价格仍持续多日收敛。行情启动后，连续 6 个涨停，由于止盈设置在 50%，因此在第 4 个涨停日标记卖点止盈离场。

品种代码	品种名称	盈利数	总次数	胜率(%)	手续费(元)	净利润(元)	收益率(%)	年化收益率(%)	相对收益率α/β(%)	最大回撤(元)	最大回撤比(%)
------	综合统计	61	107	57.01	223561.81	6430445...	6.37	37.48	14.73/15.11	230460.25	23.05
000034	神州数码	1	1	100.00	2201.89	133107.87	13.31	78.36	22.28/22.05	0.00	0.00
000408	藏格矿业	0	1	0.00	1831.35	-113401...	-11.34	-66.76	-6.26/-2.60	113401.81	11.34
000422	湖北宜化	0	1	0.00	1845.32	-104175...	-10.42	-61.33	-4.09/-1.47	104175.19	10.42
000593	德龙汇能	1	1	100.00	2921.55	612127.42	61.21	360.37	69.66/69.96	0.00	0.00
000596	古井贡酒	0	2	0.00	3555.99	-153169...	-15.32	-90.17	-5.51/-6.57	153169.50	15.32
000668	荣丰控股	1	1	100.00	2365.12	241762.29	24.18	142.33	33.17/32.92	0.00	0.00

（a）

品种代码	品种名称	盈利数	总次数	胜率(%)	手续费(元)	净利润(元)	收益率(%)	年化收益率(%)	相对收益率α/β(%)	最大回撤(元)	最大回撤比(%)
000593	德龙汇能	1	1	100.00	2921.55	612127.42	61.21	360.37	69.66/69.96	0.00	0.00
002796	世嘉科技	1	1	100.00	2808.04	536573.21	53.66	315.89	57.36/62.40	0.00	0.00
688268	华特气体	1	1	100.00	2799.27	530771.32	53.08	312.47	63.02/61.82	0.00	0.00
300787	海能实业	1	1	100.00	2781.83	519147.09	51.91	305.63	59.78/60.66	0.00	0.00
002992	宝明科技	1	1	100.00	2778.78	517107.01	51.71	304.43	56.68/60.45	0.00	0.00
002112	三变科技	1	1	100.00	2767.52	509602.59	50.96	300.01	55.93/59.70	0.00	0.00
002199	东晶电子	1	1	100.00	2762.52	506263.73	50.63	298.04	56.83/59.37	0.00	0.00

（b）

品种代码	品种名称	盈利数	总次数	胜率(%)	手续费(元)	净利润(元)	收益率(%)	年化收益率(%)	相对收益率α/β(%)	最大回撤(元)	最大回撤比(%)
		0	2	0.00	3425.46	-230460...	-23.05	-135.67	-18.47/-14.30	230460.25	23.05
		0	2	0.00	3440.19	-218572...	-21.86	-128.68	-17.57/-13.11	218572.88	21.86
		0	2	0.00	3484.27	-209350...	-20.94	-123.25	-14.56/-12.19	209350.13	20.94
		0	1	0.00	3611.76	-174171...	-17.42	-102.54	-6.01/-8.67	174171.69	17.42
		0	1	0.00	1770.55	-154056...	-15.41	-90.69	-7.66/-6.66	154056.13	15.41
		0	2	0.00	3555.99	-153169...	-15.32	-90.17	-5.51/-6.57	153169.50	15.32
		0	2	0.00	3576.79	-132619...	-13.26	-78.07	-2.53/-4.52	132619.19	13.26

（c）

图 8-38　查看二次评测报告

（a）综合统计；（b）收益率正序；（c）收益率逆序

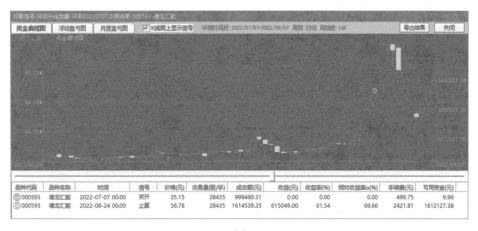

品种代码	品种名称	时间	信号	价格(元)	交易量(股/手)	成交额(元)	收益(元)	收益率(%)	相对收益率α(%)	手续费(元)	可用资金(元)
000593	德龙汇能	2022-07-07 00:00	买开	35.15	28435	999490.31	0.00	0.00	0.00	499.75	9.96
000593	德龙汇能	2022-08-24 00:00	止赢	56.78	28435	1614539.25	615049.00	61.54	69.66	2421.81	1612127.38

（a）

图 8-39　查看强势股的资金曲线图

299

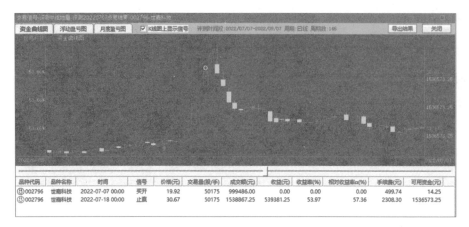

（b）

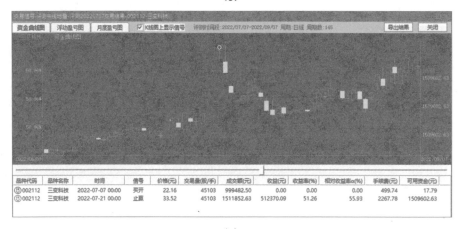

（c）

图 8-39 （续）

（a）34 个交易日，收益率为 61%；（b）7 个交易日，收益率为 53%；（c）10 个交易日，收益率为 51%

图 8-39（b）中的个股在买点标记出现后，价格仅收敛 2 天便启动行情，连续 6 个涨停。在第 3 个涨停日市场出现调整，卖点标记在第 5 个涨停日止盈离场。

图 8-39（c）中的个股在买点标记出现后，震荡加剧。行情启动后连续 4 个涨停，卖点标记在第 4 个涨停日止盈离场。

中线地量法选出的强势股在行情启动之前，通常存在一段时间的价格收敛；一旦行情启动，通常会在半个月内取得非常可观的收益。如果投资者失去耐心，则很容易错过这段行情。

下面几只股票的测评收益率相比强势股不算太高，如图 8-40 所示。

图 8-40（a）中的个股在买点标记出现后，价格回调整理近一个月，随后一个月的上升趋势涨幅超过 20%。由于本次评测两个月，因此该笔交易在评测结束时离场止盈 18%。

图 8-40（b）中的个股在买点标记出现后，盘整持续一个多月。随后的一段上升趋势连续两个涨停，第三天盘中最高涨幅 60% 左右，以收盘价计没有达到 50%，因此在测评结束时才给出卖出信号。投资者操盘时应在最高涨幅日的收盘前止盈卖出。

图 8-40（c）中的个股在买点标记出现后，价格长时间小幅震荡，不属于强势股。

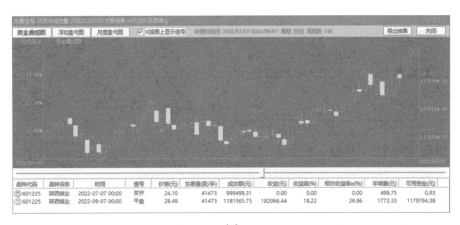

（a）

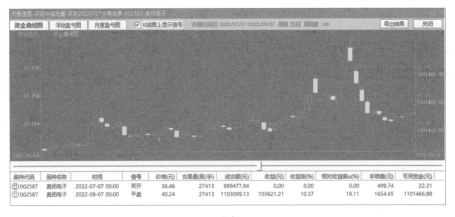

（b）

图 8-40　查看普通股的资金曲线图

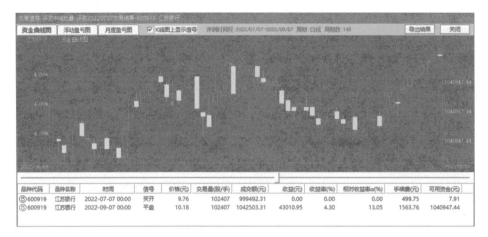

（c）

图 8-40 （续）

（a）44 个交易日，收益率为 18%；（b）44 个交易日，收益率为 10%；（c）44 个交易日，收益率为 4%

对比图 8-36、图 8-39 和图 8-40，利用中线地量法则交易强势股时，需要注意以下几点。

（1）及时止损。中线地量法则进场止损一般为 10 日均线。强势股标记的买点出现后，后续价格很少会连续 3 日跌破止损价，即连续 3 天收盘价在 10 日均线下方。如果进场后出现止损信号，则投资者要及时离场。

（2）依据规则，即使被止损，后续出现买点信号时也要再次进场。

（3）相比强势股，非强势股的价格运动呈现出长期小幅摆动的规律，后续难以出现短时间内 50% 的上涨空间。因此，利用中线地量法则交易强势股时，首先要对选股结果进行二次筛选，可以采用买点信号后是否出现大阳线作标准，剔除明显的非强势股。

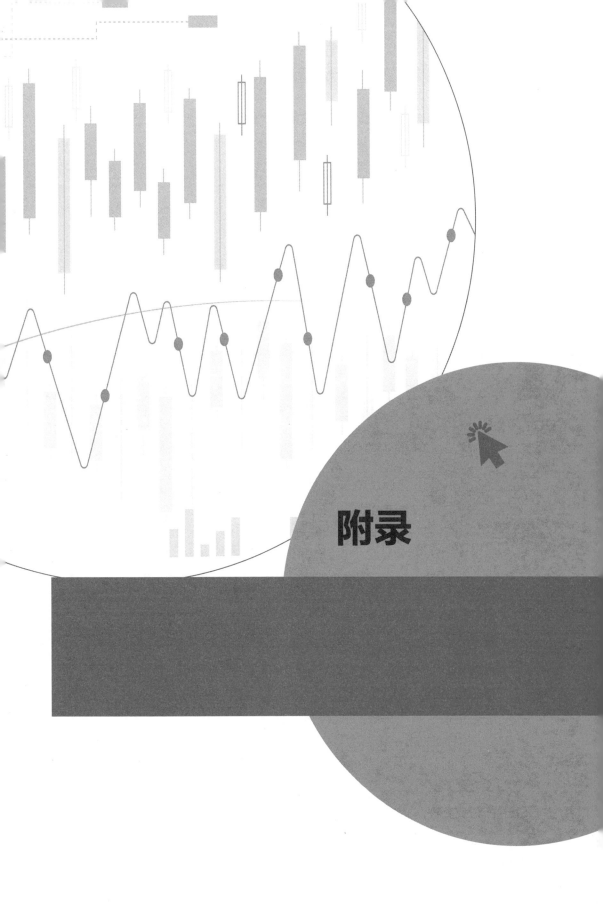

附录

附录 A　公式编写术语表

公式源代码

公式管理器

公式编辑器

系统公式

用户公式

加密公式

非加密公式

技术指标公式 / 指标公式

条件选股公式 / 选股公式

专家系统公式 / 专家公式

五彩 K 线公式 / 五彩 K 线

程序交易评测

语句名称 / 数据名称

输出符

语句内容

指标图形语句

赋值语句

无名语句

函数

序列行情函数

时间函数

引用函数

板块字符函数

财务函数

逻辑函数

数学函数

操作符

形态函数

绘图函数

线形和资源

即时行情函数

交易信号函数

账户函数

系统数据

用户数据

简易数据加工模型

数据加工通用模型

数据加工专用模型

无加工

多指标加工方式

唯一逻辑值

交易信号

公式需求

数学建模

算法公式 / 算法函数 / 逻辑函数

公式编写

公式调试

RSI 相对强弱指标

DBQR 对比强弱指标

KDJ 随机指标

MA 均线

MACD 平滑异同平均线

BOLL 布林带 / 布林线

CCI 商品路径指标

BIAS 乖离率

DMI 趋向指标

MTM 动力指标

PSY 心理线

ROC 变动速率

VR 容量比率

DPSJ 大盘随机

Price Action 价格行为学

Pinbar 锤子线

Fakey 假突破

RST 指标线

RL 阻力线 /Resistance Level

SL 支撑线 /Support Level

TDL 趋势方向线 /Trend Direction Line

Key Level 关键价位、目标打击区

持续型 K 线

三个白武士

升势停顿红三兵

升势受阻红三兵

三只乌鸦

反转型 K 线

启明星

黄昏星

曙光降临

乌云盖顶

出水芙蓉

穿头破脚阳线

好友反攻线

横盘整理型 K 线

阳孕十字星

孕线

附录 B　公式编写常用快捷键

快捷键	快捷功能
Ctrl+F	打开"公式管理器"
Ctrl+T	打开"条件选股"
Ctrl+E	打开"专家系统指示"
Ctrl+K	打开"五彩 K 线指示"
Ctrl+H	删除所有指示
Ctrl+S	打开"程序交易评测系统"
Ctrl+I	打开"选择副图指标"
Ctrl+O	打开主图"选择叠加的品种"
Tab	显隐主图指标
Alt+R	打开"指标用法注释"
Alt+T	打开"调整指标参数"
Alt+S	修改当前指标公式,打开"指标公式编辑器"
Alt+1	设置 1 个窗口,只显示主图
Alt+2	设置 2 个窗口,显示主图和 1 个副图
Alt+3	设置 3 个窗口,显示主图和 2 个副图
F10	查看个股基本面信息
F3	在"公式管理器"或者"插入函数"窗口,逐个查找
.401	进入"历史行情·指标排序"界面
Esc	从个股详情页回到股票行情报价列表页

附录 C 全书 63 个自编公式摘要及相关函数一览表

序号	公式名称	公式分类	功能摘要	相关函数
1	均线指示	技术指标公式	绿＋红的粗线直观呈现了价格运动的趋势：粗线为绿色的时候是下降趋势；粗线为红色的时候为上涨趋势	MA, >, <=, DRAWNULL, COLORBLUE, COLORRED, COLORGREEN, LINETHICK3
2	你好公式编写	技术指标公式	主图固定位置写字；新建、修改、删除公式	DRAWTEXT_FIX, COLORRED, COLORBLUE
3	净利润增长率	技术指标公式	副图显示指定季度的净利润增长率	FINONE, DRAWNUMBER_FIX
4	净利润增长率	条件选股公式	选出指定季报净利润增长率大于 100% 的股票	FINONE
5	分析净利增长	技术指标公式	历史行情列表显示指定季度的净利润增长率	FINONE
6	三年净利增率	技术指标公式	历史行情列表显示连续三年的净利润增长率	FINONE
7	三年净利增率	条件选股公式	选出连续三年净利润增长率大于 50% 的股票	FINONE, AND
8	我的 MA	专家系统公式	自定义均线参数	MA, CROSS, CLOSE, ENTERLONG, EXITLONG
9	我的混合系统	专家系统公式	使用均线金叉作为买点，使用 KDJ 的 J 线作为卖点	MA, CROSS, SMA, HHV, LLV, CLOSE, LOW, ENTERLONG, EXITLONG
10	我的均线指示	技术指标公式	修改均线颜色、粗细、虚线，更换金叉死叉的标记图标	MA, CROSS, DRAWICON, CLOSE, LOW, HIGH, COLORBLUE, COLORRED, COLORGRAY, DOTLINE, LINETHICK2, LINETHICK3
11	我的均线金叉	条件选股公式	选出指定日期出现均线金叉的股票	MA, CROSS, CLOSE
12	分析金叉日	技术指标公式	副图指标线，以及历史行情列表显示 5 日内是否出现均线金叉	MA, CROSS, CLOSE, COUNT

续表

序号	公式名称	公式分类	功能摘要	相关函数
13	我的 5 日金叉	条件选股公式	选出在指定日期的 5 日内出现均线金叉的股票	MA, CROSS, CLOSE, COUNT
14	我的 PINBAR	五彩 K 线公式	使用自定义的 Pinbar 锤子线规则，高亮标记锤子线	MAX, MIN, MA, CLOSE, OPEN, HIGH, LOW, &&
15	我的 PINBAR	五彩 K 线公式	基于自定义 Pinbar 锤子线规则，高亮标记 20 日均线附近的锤子线	MAX, MIN, MA, CLOSE, OPEN, HIGH, LOW, &&
16	分析 PINBAR	技术指标公式	副图指标线，以及历史行情列表显示 3 日内的锤子线情况	MAX, MIN, MA, CLOSE, OPEN, HIGH, LOW, &&, COUNT
17	3 日 PINBAR	条件选股公式	选出在指定日期的 3 日内出现锤子线的股票	MAX, MIN, MA, CLOSE, OPEN, HIGH, LOW, &&, COUNT
18	分析 FAKEY	技术指标公式	主图标记假突破的 Pinbar，及支撑线和压力线	REF, DRAWSL, CLOSE, OPEN, HIGH, LOW, AND
19	选 FAKEY	条件选股公式	选出指定时间段内出现孕线假突破形态的股票	REF, CLOSE, OPEN, HIGH, LOW, AND
20	对比收盘价	技术指标公式	主图分别画出固定周期和非固定周期收盘价指标线	DCLOSE, CLOSE
21	距离今天	技术指标公式	副图画出距离今天的天数指标线	DAYSTOTODAY
22	创业板基准	技术指标公式	① 副图画出创业板收盘价的指标线，并且标识出起始日和终止日；② 副图显示指定时间段内的创业板指涨幅；③ 副图显示指定时间段内的个股涨幅；④ 副图显示指定时间段内的个股对比创业板指涨幅的差值	$, REFDATE, DATE, DRAWICON, NODRAW

续表

序号	公式名称	公式分类	功能摘要	相关函数
23	板块字符函数	技术指标公式	副图显示板块字符函数对应信息	DRAWTEXT_FIX, CODE, STKNAME, HYBLOCK, DYBLOCK, MOREHYBLOCK, MAINBUSINESS, HYZSCODE, GNBLOCK, FGBLOCK, ZSBLOCK, ZHBLOCK
24	我的涨停 K 线	五彩 K 线公式	高亮标记接近涨停的大阳线，标准为收盘价大于等于按10%计算的涨停价的99%	ZTPRICE, REF, FINANCE, CLOSE
25	我的大牛股	条件选股公式	选出过去10天出现3根接近涨停板大阳线的股票	ZTPRICE, REF, FINANCE, CLOSE, COUNT, CODELIKE
26	引用周线数据	技术指标公式	副图显示日线周期下引用周线收盘价的曲线	#, CLOSE, WEEK, MIN30
27	分钟数据	技术指标公式	分时图下，副图标记开始分钟，结束分钟，并显示指定时间段内的成交量之和	RANGE, SUM, VOLSTICK, NODRAW, BARSLAST, VOL, TIME
28	我的 KDJ	技术指标公式	调整 KDJ 随机指标 K 线、D 线、J 线的颜色粗细，图标标记 K 线和 D 线的金叉死叉	SMA, HHV, LLV, CLOSE, LOW, CROSS
29	收盘价格幅度	技术指标公式	副图画出收盘价格幅度指标线	ABS, REF, CLOSE, IF
30	我的 ROC	技术指标公式	副图画出 ROC 变动率标准公式的指标线	REF, CLOSE
31	我的 RSI	技术指标公式	副图画出 RSI 相对强弱指标标准公式的指标线	ABS, REF, CLOSE, IF, MA
32	我的 DBQR	技术指标公式	① 副图分别画出个股和大盘的 ROC 变动率指标线 ② 副图只画单日的个股强弱指标线	REF, CLOSE, INDEXC

续表

序号	公式名称	公式分类	功能摘要	相关函数
33	我的 DBQR2	技术指标公式	副图画出个股自上市以来，对单日个股强弱指标的累计求和指标线	REF, CLOSE, INDEXC, SUM
34	我的强势股	条件选股公式	使用近期换手率和股本量进行选股	SUM, FINANCE, AND
35	低市盈率 TTM	条件选股公式	使用滚动市盈率进行选股	DYNAINFO, AND
36	我的市净率	条件选股公式	根据市净率的数值范围进行选股，包括最大值和最小值	CLOSE, FINANCE, AND
37	次新股战法	条件选股公式	为次新股设定三个选股条件：①上市天数在 1～6 个月；②动态市盈率略高或者低于行业市盈率；③流通股本小于 5000 万	FINANCE, DYNAINFO, HYSYL, CAPITAL, AND
38	我的 PEG 选股	条件选股公式	PEG 指标的市盈率使用滚动市盈率，PEG 指标的最大值改为 0.5	DYNAINFO, FINANCE, &&
39	真实波动幅度	技术指标公式	作出指标线，当日真实波幅与收盘价的波动率	TR, C
40	单根 K 线测试	五彩 K 线公式	分别高亮标记 13 种特征 K 线	ABS, REF, MAX, MIN, CLOSE, OPEN, HIGH, LOW, AND
41	K 线形态测试	五彩 K 线公式	分别高亮标记 12 种 K 线组合形态	REF, CLOSE, OPEN, HIGH, LOW, AND, UPNDAY, DOWNNDAY, NDAY, BACKSET
42	RST 指标	技术指标公式	适合 PA 的 RST 指标线	ZIG, TROUGH, PEAK, CURRBARSCOUNT, HIGH, LOW
43	我的 MACD 指示	专家系统公式	基于用法①（根据 DIFF 线和 DEA 线的金叉死叉），修改买卖点规则，标记买卖点	EMA, CLOSE, IF, AND, CROSS, ENTERLONG, EXITLONG

续表

序号	公式名称	公式分类	功能摘要	相关函数
44	我的 BOLL	技术指标公式	主图画出 BOLL 布林线，使用系统公式 BOLL 布林线的副图算法	MA, STD, CLOSE
45	我的 BIAS	技术指标公式	只保留系统公式 BIAS 的一条指标线 BIAS2，副图画线	MA, CLOSE
46	我的 DMI	技术指标公式	① 只保留系统公式 DMI 的两条指标线 PDI 和 MDI，副图画线；② 添加 ADX 指标线；③ 添加 ADXR 指标线	SUM, MAX, ABS, REF, CLOSE, HIGH, LOW, IF
47	我的 RSI（与 31 号公式不同）	技术指标公式	只保留系统公式 RSI 的一条指标线"我的 RSI 快线"，副图画线	ABS, REF, CLOSE, MAX, SMA
48	我的 MTM	技术指标公式	只保留系统公式 MTM 的一条指标线 MTM，副图画线	REF, MIN, BARSCOUNT, CROSS, CLOSE
49	我的 PSY	技术指标公式	只保留系统公式 PSY 的一条指标线 PSY，副图画线	COUNT, REF, CLOSE
50	我的 PSY	专家系统公式	更改系统参数，与我的 PSY 指标公式配套显示	PSY(引用系统公式), CROSS, ENTERLONG, EXITLONG
51	我的 ROC（30 号公式基础上修改）	技术指标公式	基于 30 号公式，标记买卖点	REF, CLOSE, CROSS
52	我的 VR	技术指标公式	① 只保留系统公式 VR 的一条指标线 VR，副图画线；② 增加买卖点标记图标	SUM, IF, REF, CROSS, CLOSE
53	我的 VR	专家系统公式	更改系统公式算法，与我的 VR 指标公式配套显示	SUM, IF, REF, CROSS, CLOSE, ENTERLONG, EXITLONG
54	我的 KDJ（28 号公式基础上修改）	技术指标公式	只输出 J 线，标记买卖点	SMA, HHV, LLV, CLOSE, LOW, CROSS

续表

序号	公式名称	公式分类	功能摘要	相关函数
55	我的 KDJ（28 号公式基础上修改）	技术指标公式	只输出 K 线和 D 线，标记买卖点	SMA, HHV, LLV, CLOSE, LOW, CROSS
56	我的 DPSJ	技术指标公式	基于 DPSJ 专家系统公式，把买卖点标记转换成指标线	INDEXC, INDEXL, INDEXH, LLV, HHV, SMA, NOT, CROSS, OR
57	MY 中线地量	技术指标公式	分步骤画出中线地量规则的量化标准指标线	MA, CLOSE, COUNT, REF, IF, SUM, MA, VOL, AND, DATE, HIGH, LOW
58	中线地量条件 1	技术指标公式	在 MY 中线地量公式中，只保留标准 1 的画线	同上
59	中线地量条件 2	技术指标公式	在 MY 中线地量公式中，只保留标准 2 的画线	同上
60	中线地量条件 3	技术指标公式	在 MY 中线地量公式中，只保留标准 3 的画线	同上
61	中线地量条件 4	技术指标公式	在 MY 中线地量公式中，只保留标准 4 的画线	同上
62	MY 中线地量	条件选股公式	选出指定日期符合中线地量规则的股票	MA, CLOSE, COUNT, REF, IF, SUM, VOL, AND
63	评测中线地量（交易型）	技术指标公式	评测指定日期选股结果的程序交易系统	MA, CLOSE, COUNT, REF, IF, SUM, VOL, AND, BUY